——江苏科技大学优秀学术出版专著资助计划

U0593087

# 中国哲学中的辩证思维 对西方功能语言学的影响研究

ZHONGGUO ZHEXUE ZHONG DE BIANZHENG SIWEI
DUI XIFANG GONGNENG YUYANXUE DE YINGXIANG YANJIU

赵 霞◎著

兰州大学出版社
LANZHOU UNIVERSITY PRESS

**图书在版编目（CIP）数据**

中国哲学中的辩证思维对西方功能语言学的影响研究 /
赵霞著. -- 兰州 ：兰州大学出版社，2024. 12.
ISBN 978-7-311-06815-8

Ⅰ. B811.07；H0

中国国家版本馆 CIP 数据核字第 2024X6A908 号

责任编辑　武素珍
封面设计　汪如祥

书　　名　中国哲学中的辩证思维对西方功能语言学的影响研究
作　　者　赵 霞 著
出版发行　兰州大学出版社　（地址：兰州市天水南路222号　730000）
电　　话　0931-8912613(总编办公室)　0931-8617156(营销中心)
网　　址　http://press.lzu.edu.cn
电子信箱　press@lzu.edu.cn
印　　刷　西安日报社印务中心
开　　本　710 mm×1020 mm　1/16
成品尺寸　170 mm×240 mm
印　　张　14.75
字　　数　261千
版　　次　2024年12月第1版
印　　次　2024年12月第1次印刷
书　　号　ISBN 978-7-311-06815-8
定　　价　48.00元

# 前　言

  中华民族伟大复兴是当前世界最具影响力的事件，但国际上，尤其是西方社会，对中国传统文化的理解尚显不足。在中华文明崛起的过程中，系统地阐释中国哲学中的辩证思维对西方功能语言学的影响，揭示前者对后者的发展所做出的贡献，不仅有着重要的学术价值和理论意义，而且可以让更多的学者了解中国哲学中的辩证思维在人类文明发展的历史长河中所起的不可或缺的作用。本书旨在深入研究中国哲学中的辩证思维对西方功能语言学所产生的影响，以拓展我们对认知、社会语境和交流的深刻洞见。

  在当今全球化和跨学科交叉的时代，研究不同语言、文化和学科之间的关系已成为一项重要而具有挑战性的任务。中国哲学中的辩证思维和西方功能语言学都是具有深远影响的学术领域。中国哲学中的辩证思维源远流长，扎根于中国哲学和文化，以其独具一格的方式对中国传统文化产生了极其深刻的影响。此种思维方式强调了矛盾的统一、动态的和谐和整体的平衡，与西方的二元论和逻辑分析形成鲜明的对比，在中国历史上产生了深远的影响并贯穿于各个时期和领域。西方功能语言学作为当代语言学的重要分支，关注语言的系统和功能、语境和意义潜势、语言在社会交际中的作用和表达方式。西方功能语言学在理论与实践上都有着广泛的应用，为语言教育、语言分析和社会语言学等领域提供了有力的工具和理论支持。

  尽管中国哲学中的辩证思维和西方功能语言学各自有着独特的学科体系和贡献，但关于两者之间关系的研究还较为有限。以往的研究主要集中在各自学科范围内，较少将中西方思维模式与学科理论进行有机结合并做对比分析。

  本书在文献研究、理论分析和案例研究的基础上，借鉴语言学、哲学、跨文化交际学和教育学等领域的最新研究成果，探索中国哲学中的辩证思维对西方功能语言学的影响。基于两种理论的融合，提出语言契合观，主要包括语言的认知契合、社会契合和交际契合。

　　通过阅读本书，读者能够深入了解中国哲学中的辩证思维以及其与西方功能语言学之间的关系，并在跨文化交流和语言教育等领域中获得新的认知和启发。希望本书能够在促进不同文明之间的相互理解和互鉴中做出贡献，并推动语言学研究在构建和谐社会中发挥更大的作用。

　　最后，由衷地希望本书能够对语言学术界和实践者产生积极的影响，并激发更多的学者对中国哲学中的辩证思维对西方功能语言学的影响开展更深入的探索。

赵　霞

2024年10月26日

# 目　录

# 绪　论

　　本书主要研究中国哲学中的辩证思维对西方功能语言学的影响。中国哲学中的辩证思维以其独特的理论视角和方法论在中国历史上产生了深远的影响，并贯穿于各个学科领域。它强调矛盾双方的对立统一、相互依存和相互转化。与此同时，西方功能语言学作为现代语言学的一个重要分支，关注语言的功能和结构，研究语言在社会交际中的作用和表达方式，为语言教育、语言分析和社会语言学等领域提供了有力的工具和理论支持。

　　20世纪60年代，韩礼德（Halliday M.A.K.）在继承和发扬西方语言哲学精髓的同时，结合其在中国学习的经历，借鉴和吸收了中国哲学中的辩证思维的观点，实现了中西方文化有机融合，形成了具有鲜明特色并被广泛认同和应用的功能语言学派。关于中国哲学中的辩证思维与西方功能语言学之间的关系，国内学者的研究主要集中在以下三个层面：一是围绕阴阳学说和意义进化论的联系，对功能语言学的意义进化理论进行溯源，探讨其与中国传统哲学理论的关系（朱永生，严世清，2001，2011；严世清，2012；赵霞，2014，2015；胡壮麟2016）。二是围绕韩礼德关于语言中存在的互补模式进行了梳理、归纳与评述（李力，2010）。三是围绕词义虚实关系，探讨中国古代辩证思维对传统语言学的影响（杨成，张征，2013）。在这个领域，国外学者韩礼德与麦蒂森（1999，2008）借用中国的太极图对词汇意义的生成（semogenesis）过程进行了详细的阐释。他们提出了意义生成的三种途径：首先，通过创造新词或拓展旧词的意义；其次，对现有的词义进行更深入细致的分解，使其愈发精确化；最后通过解构语言符号的意义，将词形和意义分离，使得相同的词形可以表达不同的意义，或者相同的意义可以用不同的词形来表达。他们指出新词意义的产生就像太极运作的过程一样，最初是一个完整的阴阳统一体，然后进一步分解为各自独立的阴和阳，但无论怎样变化，这两个独立体都在一个整体系统内周而复始地运行。由此可见，阴阳理论深刻揭示了词汇意义生成的普遍规律。中国古代辩证思维对西方功能语言学的发展具有强大的启发作用。

虽然语言学界在一定程度上已经关注到中国哲学中的辩证思维与西方功能语言学之间的关系，并尝试进行描述，但这些讨论大多停留在宏观层面，未能深入、客观地探讨中国哲学中的辩证思维究竟是如何、在何种程度上通过直接或间接的方式影响了西方功能语言学的发展，语言系统各要素之间的辩证关系，如何左右、影响乃至决定了西方功能语言学的基本走向。在该领域研究，目前主要存在以下问题：一是方法缺乏系统性。如在研究中国哲学中的辩证思维与西方语言系统中的并协与互补关系时，其系统性、关联性不够强，特别是缺乏中国哲学中的辩证思维如何直接对语法和词汇、口语和书面语、语篇和例示的关系产生影响的深度研究，仅有的一些研究也只是止步于概念框架层面。二是内容缺乏关联性。尤其是语言系统、语法隐喻以及意义进化理论等核心观点与中国哲学中的辩证思维之间的关系是亟待研究的问题。目前，对韩礼德的语言辩证观研究还不多见，专门针对韩礼德的语言系统辩证观以及与中国哲学中的辩证思维之间的关系研究更是一块亟待发掘的处女地。

本书旨在探讨中国哲学中的辩证思维的核心概念、原则及其对西方功能语言学的系统观、社会观、语境观和功能观的发展和理论基础的影响。通过分析这两种学科之间的交叉点和相互作用，彰显中国哲学中辩证思维的贡献；阐明深植于中国哲学中的辩证思维原理是如何对西方功能语言学领域做出贡献和理论建构的，弥补语言学和哲学研究的不足，促进人们对东西方思维在语言结构、功能和语言交际等方面的共性和差异性的理解；发展一个新的研究框架，提出语言契合观作为一种将辩证思维与功能语言模型相结合的新的方法论。

在实现上述研究目标的基础上，本书关注以下四个核心问题：（1）中国哲学中的辩证思维的核心概念与西方功能语言学的基本原理有何关联？（2）中国哲学中的辩证思维的原则是如何影响西方功能语言学理论的？（3）中国哲学中的辩证思维与功能语言学模式的结合，如何提高受众对语言的理解与分析？（4）语言契合观的研究框架是什么？它是怎样融合辩证思维原理与功能语言学的模式的？为了解答这些问题，作者在研究过程中采用了以下方法：

首先，通过对有关学术文献和研究成果加以系统梳理与综述，整理中国哲学中的辩证思维和西方功能语言学的理论框架、核心概念和研究方法。在此基础上，提出相应的研究假设和观点。对辩证思维和功能语言学的核心概念和原则进行比较分析，探究它们之间的共性和差异，寻找相互影响和融合的可能性。

其次，通过案例分析方法，探索融合实践的有效性和可行性。结合语言学、哲学、认知科学等相关学科的理论和方法，进行跨学科交叉研究，促进辩证思维与功能语言学的综合研究。

最后，本研究以定性和定量方法相结合，通过理论分析和案例研究相互支持，从而全面深入地探究中国哲学中的辩证思维对西方功能语言学的影响与融合。研究框架将以辩证思维和功能语言学的理论为基础，通过对比分析和融合构建，形成一个系统的研究框架，以确保研究的科学性和可行性。同时，跨学科交叉的方法将为研究提供更广阔的视角和更深入的理解。

本书的理论价值在于：第一，通过系统阐释西方功能语言学与中国哲学中的辩证思维之间的复杂关系，探究其对语言系统的直接制约和间接的影响，从辩证思维的视角去探寻西方功能语言学的发展历程，如在书面语言和口语、词汇和语法、系统和示例之间存在的影响。通过研究中国哲学中的辩证思维与西方功能语言学的关系，可以促进不同思维传统之间的对话与交流，进一步拓展语言学领域的理论框架，提升对语言及其功能的认知及跨文化交际水平。第二，在方法论意义上，提出运用语言契合研究方式，即综合中国哲学中的辩证思维和西方功能语言学的方法，同时与认知语境、文化语境相契合，为语言学研究提供一种新的视角，丰富了语言学研究的方法。这种语言契合方法论能够促进跨学科研究和理论交叉，为语言学领域的创新和发展提供新的思路和启示。第三，在教育意义上，通过研究辩证思维对功能语言学的影响，我们可以为语言教育和教学提供新的理论基础和实践指导。这有助于推动语言学习者的语言能力和思维发展，提升语言教育的质量和效果。在文化传承与创新方面，通过研究辩证思维对功能语言学的影响，可以促进中国哲学的传承与创新。这有助于弘扬中华优秀文化的精神内涵，促进文化的多元交流与发展。

本研究的实际应用价值在于：一方面，在全球范围内传播中国哲学中的辩证思维有助于增强民族自信心，同时有助于人们理解语言和现实之间的辩证关系，即它们既相互对立又相互转换。通过消解能指和所指之间的二元论对立关系，理解语言对现实的构建关系，采用和谐共生、互利互惠的认识论来观察语言、现实社会与世界之间的关系，培养跨学科的辩证思维能力，推动语言学科的发展。另一方面，弘扬中国哲学中的辩证思维有助于阐述西方功能语言学创始人韩礼德的语言哲学思想中的辩证统一观。通过运用辩证思维的方法，可以揭示韩礼德在挖掘中国哲学中的辩证思维并赋予功能语言学新意时的真正目的。通过将辩证统一观融入功能语言学中，应用语言契合方法论，能够更好地理解和解决语言学中的问题，推动该领域的发展，并开拓新的研究领域。

本书分为十二章，每章都涵盖研究的特定方面。

第一章阐述中国哲学中的辩证思维：包括其起源、发展过程以及核心概念如阴阳、五行、和谐与平衡原则。重点分析辩证思维在中国哲学中的地位、其对中国各领域的影响以及对西方科学发展与功能语言学的影响和借鉴价值。

第二章分析中国哲学中的辩证思维与西方辩证思维的区别：通过对哲学价值观、统一体结构、矛盾的理解、矛盾的属性观、矛盾调和性和思维方式等方面的比较，揭示了两种思维方式的不同之处。

第三章比较研究中国哲学中的辩证思维与西方功能语言学理论范式：阐述西方功能语言学的历史发展与主要理论家、核心概念及发展趋势。运用案例研究说明分析方法，比较中国哲学中的辩证思维与西方功能语言学理论之间的异同之处，以提供对语言功能和意义的深刻理解。

第四章研究中国哲学中的辩证思维与功能语言学的语境理论：通过引入中国哲学中的对立统一、变化发展与整体联系的观点，西方功能语言学全面、动态地分析语言在具体语境中的使用情况，从而揭示语言的复杂性与多样性。

第五章研究中国哲学中的辩证思维与纯理功能理论：运用辩证思维的对立统一、矛盾转化的观点分析概念功能的表达性。运用和合观分析人际功能的建构性。强调事物的内在联系，运用整体概念，分析语篇功能的连贯性，从而更好地了解事物的内在联系。

第六章研究中国哲学中的辩证思维和"并协与互补"理论：通过对阴阳互补对西方辩证思维的突破和中国哲学中的辩证思维对西方互补原理的启示的讨论，揭示了西方功能语言学的"并协与互补"理论的形成和发展。

第七章探讨中国哲学系统论对西方语言系统理论的影响：重点研究阴阳层级思维观与西方系统理论的融通性，包括系统的等级性、系统的秩序性和系统的稳定性。同时，分析易学象数思维对西方语言系统扩展模式的影响，包括整体性思维、功能性思维和变异性思维。

第八章讨论中国哲学中的辩证思维与语法隐喻理论之间的关系：首先探讨隐喻式和一致式之间的对应关系。其次研究语法隐喻的纵横观，即隐喻与一致式之间的辩证统一关系。通过对这些问题的讨论，揭示了辩证思维在语法隐喻理论中的应用和启示。

第九章研究中国哲学中的辩证思维与意义进化理论的关系：讨论意义行为的系统性，包括意义行为的选择性、意义潜势的构建性和意义行为的动态性。探讨语言起源的进化观，包括语境进化、功能进化和认知进化等问题。借鉴阴阳的进化和生态平衡论，阐释意义的起源和语法生态性的相关理论。

第十章研究中国哲学中的辩证思维与西方功能语言学的契合：首先讨论方法的开放性，包括理论间的认同和语料库的共生。接着探讨范畴的相对性，包括语言的构建性和隐性范畴与显性范畴之间的关系。最后分析内容的关联性，包括焦点的互补性和学科的渗透性。

第十一章阐释语言契合观：基于中国哲学中的辩证思维和系统功能语言学，提出语言契合观的概念、主要原则、理论框架、主要组成部分并且讨论了语言契合观的实际应用。研究了认知、社会和交流契合性如何增强信息的清晰度、理解力和有效性。通过提供实现语言契合观的策略以及现实世界的案例，为该观点的实际实施提供了见解。此外，强调了其在优化不同语境中的交流以及促进更有效、更有意义的互动方面的重要性。

第十二章研究总结与展望：阐述研究的主要发现和见解，语言学和哲学领域的贡献、未来的研究方向和潜在发展。最后反思辩证思维和功能语言学之间的相互作用以及提出对进一步研究语言契合论的设想。

研究结果发现：

一、从理论框架视角看，中国哲学中的辩证思维强调整体性、关联性和动态性的观念，这对于西方功能语言学的理论框架提供了启示。辩证思维方式促使功能语言学运用更综合、动态的观点研究语言系统和功能。在中国古代辩证思维框架内，语法隐喻为人类认识世界和解读世界提供了一个新的视角，有助于人类对世界上的事物实现重新经验化，揭示了人类语言现象的深层蕴含。在认知符号学和意义理论的框架下，重新审视语法隐喻及其理论发展理据，为深入研究西方功能语言学从认知视角看语法隐喻及其所含的哲学思想与中国古代辩证思维之间的关系打下研究基础。

二、从研究方法视角看，辩证思维的研究方法注重系统性、动态性、综合性和比较性，这种方法论对西方功能语言学的研究方法产生了影响。借鉴辩证思维的方法，功能语言学开始关注语言现象的整体性和相互关系，采用比较分析和综合研究的方法来揭示语言的功能和演化。

三、从概念体系视角看，中国哲学中的辩证思维提供了丰富的概念和范畴，这些概念和范畴对于功能语言学的发展产生了影响。例如，辩证思维中的阴阳概念启示了功能语言学中关于语言系统的层级性和动态性的研究，和合思想促使功能语言学将语言视为整体性的系统，而易学中的象数思维则为功能语言学提供了变异性和多样性的研究视角。

　　四、从语言教育教学视角看，运用语言契合观，将中国哲学中的辩证思维与功能语言学相结合，可以为语言教育和教学实践提供一种更综合、多元、动态和批判性的教学模式。通过培养学生的综合性思维、对立统一思维、多元性思维和非线性思维，可以促进学生的语言学习和思维发展，提高其解决问题的能力。

　　综上所述，中国哲学中的辩证思维对西方功能语言学的影响体现在理论框架的启示、研究方法的借鉴以及概念体系的丰富上。这种跨文化的比较研究不仅丰富了功能语言学的理论视野，还为语言学乃至跨学科研究提供了新的思路和方法。本书的意义在于，弘扬中国哲学中的辩证思维有助于增强民族自信心，推动跨学科辩证思维的培养，并进一步发展语言学科。本书将促进不同文化之间的交流和理解，推动语言学领域的繁荣发展，破除学科间的壁垒，全方位、多视角跨学科协同研究中国哲学，尤其是中国哲学中的辩证思维，推动该学科意识形态研究成果的应用转化，使其对世界文明以及全球和平共处做出更大的贡献。

# 第一章　中国哲学中的辩证思维

中国哲学中的辩证思维（以下简称辩证思维）的起源可以追溯到《易经》中记载的阴阳理论。本章详细梳理其独具一格的哲学发展脉络，从先秦、西汉、东汉、魏晋南北朝、隋唐、宋明与清代直至现代，着重分析辩证思维的核心概念和原则以及其对各领域的影响。

## 第一节　中国哲学中的辩证思维的起源和发展

### 一、阴阳辩证思维

阴阳辩证思维是中国哲学中的核心概念之一，主要反映在阴阳学说中。阴阳学说认为宇宙万物由互为对立且又互为依存的两种元素构成，并通过它们之间对立统一和动态平衡来解释自然界与人类社会的各种各样的现象。

阴阳汉字最早出现在公元前3世纪的甲骨文[①]上。起初阴阳只是对自然现象的描述，例如天气状况，特别是对太阳运动的描述。白天有光视为阳，夜晚无光视为阴。《诗经·大雅·公刘》是最早描述阴阳关系的文献，其中提到：既景乃冈，相其阴阳。阳是指北河星之北及南河星之东。据中国最早的一部汉语词典《尔雅》[②]记载：山东曰朝阳，山西曰夕阳。许慎[③]的《说文解字》卷十四上写道：阴，暗也。水之南，山之北也。阳，高明也。向日为阳，背日为阴。

据文字记载的阴阳符号（图1）最初出现于三千多年前的《易经》。它是中

① 甲骨文，是中国最早的成熟汉字文字，又称"契文"或"龟甲兽骨文"。主要指中国商朝晚期王室用于占卜记事而在龟甲或兽骨上镌刻的文字。

②《尔雅》最早著录于《汉书·艺文志》，作者不详，是中国最早一部解释词义的词典，也是第一部按照词义系统和事物分类来编纂的词典。它被认为是中国训诂的开山之作，在训诂学、音韵学、词源学、方言学、古文字学方面都有着重要影响。

③ 许慎(生卒年不详)，字叔重，汝南郡召陵县(今河南省漯河市召陵区)人，中国东汉经学家、文字学家，被誉为"字学宗师""字圣"。

国古代的文化瑰宝，被用于描述自然界与人类社会中存在的对立而又相互依存的两个方面或属性。长期以来，《易经》被中国人视为经典中的经典、天地之图式。《易经》文本区别于其他儒家经典的重要标志，就在于它有一套十分工整、自成体系、与辩证相关的符号系统。最基本的构成是虚线"- -"的阴符号和实线"—"的阳符号，它们的意义通过附在这些符号上的文字来体现。《易经》以阴阳模式为根基，以抽象的对偶词为辩证思维的表征，如柔与刚、弱与强、静与动、悲与乐等（《易经》2006：xi）。阴阳相生，生生万物，即生命与世界永恒。阴阳符号，又称太极符号，是中国文化的重要符号。它呈现为一个圆圈，圆圈被一条倒S形线分成两个区域。白色区域为阳，黑色区域为阴。同时，阴域中的小白圈和阳域中的小黑圈象征着阴阳共存。大圆圈的直径分成两半，这两半分别包含阴和阳。太极图象征着两种能量以及它们之间的相互作用，从而导致宇宙中的一切发生。它们流动的曲线形状象征着宇宙中阴阳之间不断发生的变化。因此，它们之间的关系是交织在一起，相互渗透，宇宙中没有绝对的阴或阳（Zhao et al., 2019）。这些对立面中的每一个都会产生另一个对立面，并且不能继续占主导地位（Gu，2003）。因此，正如每一个领域都具有至关重要的核心意义，整个阴阳系统也是如此。

**图1 太极图**

《易经》于19世纪作为通俗易懂的欧洲译本问世，近百年来经威廉·理查德（William Richard，1929）、贝恩斯（Bearns，1950）和著名精神病学家荣格（Carl Gustav）的推广，在欧美赢得了广泛的知名度与美誉。瑞特塞玛和萨巴迪尼（Rittsema & Sabadini，2005：6）高度称赞《易经》为当下的一面镜子。王（Wang，2016：65）认为《易经》是世界上独一无二的、具有中国特色的符号。由于"所指和能指具有与整体分开、各自对立存在的优势"（Saussure，1959：

67)，阴阳符号学具有作为普遍研究主题的巨大潜势，因为"它涉及每个社会中都存在的符号及其符号生成与发展过程"（Hakeem，2013：88）。阴阳符号代表着某种特别复杂的事物，两者的相互作用构建了和谐，从而产生了事物（庄子，1983）。阴阳所反映的东西是如此广泛，以至于它几乎包罗万象，涵盖了宇宙中的所有事物，使其成为符号学中的经典实例。

　　阴阳不仅仅是对立的二元对，而是一种相互渗透、相互作用的关系。阴阳被用来描述事物的特征和性质，它们在宇宙中的存在和相互作用决定了事物的发展与变化。阴阳可以描述天地、日月、男女等对立但相互依存的事物。阴阳的属性是相对的，没有绝对的阴或阳，而是在特定的语境下相对而言的。阴阳的属性观强调了事物的相互关系、相互作用以及动态变化，反映了中国哲学的整体性、动态性、多样性以及变异性的思维方式。

　　此外，《易经》中描述的阴阳是非政治性的，它没有法律、没有政策，也没有惯例，而且，它没有遇到任何阻力，因此被中国传统思想的三大流派所接受，成为普遍的基础与文化中介。它不仅因其历时性、隐晦的社会结构与道德性而受到儒家的推崇，也因其自发性与宇宙观而受到道家的高度赞许，还因其结构性和秩序性而受到法家的珍视。

　　总之，阴阳是相互依存与相辅相成的，它们以自然的二元性来解释宇宙运行的规律。在一定条件下，阴可以转化为阳，反之亦然。它们是唤起宇宙中所有对立面成对和谐互动的象征。当阴阳保持平衡时，它们是对等的，但仍然是各自独立的。在和谐的关系中，它们交织成一个整体，就像旋转的阴阳符号所呈现的那样。此外，阴阳符号被认为是一种古老的中国哲学，是一种整体的、动态的、辩证的世界观（LI，2008）。因此，阴阳的意义渗透到了生活中的方方面面，影响着医学、生物学、文学、艺术、物理学等等。

　　太极图解释了宇宙不断变化的状态，但保持了它的统一性。目前尚没有一个明确的方法来确定阴阳的具体起源日或谁发明了该符号。然而，受宇宙整体论的原始视角的影响，中国古代思想家们试图将这种秩序编成各种各样的知识图谱。

　　综上，中国古代哲学认为宇宙万物都是由阴阳所构成的，任何世事的变迁也都离不开阴阳的相互作用。阴阳的循环运动，才是推动世界发展的不竭动力。这种观点不仅在《周易》中占有主要地位，而且深刻地影响了道家、儒家、墨家、法家、名家等诸子百家与中医学等各个领域，成为中国哲学和文化的重要组成部分。

## 二、儒家的辩证思维

儒家是中国古代最具影响力的哲学学派，其辩证思维主要关注人性、社会伦理与治国理政。儒家认为"人之初，性本善"（《三字经》），提倡通过教化与礼制来实现个体成长与社会秩序的和谐统一。孔子的"中庸之道"，适度平衡，蕴含着辩证思维的观点。孟子的"性善论"与荀子的"性恶论"则表达了在对立统一中探究人性的多样性与复杂性。儒家的辩证思想主要体现在以下几个方面：

《论语·雍也》中写道："中庸之为德也，其至矣乎！民鲜久矣。"（毛佩奇，王丹，2012：112）

此句话的寓意是中庸之德是最崇高的德行，但是很少有人能够长期坚持。儒家的平衡观提倡行为与态度上的适中，不偏不倚。儒家主张人性的复杂性与社会教化的必要性，既认为人性有善良的一面，但也承认人性有自私与贪婪的一面。

例如，《孟子·尽心上》所言"心之所善恶深，不可闻也"，这里反映了儒家对人性内在复杂性的认知，强调了教育与道德修养在构建个体品德与社会行为中的作用。

另一方面，儒家对治国理政的辩证思考，体现在其对政治理论的探究与实践上。儒家提出君臣之道，父子、兄弟之情等社会伦理关系的重要性，关注仁爱、礼义与诚信等治国理政的核心价值观念。例如，《礼记·大学》里提及的"修身齐家治国平天下"，反映了儒家对理想政治秩序与社会和谐的追求与渴望。儒家的辩证思维通过其对治国理政、人性以及社会伦理的深刻分析，提出了一种关注人文关怀与社会稳定的哲学思想，影响了中国古代以及后世社会的道德观念、教育体系以及政治制度，成为中国文化与社会发展的主要观念之一。

## 三、墨家的辩证思维

辩证思维是墨家哲学体系的组成部分，主要表现在他们对辩论与逻辑的重视和对事物变化规律的看法上。墨子[①]是墨家学派创始人，其辩证思维主要集中在以下四个方面：

1.墨家十分关注逻辑推理与辩论技巧，提出了"辩"的概念，即通过逻辑推理和辩论来追求客观真理，其逻辑体系的根基是名（定义）、实（事实）、类（类比）、故（因果关系）、辩（辩论）。

---

① 墨子（公元前476或480年—公元前390或420年），名翟，春秋末期战国初期宋国人，墨家学派创始人和主要代表人物。中国古代思想家、教育家、科学家、军事家。

2.墨家的辩证法反映在他们对事物对立面的认识上。例如，墨子提出"兼爱"与"非攻"的概念，"兼爱"可以避免战争，达到社会的稳定与和谐（墨子，2011）。兼爱所有人，反对攻击，追求社会公平公正和实用主义。他们还尝试通过超自然力量的辩证思考，来引导人们的行为与社会实践。

3.墨家注重实用主义，重视知识与行为的实用性，提出理论必须指导实践。例如，"兴天下之利，除天下之害"（墨子，2011），反映了墨子实用主义的政治思想，主张通过促进有利于天下的事物与清除有害于天下的事物来达到社会的稳定与昌盛。墨子主张以实用性为导向，关心百姓的利益与整个社会的福祉。这种实用主义的辩证思维使得墨家在当时受到社会普遍的认可与尊重。

4.墨家关注因果关系的分析，主张通过对事物因果关系的剖析，展示自然界与社会的规律，从而指引人们的行为。例如，《墨子·天志》中论述了"天志"的观念，提出天有志于人，人要顺天而行。

墨家的辩证思维在中国古代哲学中拥有别具一格的地位，其逻辑与辩论技巧对后世产生了深远的影响。此外，墨家的"尚同"观念也反映了辩证统一观念。墨家主张社会应该尊重所有人的利益与价值，不应该只关注个人或自己家庭的利益，只有通过关注所有人的利益，才能实现社会和谐与稳定发展。

墨家的辩证观点通过其对集体与个体、公共利益与私人利益之间关系的深邃思考，提出了一种超越利己主义与狭隘集体主义的道德观念。墨家的思想不但影响了中国古代人的伦理观念与社会政治观念，也为后人的政治学、社会学、伦理学等学科研究提供了有价值的理论基础与启示。

### 四、法家的辩证思维

法家的辩证思维反映了其对社会问题与制定法律治理策略的综合性深度思考方式，主要辩证思维观如下：

1.个人能力与权势之间的辩证关系，例如：

《韩非子·难势》里提及"夫良马固车，使臧获御之则为人笑，王良御之而日取千里"（韩非[①]，2010：605）。

这里韩非子使用对比的手法，即相同的车马，让不同的人去驾驭，结果大相径庭，由此提出了个人能力和权势之间的辩证关系。尽管有好的工具，但驾驶的技巧和方法才是决定是否成功的关键。这表明，治理国家不只是倚仗权势，还必

---

① 韩非（约公元前280年—公元前233年），世人称其为"韩非子"，战国时期韩国都城新郑（今河南省郑州市新郑市）人。战国末期哲学家、思想家和散文家，法家的主要代表人物。

须有适当的贤人来掌握这些权力。

2. 权势自身的辩证关系，例如：

"夫势者，便治而利乱者也。"（韩非，2010：605）

此话强调，有时势力可用于治理国家，但也有可能会引发乱象。法家认为，治国良策并不是权势本身，它是一把双刃剑，既可用它来维护社会秩序，也有可能被滥用权势后导致社会的混乱，所以权势自身就存在辩证关系。

3. 术与法在治理国家中的辩证关系，例如《韩非子·定法》记载：

"徒术而无法，徒法而无术，其不可何哉？"（韩非，2010：621）

此话表明了"法"与"术"是互补的，突出了它们在治理国家中的重要性。"法"是治理国家的根本，它监管民众的行为与政府的作为；"术"则是君主以及官员鉴别奸邪、管理国家事务的智慧与技能。如果没有法的支持，术就会缺乏依据，很可能就会滋生腐败；反之，如果没有术的使用，法就不可能得到有效的执行。因此，在治国理政中，法与术相互依存，相辅相成。

**五、两汉、魏晋南北朝时期的辩证思维**

在中国哲学史上，两汉时期辩证思想得到了进一步拓展。这个时期，董仲舒把阴阳五行学说与儒家思想相融合，诞生了汉代官方哲学，主张"天人合一"，其辩证思想体现在对立统一的观念上。正如《礼记·中庸》中所言："君子中庸，天下之达道也。"这反映了儒家对社会秩序以及个体行为之间辩证关系的思考，注重理性与感性、集体与个体之间的统一。中庸思想是儒家哲学的核心概念之一，强调在各种对立面之间寻求平衡与中和的道德原则。中庸思想体现了辩证思维中对于平衡、调和与整体观念的重要性。

到了魏晋南北朝时期，佛教的传入与道教观念相结合，凸显辩证统一观的新纪元。例如，道教主张"道法自然"，揭示了宇宙万物相生相克的法则以及其独特的辩证思维观念。这一时期儒、道、法、佛等多元思想的交流与融合，促进了当时文化的繁荣与发展。例如，晋代王充在《论衡》中对儒家、道家、法家等各家思想进行批判与糅合，彰显了多元思想碰撞与整合的辩证过程，为后来哲学思想的进一步发展奠定了坚实的基础。当时以道家观念为基础，结合儒家与佛教教义产生的玄学，进一步发展了辩证思维。如王弼与郭象等玄学家通过对《易经》与《庄子》的诠释，深化了对立统一与变化的理解和认知。

两汉、魏晋南北朝时期的辩证思想在哲学探索与文化交流中呈现出多样性、复杂性与丰富性。这一时期的哲学家们通过对社会、宇宙以及人生的深邃思考，提出了多种辩证法则和观念，为中国哲学的发展与世界观的形成提供了重要的思想资源。

**六、隋唐、宋明时期的辩证思维**

隋唐、宋明时期是辩证思维发展的重要阶段，主要表现在对道德、人性以及社会治理的探究以及理论建构上。隋唐时期，佛教开始传入中国，结合道家和儒家思想，形成了别具一格的辩证思维。尤其是禅宗，主张直观与顿悟，如佛教经典《般若波罗蜜多心经》中的"色即是空，空即是色"的辩证观点。这一时期的理学强调人性本善与修养完善的辩证关系。儒家在隋唐时期主张经世致用，提出文学与政治相结合的观点。例如，韩愈认为"文章宜政"，主张文学应当为政治服务，提倡知行合一的辩证关系，即理论思辨与实际应用相结合。此外，隋唐时期提出的文化统一观念，反映了统一与多样性的辩证关系，尤其是在道统思想与中央集权的强调下，彰显了文化多元与政治统一的复杂互动。

宋明理学，如程颢[①]、程颐[②]、朱熹[③]、陆九渊和王阳明等通过对儒家经典的重新诠释，结合道家与佛教思想，进一步拓展了辩证思维。宋代理学大师如朱熹强调"性即理"的心性之学（朱熹，2011），他认为人性本善，情也应该从善，人们需要控制自己的情感，行为需遵从道德理性的约束与指导。通过学习与修养可以达到个人的道德完善。朱熹对《四书》的深刻洞见，尤其是对《大学》中"修身齐家治国平天下"的思想的阐释，强调人性中的善良倾向及其与道德行为的关联，展现了理学对人性内在复杂性的辩证认知，体现了儒家治学的辩证思维，即个体修养与整个社会治理的辩证统一。

朱熹的"理气"学说与王阳明的"心学"都彰显了对立统一与变化发展的辩证思维。理学在治理国家与社会中反映了理论与实践的辩证统一。理学家不但关注理论思辨，还强调经世致用，探究如何通过道德教化与治学范政来实现社会治理的效果。例如，程颢、程颐主张"格物致知"的方法论，提倡通过实证与观察来理解天人之道，体现了理学在知行合一中的辩证思维。

---

①程颢（1032—1085），字伯淳，号明道，世称"明道先生"，河南府洛阳（今河南洛阳）人。北宋理学家、教育家，理学的奠基者，"洛学"代表人物。

②程颐（1033—1107），字正叔，世居中山，世称"伊川先生"，河南府洛阳人。北宋教育家、理学家，程颢的弟弟。

③朱熹（1130—1200），字元晦，一字仲晦，号晦庵，又号紫阳，世称"晦庵先生"、朱文公。祖籍徽州府婺源县（今江西省婺源县），出生于南剑州尤溪（今福建省尤溪县）。南宋理学家、哲学家、思想家、政治家、教育家、诗人。

　　清代是中国历史上最后一个封建王朝，儒家理学在此阶段达到了峰值。如清代学者黄宗羲、顾炎武、王夫之等人提倡的"经世致用"思想，提出学问应该与实际社会生活相融合，主张学术研究应当服务于社会与国家的实际需要，推动了中国古代学术思想从纯理论探讨向实际应用转变。尤其是在道德教化与社会治理中的应用，彰显了儒学在理论与实践中的辩证关系，即学术理论与社会实际的相互作用与反哺关系。清代的考据学发展对中国传统哲学进行了系统的整理与批判，推动了辩证思维的深入研究。

### 七、现代辩证思维

　　现代辩证思维反映了中国哲学思想的变革融入西方哲学的影响。近代以来，中国哲学受到了西方启蒙思想、实证主义、黑格尔的辩证思想与马克思主义等哲学流派的影响，产生了新的哲学思潮与学术研究方向。譬如，康德的"批判哲学"（Kant，1999，1781）与马克思的"辩证唯物主义"（马克思，1975），深深地影响了中国现代哲学的走向，促进了中国传统哲学与现代思潮的结合与创新。在 20 世纪初产生的实证主义，提出科学实证与社会变革的辩证关系，反映了现代社会变革与哲学思想创新的主要特征。同时，现代哲学界在研究全球化语境下的科技发展、文化认同与社会变革等问题时，也在不断探究与反思中国哲学中的辩证思维与价值理念。例如，现代中国哲学家冯友兰（1985）、梁漱溟（1921，2021）等通过对西方哲学的介绍和对比研究，将其与现代科学和社会实践相结合，不断丰富与发展了中国的辩证思维。

　　综上，中国哲学中的辩证思维经历了从《易经》的初步探索，到道家、儒家、墨家、法家的丰富发展，再到两汉、魏晋南北朝、隋唐、宋明的拓展，直至清代与现代的继承和创新。这一过程体现了中国哲学对自然、社会和人生的深刻洞察，以及对立统一、变化发展的辩证法则。这些核心概念与原则在中国哲学中互为交织、互为影响，形成了中国哲学中的辩证思维的理论框架与方法论，为人们了解事物的复杂性、掌握其变化规律提供了独具一格的视角与思考方式，同时，对人们认识世界、解决问题、实现和谐发展具有很重要的指导意义。由此可见，中国的辩证思维不仅彰显了中华传统文化，还在现代文明中发挥着至关重要的作用，成为人们理解与解决问题的主要方法论之一。

# 第二节　辩证思维的核心原则

中国哲学中的辩证思维涵盖了多个核心原则，其中，对立双方的辩证观是最基本的概念，认为事物具有相对应的两个方面，它们相互依存、相互转化，构成了事物的变化与发展过程。辩证思维主要有以下四种原则：

## 一、互为对立

事物都有其对立面，它是构成整体的必要组成部分。但对立面之间是互补和相互支持的。对立面都提供对方所缺乏的物质，要处理好一个互为对立的问题，通常需要协调两者之间的关系，这是达到它们适当平衡的一种方法。譬如对和错、善和恶等。对立互补体现的是双方力量之间的一种基本的、有机的内在张力关系。如果破坏了此关系，就会产生矛盾，如，中国古代韩非子的自相矛盾成语故事就是形容这一矛盾冲突。

> 楚人有鬻盾与矛者，誉之曰："吾盾之坚，物莫能陷也。"又誉其矛曰："吾矛之利，于物无不陷也。"或曰："以子之矛，陷子之盾，何如？"其人弗能应也。众皆笑之。夫不可陷之盾与无不陷之矛，不可同世而立。
>
> ——韩非子（韩非，2010：530）

战国时期，楚国有一个商人在市场上卖盾与矛。他炫耀自己的盾说他的盾无坚不摧，而推销他的矛时又说，他的矛锋利无比。众人嘲笑他说用你的矛来刺你的盾，结果会怎样？他无言以对。自相矛盾的故事提出了一个对立的逻辑矛盾问题。从这个意义上说，在相同的时间与相同的语境条件下，对立双方事物不可能同时存在。这种区分的方法可以看作是欧洲哲学中最基本的方法之一。然而，这样的方法只能在抽象上起作用。在现实中，对立物是可以通过相互作用与依附而存在的，而且一个事物可能同时具有相反的两种性质，这种现象就是"矛盾的对立统一"。它是辩证思维的主要观点之一，认为事物的存在与发展是由其内部的矛盾推动的。

## 二、互为包含

互为对立面之间彼此互为包含、互为依存。例如，如果没有阳，就不可能有阴。这种包含性不是一方对另一方的屈从，而是双方在同等的位置上分别扮演不同的角色。对立双方互为依存，这种相互依赖体现在以下几个不同的层面：一方面，它指出对立的双方相互依赖是一组对应的概念。例如说"上"的概念时，必须隐含有相对应的"下"的概念。如果没有"悲"的概念，就不可能有"喜"的概念。另一方面，对立双方的相互依赖并不仅仅指概念的相对性，还指事物本身是如何存在、成长和发挥作用的，各自要求对方作为其存在的前提与必要条件。这种相互依赖最明显的表现方式是通过两者的交替来实现的。以白天与黑夜为例，白天为阳，但当阳发挥到极限时，它就会向反方向发展，依靠对立面的力量来维持。如太阳落山，黑夜降临，虽然白天是显而易见的，但如果没有黑夜做参照对象，它就不能成立。例如，据《鬼谷子》记载，战国时期（公元前451年—公元前221年），王诩①用一扇门的开启和关闭作为一个比喻，说明了这种相互依存与转化的关系。

　　捭阖者，天地之道。捭阖者，以变动阴阳，四时开闭，以化万物。纵横反出，反复反忤，必由此矣。（许富宏，2011：10）

"捭阖"是王诩的重要思想之一，捭阖之道是处理天下事务的基本原则。它以阴阳变化为根基，并通过四季的开合变化来生成与改变万物。因此，采用多种策略与应对逆境的行动都必须遵守这一原则。简言之，捭阖之道强调了事物的变化与对立统一的关系。这个观念对纵横家与政治家有重要的指导意义，强调在处理事务时需灵活应变，擅长利用对立与变化来解决问题。

**三、互为制约**

彼此影响并构建对方。对立面之间是互含的，其中一方发生变化必然会引起另一方的变化。《吕氏春秋》将这种共鸣作为行动的一般原则，通过行动与非行动的辩证关系联系起来，提出不冒险是一个人冒险的方式，不行动是一个人行动的方式，这被称为对立双方互为制约（Knoblock & Riegel，2000：410）。再如"动极者镇之以静，阴亢者胜之以阳②"，动与静是互为制约的关系。当事物处于

---

①王诩，别名禅，战国传奇人物。纵横家创立人，因长期隐居在云梦山鬼谷，号称"鬼谷子"，被后人尊为"谋圣"，他是与孔子、老子齐名的学术大家，虽隐于世外，却将天下置于棋局。主要作品有《鬼谷子》《本经阴符七术》等。

②出自《类经图翼》，[明]张介宾著，北京：人民出版社，1965：395。

极端的动荡状态时，应通过静止与稳定来平复它；当事物的阴性特征过于旺盛时，应通过阳性特性来制约它。这种观念强调在处理各种事物时，应根据具体情况采用相反或互补的方法，以达到平衡与调和的目的。例如，当一个团队处于高度紧张或忙碌状态时，管理者可以采用放松与稳定的措施来缓释压力；当某一方面的工作过于单调与缺乏活力时，可以采用新的、富有动力的要素来激发活力。

**四、互为转化**

对立双方相互作用的结果导致相互转化，只有具备一定的条件，两者才能相互转化，它们本质上是动态的，以变化为中心，例如自然界中既有衰退、匮乏、减少与消亡，也有繁荣、过剩、增长和存在。在现实世界中，生活既充满了烦恼、失败、疲惫与不足，也拥有快乐、成功、轻松与丰盈。对立双方两种不同的力量之间的张力关系，自然地、内在地引发变化与转化。这种不断地循环往复运动变化的观点就是《易经》中所说的"盛生"，即创建与生成。这个术语在当代科学领域中被广泛使用，特别是在与生物系统相关的领域（Mitchell，1998）。

上述四种关系都解释了现实本身的整体运动发展过程，矛盾双方由原来的互相矛盾发展到互相转换，即由彼此排斥到互为依赖、互为包容、互为作用，最终实现互为转换。它揭示了各个层次之间复杂的连锁关系。事物的上一层次并没有随着发展变化而消失，而是自然地转入到下一层次。矛盾本身意味着自始至终双方都是共存的，即所有矛盾都以不同程度的力量并存，当量变发生到一定阶段时，就会引发质变。这就是事物的复杂性。最终，由于这些相互作用带来了转化，并产生了新的复杂有机体。矛盾双方受运动、传播和干预的影响，因此，世上万物万事都处于运动变化状态。

此外，五行学说是另一个重要概念，认为宇宙和人体由金、木、水、火、土五种基本要素组成。这些要素相互关联并制约，通过相互作用与变化而促进了世界的运行和变化。五行学说体现了辩证思维中的整体观念与相互关联的观念。矛盾统一是核心原则之一，认为事物内部存在着相互对立的矛盾，但同时也存在着相互依存与转化的统一关系。这一原则强调了辩证思维中对于矛盾的处理和统一的观念，强调了事物发展中矛盾的动力和变化的可能性。中庸思想是儒家哲学的核心概念之一，强调在各种对立面之间寻求平衡和中和的道德原则。中庸思想体现了辩证思维中对于平衡、调和和整体观念的重要性。

综上，中国哲学中的辩证思维源远流长，经历了漫长的发展过程，形成了独树一帜的思维方式和认识论体系。它强调事物的整体性以及相互依存与转化的观念，注重把握事物内在的矛盾与变化，以及矛盾的统一与平衡。辩证思维在中国哲学中起到了统摄其他学派的作用，它存在于各个学派中，如儒家、道家、法家、墨家、名家、阴阳家等，并在不同领域和层面上体现了其观念与原则。这种思维方式对于中国文化、社会和思想的形成与发展产生了积极而深远的影响，并在当代仍然具有重要的理论和实践价值。

# 第三节　辩证思维理论与实践研究现状分析

中国哲学中的辩证思维是中国人用其独特的整体思维方式对世间万物变化发展规律的形象描述与总结。在当代，尤其以中国哲学中的辩证思维被视为科学的整体思维模式，应用于物理学、哲学、医学等诸多领域，对当代科学和社会的发展具有很大的启蒙作用。

**一、全球关于"中国哲学中的辩证思维"研究现状分析**

将"中国辩证思维"为主题词输入中国知网引擎，发文量为105篇论文，分布于不同领域，涉及20个学科分类，其发文总体趋势如图2所示。

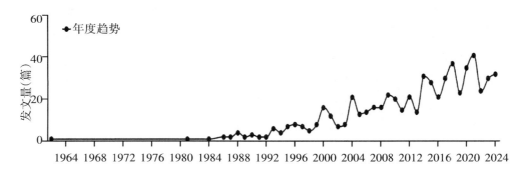

**图2　以"中国辩证思维"为主题中文发文总体趋势图（CNKI）（1964—2024）**

从图2中可以看出，越来越多的学者关注中国辩证思维研究，从1964到2024年，有关此主题的中文发文量总体处于上升趋势，2021年达到了峰值，共发文41篇。说明随着时间的推移，中国哲学中的辩证思维的价值不断地被挖掘并被广泛地应用到多个领域，这可以从图3发文所涉及的主题管窥。

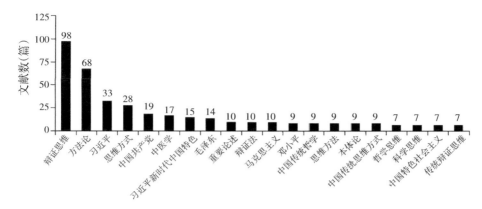

**图3　中国哲学中的辩证思维汉语发文主题分布图（CNKI）（1964—2024）**

图3显示，以"中国哲学中的辩证思维"为主题的论文涉及广泛的学科领域，如辩证思维、方法论等多个学科领域，其中以"辩证思维"为主题发文量最多，共有98篇，而自然科学领域发文量则较少。关于中国哲学中的辩证思维在中国语言学中的实际运用寥寥无几，说明国内对这方面的研究尚有待进一步深入开展，也需要和国外接轨，尤其在高科技如量子力学、计算机，以及语言学领域等如何使用中国哲学中的辩证思维，值得进一步探索研究。

以主题词"Chinese dialectical thinking"（中国哲学中的辩证思维）输入科学网（Web of Science）引擎，统计出从1986年到2024年，共计有204篇论文，发文主题排名前十，如图4所示。

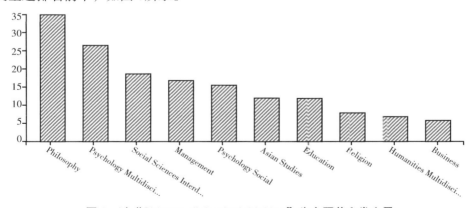

**图4　以"Chinese dialectical thinking"为主题英文发文量
排名前十学科分布图（1986—2024）**[①]

① https://www.webofscience.com/wos/alldb/analyzeresults/7aef7c1399c143009e375c3af439b91afaf7e025.

图4显示关于"中国哲学中的辩证思维"主题，在1986年至2024年间英文科学网的发文量达204篇，说明该领域在全球已引起越来越多领域学者的学术兴趣和关注。从发文量看，一直处于逐年上升趋势，高于中文发文量；从学科分布看，排名前十的学科是哲学、心理学、社会科学、管理学、心理社会、亚洲研究、教育、宗教、人文、商务等，涉及人类生活的方方面面。随着科技的发展，中国哲学中的辩证思维将会为人类社会的发展做出更大的贡献。

**二、中国哲学中的辩证思维的应用领域**

辩证思维是中国哲学中的一个基本范畴，植根于阴阳和五行等概念，强调对立、平衡与和谐的动态相互作用。这些理念不仅构建了中国文化的各个层面，还影响了政治思想、环境伦理、医学、艺术与现代科学等领域的全球实践。辩证思维已在世界上得到广泛的应用，展现了其在全球背景下的相关性以及多功能性。

（一）中国哲学中的辩证思维在语言学中的应用

1.音与义的关系

中国哲学中的辩证思维认为事物存在于相对、相互关系之中。在语言学中，它可以帮助我们理解音与义的关系，例如，在汉字中，有许多字形相似但音调不同的字，它们通过音的变化传递不同的意义。阴阳思维可以帮助我们理解这种音义关系，将不同的音与相应的含义联系起来，从整体上理解语言的构造和演变。

2.词汇的对立统一

中国哲学中的辩证思维认为对立的事物是相互依存、统一的。在语言学中，它可以帮助我们理解词汇的对立和统一，例如，在英语中，形容词和副词常常是以对立的方式出现，如hot（热）和cold（冷）、fat（胖）与thin（瘦）。然而，辩证思维可以指导我们看到这些对立词汇之间的统一性，它们相互依存，共同构成了语言的丰富性和灵活性。

3.语言的变异与演化

中国哲学中的辩证思维注重平衡和变化的关系。在语言学中，它可以帮助我们理解语言的变异与演化。语言是一种动态的、不断变化的系统，它随着时间和社会环境的变化而不断演变。中国哲学中的辩证思维可以引导我们平衡保留语言的传统和文化价值，同时也促进语言的创新和适应新的需求。

4.整体与局部

中国哲学中的辩证思维强调整体和局部之间的关系。在语言学中，它可以帮助我们从整体的角度理解语言的结构与功能。语言由各种各样的元素（音素、词汇、句法结构等）组成，它们相互作用并形成语言系统。中国哲学中的辩证思维可以引导我们看到这些元素之间的关系，从而更好地理解语言的本质和运作方式，促进语言学的研究和教学。

5.语法和意义

语法和意义并非本质论或对应论的方法，即意义先于编码的形式存在（Lakoff，1988）。在这样的观点下，语法被认为是自然的，因为它的发展是为了服务于已经发展的经验模型，一个被解释过的真实世界。事实上，功能语言学并没有采取本质论或对应论的方法，因为两门学科的语义概念不相容。韩礼德和麦蒂森直言他们是建构主义观点的践行者（Halliday & Matthiessen，2008：17），叶尔姆斯列夫和弗斯等欧洲语言学家都曾在他们的论著中提及过该观点。依据此观点，语法本身可以识解人类经验，为人们构建了事或对象的世界。正如叶尔姆斯列夫（1943）所说，现实原本是不可知的；我们唯一已知的是通过语言对它做出的解释，即意义。意义是在我们的意识与其环境的共同影响下形成的。语法与意义在语言中具有辩证关系，它们相互依存且相互影响。

语法中的词序规则对于表达意义至关重要。不同的词序可以改变句子的含义。例如，"The dog chased the cat."（狗追猫。）和 "The cat chased the dog."（猫追狗。）具有相反的意义，这是因为主语和宾语的词序发生了变化。语法规则中的词序制约词语之间的关系，从而影响了句子的意义。

语法规则将词汇划分为不同的词类，不同的词类在句子中承担不同的语法角色。这种词类与词义的对应关系使得句子能够传达明确的意义，例如，英语中的动词表示动作或状态，名词表示人、物或概念，形容词表示性质或特征。语法中的词类规则和语义的对应关系帮助我们理解词语在句子中的意义。

句法结构对于传达语义关系起着重要的作用。不同的句法结构可以传达不同的语义关系，例如，在英语中，主谓结构可以表达关于主语的陈述，而被动结构则强调动作的承受者。句法规则和语义关系相互作用，通过句法结构可以准确地表达语义关系。

语法和语义之间的关系也受到语用因素的影响。语用指的是语言使用的实际情境和目的。根据不同的语用目的，同一个语法结构和语义可能会产生不同的意义，例如，同一个问句可以根据语境和语用目的来解读，可能是真实的疑问、委婉的请求或反问等。语法和意义的辩证关系需要考虑语用因素，以更好地理解语言的意义。上述例子展示了语法和意义之间的辩证关系。语法规则提供了句子构造的基础与框架，而意义则通过语法规则来表达和传达。两者相互作用，共同构建了语言的复杂系统。

（二）中国哲学中的辩证思维在医学中的应用

在医学领域里，传统中医是辩证思维融入全球医疗保健系统的典型例子。中医学认为健康是阴阳与五行之间的平衡，在西方国家越来越被采用，特别是在综合医学领域内。针灸、草药与太极拳等现在在美国、澳大利亚和欧洲等许多国家都很常见，它们与西方医疗方法一起用于治疗各种疾病。这种全球一体化反映了人们越来越认识到整体治疗模式的重要性，这种模式符合平衡体内对立力量的辩证方法（Wang & Zhao，2021）。中国辩证思维在医学上有着广泛的应用，主要用于以下几个方面：

中医是基于中国古代辩证思维的医学体系。中医辩证思维通过观察症状、辨别病因、辨证施治，以维持人体的平衡状态和促进自愈能力。中国古代医学注重阴阳平衡的观念。阴阳是古代哲学中的核心概念，也是中医理论的基础之一。中医师通过调整人体阴阳的失衡状态，达到健康和治疗疾病的目的，例如，一个人体内的阳气过盛而导致热病，中医会采取相应的方法来清热解毒、平衡阴阳，从而恢复健康。中医的治疗方法强调辨证论治，即根据病情和病人的具体情况制定个体化的治疗方案。中医师通过观察症状、辨别病因、辨证施治来判断疾病的性质，并针对性地调整治疗方法。辨证论治的思维方式使得中医能够综合考虑病人的整体情况，提供个性化的治疗。

中国古代医学强调预防为主，注重维护身体的健康状态，防止疾病的发生。中医通过调整饮食、作息、情绪等方面的因素，以达到平衡与和谐的状态，从而预防疾病的发生。这种预防的思维方式与辩证思维中强调平衡、预防矛盾的观点相契合。中医的理论和实践体现了辩证思维的特点，强调整体观念、阴阳平衡、辨证论治和预防为主的原则，对于诊断、治疗和健康维护都具有阴阳思维。中医认为，身体健康是建立在阴阳平衡的基础上的。阳亢表现为热感、口干、盗汗等，阴虚表现为四肢冰冷、脉搏缓慢、肤色苍白等。虽然现在医疗技术日益提升，但还是无法对一些非传染性疾病进行有效的诊断和治疗，如心血管疾病、癌症、慢性呼吸道疾病和糖尿病等。可在发达和发展中国家都有发现，这些疾病可以通过改变生活方式和饮食习惯来预防。事实上，已经有文献记载的案例，成功地将阴阳互补法应用于医学。例如延年益寿的饮食，这是一种基于阴阳原理和五行学说的明确的饮食方案，未经化学品助长的全谷和蔬菜，已被证明能够降低疾病发生的风险，并大大改善受多种慢性病影响的个体的健康状况。阴阳五行学说是影响中医理论体系形成的哲学基础之一，阴和阳既可指互为对立的两个事物，又可指一个事物内部所存在的互为对立的双方。阴阳五行学说渗透到现代中医学中，则用来解释人体的组织构造、生理功能、病理变化，以及进行病症的治疗和对疾病的预防。

（三）中国哲学中的辩证思维对东亚政治思想的影响

在东亚，日本、韩国和新加坡等国家将儒家思想融入其治理模式，强调社会和谐、道德引领与平衡治理。这些举措践行了儒家治国理论的辩证思想，彰显了儒家对理想政治与和谐社会的追求。

（四）中国哲学中的辩证思维在建构全球环境伦理方面发挥重要作用

道教特别强调人与自然的平衡，道教主张可持续发展实践，旨在保持人类活动与自然生态环境之间的和谐。这种影响表现在许多全球举措中，包括环保政策、在世界范围内的城市规划和发展中推广"绿色生活"（Zhang，2019），为全球环境运动做出贡献，促进了可持续实践与生态平衡（Kim，2020）。

（五）中国哲学中的辩证思维在美学与艺术领域中的应用

阴阳理念激发了世界艺术运动，特别是现代与当代艺术。辩证平衡与对立面之间的动态互动是阴阳美学的核心，已被引入抽象与极简主义艺术中，影响了北美与欧洲的艺术家。他们借鉴了平衡、和谐与对比的观念，创作了表现形式与空虚、动与静辩证相互作用的作品（Cai，2022）。

中国古代音乐理论中的五音学说基于辩证思维的观念，将音乐分为宫、商、角、徵、羽五个音阶，它们代表了五行的不同属性和相互关系。这种辩证的观念使得古代音乐理论能够以五音为基础，构建丰富的音乐体系并将音乐与自然界的阴阳五行相联系。

辩证思维中的阴阳观念也在音乐中得到应用。中国古代音乐理论认为音乐中存在着阴阳的对立与统一。音乐中的高音、明亮的旋律和快速的节奏被视为阳性的元素，而低音、柔和的旋律和缓慢的节奏则被视为阴性的元素。音乐中的阴阳对立与统一为音乐赋予了动态与平衡的特性。此外，古代中国文化中常将琴棋书画与音乐联系在一起，这也是辩证思维的一种体现。琴棋书画被视为文化的四艺，它们之间相辅相成、相互依存。音乐在其中扮演着重要的角色，通过音乐的表达，琴棋书画得以产生更深层次的情感与意境。

辩证思维强调平衡与和谐的观念，也在音乐中得到体现。中国古代音乐注重调音的平衡，追求音乐元素之间的和谐关系。音乐中的调式、节奏、和声等元素都被调整和平衡，以达到整体音乐的和谐效果。近年来，当代音乐中一个杰出的代表人物约翰·米尔顿·凯奇（John Milton Cage Jr.）[①]，他大量使用《易经》进行作曲。

综上，中国辩证思维在音乐中得到广泛的应用。辩证思维的观念使得古代中国音乐理论能够以五音学说、阴阳对立、平衡与和谐等为基础，创造出独特的音乐体系和表现方式。这些观念不仅影响了古代音乐的创作与表演，也为后世音乐家和音乐学者提供了思考和借鉴的基础。

（六）中国哲学中的辩证思维在文学创作研究领域中的应用

《诗经》是中国古代最早的诗歌总集，其中许多诗歌体现了辩证思维的观念，反映了自然与人的关系，以及爱情与离别、喜怒哀乐等对立面的情感表达。《诗经》中也运用了象征、比喻等手法，通过诗歌的形式展示了对于生命、爱情、社会等问题的辩证思考。

施耐庵的《水浒传》是中国古代四大名著之一，充满了辩证思维。小说通过描绘108位英雄好汉的故事，展现了正义与邪恶、忠诚与背叛、权力与正义等对立面的冲突。小说中人物形象的多样性、命运的变迁、社会的复杂性等都体现了辩证思维的影响，使得小说更加鲜活、丰富。

《红楼梦》也是中国古代四大名著之一，书中运用了丰富的辩证思维。小说通过描绘贾宝玉、林黛玉等众多人物复杂的命运与内心的矛盾冲突，反映了人生的悲欢离合、荣辱得失等多种境况。小说还植入了阴阳五行的观念，以及社会层级、家族关系等多重矛盾与对立的刻画，展现了辩证思维对于人性、命运以及社会的深刻洞见。

《孽海花》是曾朴[②]的代表作，小说通过书写状元郎金雯青与傅彩云的婚姻生活故事，把同治初年到甲午战争期间中国社会文化生活的主要历史文化事件的缩影及其有关的轶事，加以精炼提取，整合成篇，反映了人性的复杂性与社会矛盾的存在。小说深刻地揭示了帝国主义的侵略本质，清政府的无能与腐败，封建士大夫的昏庸与堕败。全书反映的社会生活面相当广，写了200多个人物，在选

---

① 约翰·米尔顿·凯奇（1912—1992），美国先锋派古典音乐作曲家。凯奇对东方（中国和印度）哲学有浓厚的兴趣，特别是《易经》，他经常用其即兴音乐创作。

② 曾朴（1871—1935），江苏常熟人，本名曾朴华，字太朴，又字小木，笔名东亚病夫。清末民初小说家，出版家。

材、语言、结构方面都独具特色。书中描绘最为凝练且最为精彩的是对封建知识分子与官僚士大夫的描绘，写他们的虚伪造作以及面对西方文明冲突时的愚昧无能。小说中对于家庭、爱情、权力、道德等问题的辩证思考，以及人物形象的多面性与矛盾性，反映了辩证思维在文学创作中的应用。

赛珍珠（Pearl S. Buck）[1]和黑塞（Hermann Hesse）[2]是世界著名作家，他们都曾受到中国文化与哲学的启发。美国作家赛珍珠在中国镇江长大并深入研究了中国的文化和历史，她的作品常常体现了中国古代文学与辩证思维的影响。例如，她的代表作之一《大地》描绘了中国农村社会的变迁以及人与自然的关系。这本小说通过对人与自然、富裕与贫困、生存与死亡等对立面的生动描绘，反映了辩证思维的视角与人与自然和谐共生的哲学观念。赛珍珠因其创作以中国农民为主题的小说《大地》等作品，于1938年荣获诺贝尔文学奖。其文学作品中使用了大量的带有辩证的概念隐喻，如她在小说《群芳庭》中描述了人物性格的互补性以及对立面之间通过自然的二元性来说明意义等（Zhao，etal.，2019）。

瑞士作家黑塞十分推崇我国的老子、庄子和孔子，对中国古代哲学和辩证思维产生了浓厚的兴趣。他的作品中常常探讨人的内心世界的矛盾、自我认知与精神追求之间的矛盾。1922年，黑塞在写给奥地利著名作家茨威格的信中提到当时德国对老子的理论非常着迷，在他看来，老子的哲学观是以辩证的方式看待世界，将生活视为存在于两个极端之间。他的获奖作品《玻璃球游戏》中的主人公克奈希特潜心钻研《易经》等中国哲学，以超常的智慧研究并掌握了玻璃球游戏规则，被推选为当地教育区最高智慧代表——玻璃球游戏大师。道家思想对黑塞的人生观与世界观以及创作产生了至关重要的影响。此外，辩证思维的影响延伸至全球教育与哲学话语。儒家和道家思想已被融入世界哲学传统，拓展了道德哲学研究范围，尤其是在人际关系方面，重视社会和谐与相互关联的重要性。在教育方面，中国哲学的整体方法构建了促进道德教育、批判性思维与知识整合的课程，反映了辩证强调万物相互联系。黑塞借鉴了中国古代阴阳双极性观点并将其贯穿于小说中主人公的一生，这是小说大获成功的重要原因。

---

[1] 赛珍珠(1892—1973)，美国作家，以描写中国生活的小说而闻名，于1938年获得诺贝尔文学奖。

[2] 赫尔曼·黑塞(1877—1962)，德国作家、诗人。出生于德国，1919年迁居瑞士，1923年入瑞士籍。1946年获诺贝尔文学奖。爱好音乐、诗歌与绘画。作品多以小市民生活为题材，表现对过去时代的留恋，也反映了同时期人们的一些绝望心情。

　　上述例子展示了中国古代辩证思维在文学创作中的应用。通过描绘对立与统一、矛盾与和谐等主题，作家们通过辩证思维方式展现了人性的复杂性、社会的多样性以及生命的无常性。这些文学作品深刻地反映了中国辩证思维对于文学创作的影响和启示，它塑造了作家对世界和人生的观察、思考和表达方式。

　　（七）中国哲学中的辩证思维在其他领域中的应用

　　中国古代辩证思维在当代动力系统理论中得到了高度重视，生物学和数学中提取的新理论，通过将分析对象的许多方面结合起来，实现了阴阳互补观点，从而能够更好地处理复杂的现象，例如阴阳与人类感知、情感和健康等现象密切相关。一些西方科学家发现它与物理学之间有着紧密的联系，对其理论原则及其在现代物理学中有效性的证据做了大量的研究并借鉴。

　　莱布尼茨（Gottfried Wilhelm Leibniz）发明二进制算术与他对中国哲学，尤其是对《易经》的钻研有关。1701年，莱布尼茨收到了一份来自中国的耶稣会传教士约阿希姆·布维（Joachim Bouvet）的文件。该文件包含一张《易经》图，基于六条线的组合，这些线有的断开（代表阴），有的连续（代表阳）。莱布尼茨注意到阴阳组合与他的二进制系统（使用0和1）之间有着惊人的相似之处。莱布尼茨认为这是他的数学系统与中国玄学之间的深刻联系。在1703年写给布维的一封信中，莱布尼茨表达了他的兴奋之情，暗示中国人在几个世纪前就凭直觉发现了二进制逻辑。虽然《易经》并未用于数学目的，但莱布尼茨认为，这种古老的符号系统代表了二进制算术所依赖的二元论原理，其中阴（0）和阳（1）的交替模式可以解释为二进制序列。这种联系虽然主要是象征性和哲学性的，但反映了莱布尼茨如何欣赏中国知识传统的丰富性，并寻求在西方与东方知识体系之间找到共同点。他的二进制系统后来对现代计算的发展至关重要，二进制逻辑是所有数字处理的基础，尽管《易经》本身与计算理论没有直接关系。

　　丹麦诺贝尔物理学奖获得者、量子力学的创始人之一尼尔斯·玻尔（Niels Henri David Bohr）指出中国的阴阳太极图形象、准确地表达了互补原理（complementary principle）的深刻内涵，该原理是由他1927年提出的量子力学的基本原理之一。

　　综上，在全球范围内应用中国哲学中的辩证思维，彰显了其在不同领域的适应性与重要性。从医疗保健、环境保护到艺术、科学与教育，平衡、和谐和动态互动的理念继续影响全球实践与话语，为解决现代世界的复杂问题提供了一个整体框架。

# 第二章　中国哲学中的辩证思维
# 与西方辩证思维的区别

中国哲学中的辩证思维构成了一种基于对矛盾本质认识的理性思维方式和存在。朴素的、自发的辩证思维被古代思想家作为一种试图提供一个真实的、可以感知世界变化过程的方法论。中国古代的阴阳辩证思想和古希腊赫拉克利特的哲学思想均属自发辩证思维，即表现在万物皆处于一种状态的思想中（Gilje & Skirbekk，2001：13）。本章从多维视角分析中国辩证思维与西方对立统一辩证思维之间的差异性，为挖掘西方功能语言学所蕴含的中国辩证思维奠定基础。

## 第一节　中西方价值观的差异

中西方价值观最主要的差异在于中华民族自古以来就崇尚归一与和的观点。在人和大自然的关系上，我国自始至终都提倡天人合一的理念，主张人类与自然和谐相处；而西方则强调二元对立，西方人将冲突视为永恒的主题，始终强调人要与自然界做斗争。

### 一、中国古代辩证思维中的一元论哲学模式

中国古代辩证思维呈现了一种一元论的哲学模式，即始于一，归于一。这一观念强调了事物的起源和归宿都可以追溯到一个统一的根源。在中国古代哲学中，辩证思维通过观察自然界和人类社会的现象，提出了一种追求事物背后共同本源的思维方式。辩证思维认为虽然事物表面上存在着多样性和差异性，但它们都源自同一个根本的统一实体。这个统一实体被称为道、天等，代表了宇宙和人类社会的最高法则。按照一元论的观点，世界上的一切事物和现象都是由这个统一实体分化或演化而来的。事物的多样性和差异性只是暂时的现象，最终都会回归到统一的根源。这种思维模式强调事物的内在联系和整体性，认为它们都是一个更大的整体的一部分。这种一元论的哲学模式对中国哲学产生了深远的影响，它在儒家、道家、墨家等诸子百家各个学派中都得到了不同的发展与体现。一元

论的观念在中国古代社会、文化、伦理与道德等方面都产生了重要影响，构建了古人的价值观与思维方式。需要强调的是，这种一元论的哲学模式并不排斥多元性与差异性，而是关注了事物背后的统一性。它提供了一种解读世界与人类存在的方式，以追求事物的本源与最终归宿。和谐相处的观念已经成为中华文明历久弥坚的核心价值观。《周易》提倡"保合太和"。太和就是永远和平，此种"和"的思想也是儒家的核心思想之一。孔子继承了西周提倡乐的功能在于"和"的观念，如"大乐与天地同和，大礼与天地同节"（《礼记·乐记》）。在如何开展对外交往方面，中国历朝历代也矢志不渝地推崇和追求"和"。如"柔远能迩，以定我王，平之以和也"（《尚书·大禹谟》），强调通过平和的方式来实现远近之间的和谐，以稳固统治与实现和平。正如习近平总书记指出中国人自古以来对和平"有着孜孜不倦的追求，十分珍惜和平安定的生活"。和平共处也是中华民族几千年来的核心理念。

在对待人与大自然的关系上，我国几千年来就一直秉承归一的观点，即人类的行为规范、社会制度需与大自然的普遍规律相统一，反对人与大自然相对立，提倡顺应自然的理念。该理念隐含着辩证的观点，即人与自然是一个整体，不可分割，提倡人主动顺应自然变化的规律，个人的行为需与自然相调和；同时，在人与自然相互和谐的过程中，又促进了自然的和谐发展。此种合而为一的一元论理念，反对过度利用自然，破坏生态平衡，对于我国构建人类命运共同体意义重大。

**二、西方辩证思维中的二元对立哲学模式**

西方对立统一辩证思维在某种程度上呈现了物质与意识的二元对立哲学模式。这一模式在西方哲学传统中具有重要地位，旨在理解和解释世界的本质和人类的存在。根据这一模式，物质和意识被视为两个相对独立但又相互关联的实体。物质通常指的是客观存在的物质世界，包括物质实体、自然规律和物质现象。意识则指的是主观意识和思维活动，涉及人类的思想、意识和心理过程。在这种二元对立的哲学模式中，物质和意识被视为相互作用和相互依存的要素。它们既有区别又有联系，互相影响和构建。物质提供了意识存在的物质基础和条件，而意识则通过感知、认知和思维等活动来理解和改变物质世界。这种二元对立的哲学模式在西方哲学的不同流派中得到了不同的发展和表达。例如，在唯物主义中，强调物质的决定性和优先性，认为物质存在是意识的产物。需要指出的是，这种二元对立的哲学模式在西方哲学中并不是唯一的观点，也有其他的哲学流派对此持有不同的看法和批评。辩证思维的发展也在一定程度上超越了这种二元对立的模式，探索了综合的理论框架，包括一体性、整体性和复杂性的思维方式。西方奴隶社会是在氏族血缘关系遭到解体后才建立的，商品交换日益频繁，由此，个人作用在整个社会生活中被凸显出来。赫拉克利特的哲学观点具有鲜明的反对和斗争的特点，而柏拉图的观念论则成为理性与感性两极分离概念的典型代表（柏拉图，2001）。直到中世纪，西方社会依然在强调上帝与俗世、精神与物质等二元对立的价值观。近代以来，以往神、人的两极分立被人与现实的两极分立所代替。因此，主张人类和自然的冲突，以个人为中心，要征服自然和改造自然。因此，自然和人分离是西方社会主流价值观。在西方历史上残酷的战争频频爆发，尤其是涉及宗教的战争，而中国历史发展进程中从未发生过较大规模的具有宗教性质的战争。回顾20世纪发生的两次世界大战，不难发现都是源自西方社会二元对立的价值观。

**三、中西方文化价值观之间的差异性**

中国哲学强调集体主义，重视社区、家庭与社会和谐的重要性。如孔子倡导关系伦理学，在这种伦理学中，个人行为是通过他们对社会的影响与社会角色的履行来衡量的。相比之下，西方哲学常常宣扬个人主义，优先考虑个人权利和自我实现。康德（Kant）等哲学家倡导个人自主性，将道德能动性构建为人类经验的一个基本方面。中国哲学采用整体方法，将现实视为一个相互关联的关系网络，例如用阴阳说明对立面的平衡，表明和谐源于理解所有事物的相互依存性。此外，中国思维认为时间是周期性的，反映了自然的节奏和反复出现的模式，而西方思维通常采用线性视角，将时间与进步和发展联系起来。这些截然不同的价值观和方法共同突出了人类思想的丰富性。随着这些哲学传统在日益全球化的世界中不断互动，它们为人们对知识与意义的追求提供了独特的见解，进一步丰富了这一领域。

综上所述，中西方哲学价值观大相径庭，分别呈现出归一与对立的观念，并广泛渗透于各自文化和社会生活之中。自然界和人类社会中客观存在的任何事件、客体和现象，都是统一性的具体体现。西方社会强调二元对立，冲突高于和谐，而中国坚持和的观点，主张和而不同。

中西方的文化价值观和世界观存在显著差异。中国文化强调集体主义、和谐与关系的重要性，重视家庭、社会责任和长远利益。这种观念体现了对整体的关注，常通过儒家思想中的"和"与"中庸"表现出来。相对而言，西方更倾向于个人主义，强调个人权利、自由与自我实现，注重个人的独立性和创造性。基督教和启蒙思想对西方世界观的形成起到了重要作用，倡导理性、科学和个人的道德选择。在时间观上，中国传统更加重视循环与变化，而西方则多采用线性时间观，强调进步与发展。这些文化差异在社会结构、教育体系、决策方式等多个层面都有深远影响。

## 第二节　统一体的结构差异

自先秦以来，中国古代哲学家们不断发展辩证思维，其中最杰出的古代朴素辩证唯物主义哲学家代表人物是北宋的张载[①]、邵雍[②]和明末清初的王夫之[③]。邵雍在《皇极经世书》卷七中提出："有，一分为二，二分为四。"这段话高度概括了中国古代辩证思维的基本内容，也成为揭示事物内在本质的认识论。他将一从抽象意义上区分为既对立又统一的两个域。一分为二是辩证思维的基本概念，也是认识论的主要内容之一。中西方关于统一体的结构差异主要表现在以下两个方面：中国古代辩证思维将统一体划分为两个对应的部分，太极是中国形而上学的核心概念之一，它以阴阳形式构建形而上学的复杂系统。阴阳两个部分是在同一整体内，而不是分属两个不同的范畴。形而上源自"形而上者谓之道，形而下者谓之器"（《易经·系辞上》）。该篇诠释了"形而上""形而下"这对概念：乾坤是易最深厚的蕴含吗？乾坤排成列，易已蕴含于其中了。如果乾坤毁灭，就无法看见易了，反之亦然。所以，形而上的叫作道；而形而下的叫作器（工具）（余敦康，2006：349）。自古以来，中国学者们对形而上与形而下的区别进行了多方面的深入探讨。例如，北宋哲学家朱熹的一个弟子解释说：形而上指的是理（连贯性）；形而下指的是具体的事物。看清事物容易，但了解事物难。知事必见其理。从二元论的角度看这一段话：有两个不同的域，道是上层的，是抽象的世界，是终极现实，而工具（器）则是在下层，属于具体的世界。道和器之辨，等同于体和用之辨，道是体是指结构，而器为用，指功能。这种划分非常契合西方

---

[①] 张载（1020—1077），字子厚，世人称之为横渠先生，凤翔郿县（今陕西眉县）人，祖籍大梁（今河南开封）。北宋教育家、思想家、理学家。

[②] 邵雍（1012—1077），字尧夫，号安乐先生、伊川翁等，相州林县上杆庄（今河南省林州市刘家街村邵康村）人，祖籍范阳（今河北省涿州市大邵村）。北宋数学家、理学家和诗人。

[③] 王夫之（1619—1692），字而农，号姜斋，晚年隐居石船山，故后人称之为船山先生，湖南衡阳人，明遗民。中国明清之际诗人、词人、思想家。

对形而上学（metaphysics）的解释，即对超越表象的研究。中国古代哲学第一个共同体的概念为形，道和器（工具）都在该统一体形内运作。形而上和形而下都是形的一部分，区别只在于一个是从上而来的形，另一个是从下而来的形。因此，器是道，道是器，有分而无分。朱熹则认为，形而上与形而下的区分，是阐明道与器关系最清晰的方法。"天人合一"是《周易》形成整体思维观的关键源头，其根本目的就是阐释人与自然之间的关系，从而引导人们遵循良好的行为规范。董仲舒[1]在此思想研究的基础上，提出"天人之际，合而为一"，着重强调事物是相互关联的，每个事物的功能都具有整体性，呼吁关注自然与人、主体与客体、人与自我及人与人之间的各种关联，始终重视运用整体思维的方式，以实现自然与人的和谐统一。北宋哲学家张载在《正蒙·太和》中提出"一物有两体"的观点，在他看来，世界是由所谓的气所构成的，它拥有阴和阳相互对立的面，万事万物都不是孤立的，而是相互依存的。如始与终、屈与伸、同与异等，都是相互作用的结果。他还提出了动非自外的观点，强调任何事物的运动并不仅是外力作用的结果，而是源自其内力的作用。他认为事物发展进程中可以分成著变和渐化两种表现形式，前者体现的是显著变化，后者体现的是逐渐变化。这两种变化也是互相联系并互相转化的。张载的这种逐渐变化的观点，已经显露出由量变到质变的辩证思维的朴素假设萌芽。延续张载的研究成果，明末清初的哲学家王夫之更是把自然界的气视为世界的本原，他认为阴阳二气，在自然界无处不在。通过将气汇聚起来，人和物便产生了；一旦把气予以消散，便转变成虚空的状态。但虚空并不是虚无，而是气的另一种存在的方式，气会有聚散之变，但不会消失。这里隐含着物质不灭（conservation of matter）的观点。这种观点是西方辩证唯物主义物质观的重要内容，用以体现物质的永恒、无限和绝对的特性。由此，辩证唯物主义强调世界的统一性，就在于其物质属性。大至太阳和星系，小至各种基本粒子都会经历生长和毁灭的过程，但物质世界具有无限、永恒和绝对的特性。此外，王夫之还认为气有阴阳两面，因为对立的冲突而发生变化。气则动者也，有内在运动的特征，天地万物不停地发生变化；与此同时，他还强调动态和静态的辩证关系：静并不是表面的静态，而是相对静态的运动状态。同时，他所提的废然而止，也不是绝对的静止状态。最终，王夫之提出了变化日新推故

---

[1] 董仲舒（公元前179年—公元前104年），广川人，西汉教育家、思想家和政治家。于景帝年间任为博士，武帝年间任江都国相等职位。提出了三纲五常、天人感应等学说，著有《春秋繁露》《春秋决事比》等。

而别致其新的观点，以此来表达任何事物的发生演变都是其不断推陈出新、新陈代谢所致的辩证思想。

中国的辩证思维和西方形而上学的不同观点在于西方形而上学往往从纯粹的先验原理中推导出事物的本质，借助理性原理从感性的事物理解抽象的事物。大卫·凯特利（David Ketley）从中国商代占卜中衍生出中国的形而上学概念，他坚持把形而上学视为最具思想形式的理性实践（Keightley，1988：367）。他认为形而上学在中国的语境中，作为一个前提，预设了形而上学系统赖以存在的某些假设被建立。形而上学者的任务是发现并明确这些绝对的预设，需要一种特殊的分析活动，以使绝对预设在真理方面变得明确，并找出一套正确的首要原则（Keightley，2000）。康德对纯粹理性的批判清楚地说明了这一点，他阐明了牛顿科学的根本假设。分析的目的是揭示事物内在的必然性和结构。形而上学思维，在中国语境中可以被看作辩证思维，它建立在现实作为单一的自我生成、自我分化和自我组织的整体的视野之上。这一愿景并没有提供一个前提，形而上学随后建立在这个前提之上；相反，它提出了一种解释性方案，必须通过进一步的应用加以阐述。形而上学的知识植根于经验世界的知识之中。这种阴阳思维不是一个抽象的过程，从特定到一般，从具体到普遍，而是定义了一个给定条件的场域、范围、视域或模式。阴阳的概念包括将世界视为一张相互联系的力量的网络，同时自发地工作，形成人们所知道的现实。一个共识是，在中国哲学中有一种独特的思维方式，即用约翰·亨德森（John Henderson）的话来说，"这是一种独特的中国现象，它主导了中国传统的知识、生活，超过了其他文明"（Henderson，1984：54）。这种思维方式被描述为关联思维、部分整体悖论（Ziporyn，2000：30）、焦点场区分（Ames，2011：40）或部分整体相互作用（Ames，2011：46）。所有这些公式都指向这种中国思维的独特模式或范式的各个方面。基于上述四种关系的相互作用，涉及一个具有几个属性的方案：（1）通过整合程度定义了关系的层次；（2）顺序是在场的，而不是预先确定的；（3）变化是恒定的；（4）未来是不完全可预测的。

## 第三节　矛盾的统一性和斗争性

矛盾的统一性和斗争性是辩证哲学的基本要素。从本质上讲，统一是指作为一个整体连接在一起的状态。然而，这种统一并不是一成不变的；它是动态的，并随着矛盾的变化而发展。用辩证法来说，统一通常意味着看似对立的元素可以共存，并共同促进一个更大的整体的形成，这凸显了任何系统内关系的复杂性。矛盾的斗争性认为，对立的力量或思想是所有现象所固有的。这种紧张关系不仅仅是冲突的根源，还是变革和发展的驱动力。例如，在马克思主义理论中，资产阶级和无产阶级之间的阶级斗争说明了社会内部的矛盾如何推动社会和政治运动（马克思&恩格斯，1972）。这些斗争的解决可以带来一个更加团结和公平的社会，彰显冲突带来的增长和转型的潜力。

阴阳是中国古代哲学中的一对重要概念，用来描述事物内部对立但又相互依存的两个方面。阴常被关联于阴暗、消极、负面、静态等特性，而阳则与阳光、积极、正面、动态等特性相关。在自然界和人类社会中，阴阳相互依存、相互作用，形成了一种动态的平衡与和谐。阴阳之间的相互转化和调节，推动了事物的变化和发展。阴阳的对应关系可以在很多方面得到体现，例如天地、男女、日月、水火等。它们相互依存，无法孤立存在。阴阳的变化和平衡在中国古代哲学中被认为是事物发展的基本规律。通过阴阳辩证思维，人们可以更好地理解事物的复杂性和多样性。这种观点在中国古代哲学、医学、天文学等领域产生了广泛的影响，并深刻影响了中国的文化和思维方式。

基本范畴内的矛盾对立性指的是事物内部冲突推动思想和社会实践的变化和发展。这里的"对立"是指两种力量或思想之间的对立或冲突。在辩证思维中，它们对于理解现实的动态本质至关重要。黑格尔在他的辩证方法中明确阐述了这一点，该方法涉及论点、对立面和综合之间的相互作用，说明了矛盾是如何推动思想进化的（Hegel，2014）。基本范畴是辩证哲学的基本概念，指的是存在与虚无、统一与多样性、自由与必然性等类别。它们之间是相互关联和相互作用，通常体现了产生紧张力的对立元素。例如，存在和虚无（不存在）之间的矛盾突出了一种基本的斗争，这对理解现实本身至关重要（Hegel，2014；Marx，1976）。矛盾的力量指的是每一个基本类别都包含着产生冲突的对立因素。例如，在自由和必要性的情况下，个人往往要努力应对他们对自由的渴望和社会结构所施加的约束之间的紧张关系。这种对立反映了个人和外部限制之间更广泛的冲突，这是马克思主义思想的核心主题，马克思主义思想批评了经济和社会体系如何影响人类行为（Hegel，2014；Marx，1976）。辩证的过程从根本上植根于对立导致发展的思想。矛盾不是破坏性的，而是一种促进转化的生产力。冲突元素之间的相互作用促使了一种综合，从而产生了新的理解或发展（Marx & Engels，1969）。

　　在西方世界观中，二元论通常意味着道德上的二分法，因此，中国的阴阳有时会被误认为代表"善"与"恶"。但是，在中国哲学中，阴阳并不是指道德上的对立面，而是代表着自然界中互补的力量，这些力量彼此缺一不可，互为依存，象征着平衡，犹如黑夜和白天一样。还有一些西方学者把阴阳看作两个独立的对立实体，类似于西方本质主义的观点。但是，阴阳是处于不断相互作用与转化的状态，是互为包含的。另有一些西方人误以为阴阳是静态的对立面。事实上，阴阳是动态的，不断地相互转变和转化（Needham，1956）。此外，在西方的诠释中，阴通常与女性有关，阳与男性有关，导致性别刻板印象过于简单化，例如，阴是被动与软弱的，阳是主动与强壮的。但是，在中国思想中，阴阳并不是严格意义上的性别，它们是更广泛的、非二元存在原则的隐喻。譬如，阴代表柔弱或接受等特征，而阳则代表行动或自信，但这些特征存在于所有生物中，与性别无关。格雷厄姆通过对中国古代哲学辩论的研究（Graham，2015），诠释了阴阳概念的哲学深度，可以为澄清西方对阴阳的误解提供广泛的理论背景。

　　上述这些误解主要源于中西方文化差异和对阴阳背后哲学缺乏深刻理解。从本质上讲，阴和阳其实是一个统一体的两个组成部分，是互相包含的。没有阴就没有阳，反之亦然。

　　综上所述，基本范畴内矛盾的对立突出了现实的复杂性和对立力量的动态相互作用。这些矛盾不是理解的障碍，而是推动思想和实践成长和进化的基本组成部分。

## 第四节　矛盾的属性观

　　矛盾属性观是指某些特征或品质可以在一个主题或现象中共存，这往往会导致紧张、冲突或动态相互作用。这一概念在哲学、心理学、社会学和语言学等各个领域都很普遍，强调了人类经验和社会关系中固有的复杂性。

　　在哲学的背景下，特别是在辩证唯物主义和黑格尔思想中，矛盾属性对于理解思想和社会制度的发展至关重要。例如，马克思强调阶级对立的存在反映了社会中的矛盾属性，其中利益冲突影响了政治和经济结构（Marx，1976）。同样，黑格尔的辩证法说明了对立属性之间的相互作用如何导致思想的综合，表明冲突可以推动进步（Hegel，2014）。

从心理学的角度来看，个人往往体现出矛盾的属性，例如既自信又不安心，或者既理性又情绪化。这种二元性可能导致内部冲突，但也会丰富个人身份，使人们能够驾驭复杂的经历（Erikson，1968）。认知失调理论进一步解释说，个人力求在信仰、态度和行为之间保持一致；当面对矛盾的属性时，他们可能会感到不适，并通过改变或辩解来寻求解决方案（Festinger，1957）。

从社会学角度来看，个人可能拥有多重身份，这些身份具有矛盾的属性。例如，一个人可能既是活动家又是公司员工，这导致个人信仰和职业责任之间的紧张关系。这种复杂性会影响社会行为和群体动态（Tajfel & Turner，1986）。此外，文化背景通常包含矛盾的属性，传统价值观与现代影响共存。当社会协商这些矛盾时，这种相互作用可以推动社会变革（Hall，1992）。

在语言学中，矛盾属性可以通过语义歧义来体现，即一个单词或短语传达多个有时相互冲突的含义。这种复杂性增强了交流的丰富性，但也可能导致误解（Lakoff，1987）。

最终，矛盾属性的概念凸显了存在的固有复杂性。它说明了对立的特征如何可以在个人、社会和思想中共存，从而促使人们进行更深入的探究和理解。接受这种复杂性可以让我们更全面地了解各个领域的细微差别，丰富我们对人类行为、社会互动和哲学探索的看法。

中国古代哲人通过运用阴阳来阐释自然界存在的对立和消长的情况，从而概括了一切事物发生、发展、生长、转化的核心法则。直到《周易》问世，阴阳学说才得以在哲学领域崭露头角。《周易》蕴含了丰富的辩证思维，既肯定世界永恒运动，又分析运动源自阴阳的作用。如"刚柔相推而生变化""日月相推而明生焉；寒暑相推而岁成焉"，这里的意思是，刚和柔这两股对立的力量或者属性，通过互相推移、互相作用，引起变化。这显示自然界中对立的力量通过互相作用推动事物的发展与变化。日和月是大自然中光明与黑暗的象征，它们通过相互交替运行，让光明得以产生。光明与黑暗的互相交替是日月互相推移的结果。寒冷和炎热的季节通过交替推动，构建了系统的年度周期，这说明四季的变化是寒暑两种极端气候相互作用的结果。这种对立统一的思想是中国古代哲学中重要的宇宙观，彰显了自然界所有事物互为依存、持续演变的自然法则。

在西方的辩证思维中，抽象的对立属性矛盾是指一种对立关系，其中两个相对的属性或方面在特定条件下相互对立和冲突。这种矛盾关系在西方哲学和逻辑思维中被广泛探讨。在抽象的对立属性矛盾中，两个相对的属性或方面相互排斥，彼此对立。这种对立可以是概念上的，也可以是现实世界中的，例如，好与坏、光与暗、矛盾与冲突，它们在一定程度上驱动事物的发展和变化。这种矛盾关系提供了一种理解事物复杂性的视角，促使人们思考和探索事物的本质和变化过程。在西方的哲学和逻辑思维中，抽象的对立属性矛盾经常被用作分析和解决问题的方法。通过揭示事物内部的对立和冲突，人们可以寻求解决方案，促进事物的发展和进步。西方辩证思维中的抽象的对立属性矛盾是一种对立关系，强调了事物内部的冲突和矛盾，为人们理解事物复杂性和推动事物发展提供了重要的思维框架。黑格尔（Hegel G.W.F.）在西方客观唯心主义研究的基础上，又进一步丰富发展了辩证思维的概念，他将辩证思维视为一种思维方式，主要研究对象本质的矛盾，也是可以支配一切事物发展的普遍法则（Hegel，2014）。黑格尔非常关注所谓概念的运动规律，他将运动规律称为辩证思维，试图以此来揭示运动和发展之间的内在联系，最终透过现象的内在联系来找出运动和发展的原动力。赫拉克利特通过万物皆流，无物常驻（Kirk & Raven，1983），阐述了自己关于事物运动发展演变的看法，他提出同一事物既存在又不存在，人们既踏进又不踏进同样的河流。在探讨事物发展变化的根源时，他强调一切事物都是由对立产生的。

## 第五节　矛盾调和性的差异

在对待矛盾对立面的关系方面，中西方哲学的态度大相径庭。西方对立统一辩证思维始终强调不可调和性或冲突斗争。中国古代阴阳辩证思想则强调始于一而归于一的和谐与统一观点。虽然统一体内部存在着阴阳之间的斗争，但是这种斗争的双方是相互依存与渗透的，也是能够互相转化的。

中国传统文化强调人与自然的和谐共处，这是一个重要的价值观和生活哲学。在传统观念中，人被视为自然界的一部分，与自然环境存在着密切的联系和相互依存关系。

1.中国传统文化认为人与自然是一个整体，人与自然界的关系是相互依存的。人应该顺应自然的规律，与自然和谐相处。"天人合一"是中国古代哲学最基础、最核心的观点，主张顺天应物，人与自然同处一样的位置，互为平等，提倡人和天、天和物、物和人、人和人之间相互关联、相互依赖、相辅相成、融为一体，构建一个和谐有序的整体。"天人合一"体现了中国哲学的思维观和宇宙观，也就是万事万物都是相互联系的，任何孤立的事物并不存在。宇宙就是一个整体，所有事物仅仅是这个整体的一个部分，并不存在独立于这个整体之外或者超出这个整体的事物。因此，作为整体的宇宙是和谐有序的。因此万物并育而不相害，众道并行而不相悖是中国古代主流意识形态。

2.中国传统文化中强调尊重自然界的生态系统和生物多样性。人们应该保护环境，保持与自然的和谐关系，而不是对自然进行过度开发和破坏。

3.中国传统文化中的阴阳哲学认为宇宙万物都是由相互对立的阴阳两个方面组成的，人应该追求阴阳的平衡，使自己的身心与自然界保持和谐。

4.中国传统文化重视季节的变化，人们根据季节的变化来调整自己的生活方式和行为，与自然的周期保持一致。

5.中国传统文化中的中医药和养生理论强调与自然的协调和平衡，人们通过调整饮食、锻炼和保持心理平衡等方法来增强身体素质，与自然的力量相互融合。这些观念和实践反映了中国传统文化中人与自然的和谐共处的重要性。在当代社会中，这些传统价值观仍然对于保护环境、可持续发展和人类福祉具有重要意义。

西方哲学对于人与自然的关系有着不同的观点和理解，并非一概强调斗争性。在一些西方哲学流派中，人与自然被视为相互依存和相互关联的存在。这种观点强调人类与自然界的互动和相互影响，认为人类是自然界的一部分，与自然界共同存在和发展。虽然有些西方哲学流派强调人类与自然界之间的冲突和对抗，但这并不代表整个西方哲学都强调斗争性。西方哲学中也存在关注人类与自然的和谐与平衡的观点，以及尊重自然的价值和对生态学的思考，例如，生态哲学和环境伦理学等领域探讨了人类与自然之间的互动关系，并倡导保护和恢复自然生态系统的可持续发展。因此，虽然在西方哲学中有关于人与自然之间冲突性的观点存在，但并不能简单地说西方哲学强调人与自然之间的斗争性。西方哲学对于人与自然的关系有着多样的观点和理解，包括相互依存、和谐与平衡等方面的探讨。这种观点的代表人物是培根，他强调，人们发展科学技术的终极目标就是征服自然。但是，弗朗西斯·培根（Francis Bacon）强调，人类要实现改造自然的目标，必须尊重自然，不断研究和探求自然发展的规律（培根，1984）。勒内·笛卡尔（René Descartes）虽然与培根的观点一致，但是，他鼓励人们寻求实践哲学以替代思辨哲学，帮助人类了解水、火、空气、地球等所有物体的作用，人类最终才能改造和征服自然。但是，培根和笛卡尔的观点显然是片面的，因为他们都太高估科学技术，认为只要借助科学技术，人类就可以战胜自然，从而获得美满的生活。在他们看来，人是凌驾于自然之上的，有指挥自然的权利；人与自然是矛盾对立的，人要在改造和战胜自然的对立斗争中才能安身立命。这些观念在很大程度上构建了西方文化在人与自然关系上的基本立场，但该立场忽略了征服战胜、占有自然可能会违背自然规律，引起自然界的惩罚。

# 第六节　思维方式的差异

阴阳辩证思维是抽象与具体、归纳与类比相结合的整体思维方式。西方对立统一辩证思维则是抽象思维方式。艾姆斯（Ames）说：我们在中国文化的土壤中追求根的意义，因为它本身是活的，并且随着语义的枝叶而生长（Ames，2011：37）。他认为阴阳是一个复杂的过程，它包含不同的阶段，是一种理解现实的方式。阴阳提供了一个框架，揭示隐藏或未知的事实和关系。这种思维并不把宇宙看作是静止的，阴阳不仅是对现实的描述和解释，也是现实本身的一个组成部分。如果形而上学是对世界本身的终极解释，那么这种阴阳思维就可以看作是一种形而上学思维。沃尔什声称形而上学是研究看不见的事物的科学（Walsh，1963：38）。柏拉图（Plato，1961）指出在感官表象背后存在着一个看不见或可理解的实体世界。这种认识激发了整个形而上学的研究领域：形而上学者的基本目的是告诉我们一个完全不在感官经验范围内的现实世界（Walsh，1963：44）。根据他所阐述的阴阳思维，现实是一个单一的自我生成的复杂系统，一个多元统一的世界。虽然与西方形而上学的取向有着根本的不同，但这仍然可以看作是一种中国式的形而上学思维。中国阴阳辩证思维强调，世界是一个整体而且是不断变化的，事物都是矛盾的统一体；凡是存在的事物，都有其合理性。因此，中国人习惯于将问题作为一个整体来看待，从总体上来把握事物。中国一直以辩证思想而闻名于世，但是其推理方式与西方形式逻辑范式截然不同（Liu，1974；Needham，1962）。由于这一方法的性质，很难确定中国辩证认识论的原则。因为其概念和规则非常灵活，具有多重意义和功能。因此，这种传统的存在一般被假定，但从未被证明过（Zhang & Chen，1991），因此在形式逻辑和实证分析方面与西方社会存在差异性。西方对立统一辩证思维的逻辑思维侧重实证性，这意味着逻辑思维在西方哲学与科学中被广泛应用，用于推理、分析和验证观点的正确性、理解与解决对立关系、揭示事物内部的矛盾与冲突。通过逻辑分析，人们可以识别和理解对立方面的相互作用和影响，以及它们如何共同构成一个整体。通过实证性的逻辑思维，人们试图寻求基于事实和经验的解释和理论，以推动知识的进步和发展。

实证性的逻辑思维在西方哲学和科学研究中扮演着重要的角色。它强调通过实证方法和逻辑推理来验证和证明观点，以确保理论的可靠性和科学的可证伪性。非矛盾性则认为对与错不可以并存。由此，西方人常将事物从整体中分离出来，运用逻辑分析事物的本质特征，运用实证分析其个体思维和机械思维的特点，这种做法成为西方哲学的主要思维方式。这种结合个体、实证和分析的思维方式，确实有利于具体事物的问题分析，也促进了科学技术的发展。但是其缺陷也是非常明显的，会孤立地、片面地、静止地分析问题，不利于从总体上把握事物关系，影响整体功能的发挥。

综上所述，中国的辩证思维强调动态地、整体地分析问题，从总体上把握事物之间的关系，充分发挥事物的整体功能。西方的逻辑思维侧重于实证性，被用于推理、分析和验证观点，以实证的方法来揭示事物内部的矛盾和冲突。

# 第七节　系统开放性的差异

中西方辩证思维在以下两个方面存在差异性：一是矛盾双方是否相互依存、互为前提？二是矛盾双方能否转化？相互否定是纯粹的还是辩证的？

## 一、中国古代阴阳辩证思维

我国古代辩证思维认为，阴阳关系是一个始终开放的系统，也就是无论两者间的辩证关系是由哪一个所构建的，其对外联系都要受"天人合一"观念约束。王夫之强调，物质的阴阳不仅是虚实，而且具有普遍性。天地万物都是气的体现形态。在他眼中，正是由于气的聚集，才产生了人和物；一旦气分散，隐微不可见，就转变成了虚空。但是，气只会聚散变化，并不能消失。此外，王夫之还强调，气也是阴阳对立的。由于它们相互斗争，气才能变化无穷。同时，他还提出气具有内在运动的特性。静止包含着运动，运动并不排斥静止。鉴此，他提出了一种具有辩证性的观点，就是任何事物的演变是不断更新迭代的结果，所有事物都具有可变性，既是绝对的，也是相对的。其相对性就是可变性，他从三个方面做了阐释：一是这种阴阳特性会随其对立一方的变化而变化。二是这种阴阳特性符合一定条件便会朝相反方向转化。三是阴阳之中可以不断分裂出阴阳（王夫之，2016）。

**二、西方对立统一辩证思维**

西方辩证思维认为，导致矛盾的根源与外部无关。这种二元对立的思维，属于线性思维方式。虽然是以不同的形式表达出来的，然而，这种用部分代替整体的矛盾斗争形式根本无法改变事物的本质。这种做法的结果是部分之和可能会超过整体。如果事物内部各组成部分之间缺乏相互关联，它们就无法相互作用，而呈现各自独立的状态。从这种不相关的性质来看，各部分的总和将等于整体。

在《思想的地理》中，理查德·尼斯贝特（Richard Nisbet，2003：27）写道：中国人发展了一种辩证思维来代替逻辑。这种辩证思维与黑格尔（或西方）辩证思维不同，黑格尔（或西方）辩证思维论题后面紧跟着对立面，是通过综合解决的，带有侵略性的。从某种意义上讲，推理的最终目的是解决矛盾。相反，中国的辩证思维使用矛盾来理解对象或事件之间的关系，超越或整合明显对立的双方，甚至接受相互冲突但有指导意义的观点。在中国的知识传统中，认为 A 是事实与认为 A 不是事实之间没有必然的不相容性。相反，依据"道"或者阴阳原理，A 实际上可以暗示非 A 也是如此，或者是物极必反辩证思维，在某些方面与逻辑思维相反。它寻求的不是去文本化，而是在适当的语境中看待事物，即事件不是孤立于其他事件而发生的，而是始终嵌入一个有意义的整体中，在这个整体中，元素在不断地变化和重新排列。以孤立的方式思考一个对象或事件对其应用抽象规则（如西方知识传统）会招致极端和错误的结论。推理的目标是中和原则。同样，中国朴素的辩证思维与西方思想中普遍理解的辩证思维有着根本的区别（Peng，2006：256）。在西方知识领域，辩证思维通常涉及三个层次的分析，包括社会层面的辩证动态，如黑格尔辩证思维、人际话语层面的辩证论证、心理层面的辩证整合。重要的是，中国朴素的辩证思维不同于西方所有三种类型的辩证思维。西方辩证思维从根本上符合形式逻辑的规律，并且在某种意义上具有侵略性，即激进主义需要综合而不仅仅是接受。关键的区别在于，中国朴素的辩证思维不认为矛盾是不合逻辑的，倾向于接受对立双方的和谐统一，而西方辩证思想将矛盾视为永久的对立和矛盾（Peng & Nisbett，1999）。

综上所述，中国古代朴素辩证思维与众所周知的西方辩证思维大相径庭，中国人的思维模式是独特的，处理矛盾的方法，是一种辩证或妥协的方法，通过寻求中间道路而保留了对立观点的基本要素。另一方面，欧美的方法，摆脱了亚里士多德逻辑分析的模式，产生一个分化矛盾的模式，努力确定哪个事实或立场是正确的。辩证思维是中国文化中的一种民间智慧：中国人比西方人更喜欢包含看似矛盾的辩证谚语。中国人也喜欢用辩证思维解决社会冲突，喜欢用辩证思维论证实际问题，而不是西方古典的逻辑论证方法。

　　中国哲学中的辩证思维强调整体的、关系的和动态的相互联系，通常反映阴阳和"道"的原则，其中对立面被视为相互依存和不断变化的。相比之下，西方辩证法思维，特别是黑格尔的传统，倾向于关注导致综合的对立思想之间的冲突，通常以线性的方式解决。

　　中国辩证思维植根于对现实的循环理解，其中矛盾被接受并被视为一个更大的和谐整体的一部分，而西方辩证思维通常寻求通过论证和理性话语来解决矛盾。此外，中国思想经常将道德和伦理维度纳入其辩证框架，强调平衡与和谐，而西方可能优先考虑个人理性和抽象概念的发展。在实践中，中国的辩证思维影响社会互动和决策，促进共识和适应性，而西方的辩证方法往往表现为结构化的辩论和批判性分析，旨在得出清晰和明确的结论。总之，这些差异反映了更深层次的文化价值观和世界观，这些价值观和世界观促进传统文化如何应对复杂性和变化性。

# 第三章　中国哲学中的辩证思维
# 与西方功能语言学理论范式

本章探讨了中国哲学中的辩证思维与西方功能语言学的关系，全面考察它们的理论基础和实际应用。通过将辩证思维与功能语言学相结合，提供一个连接东方和西方理论框架的视角，加深对语言作为动态和功能实体的理解。

## 第一节　西方功能语言学概述

西方功能语言学的发展可以追溯到几个语言学流派，每个流派都对该领域产生了重大影响。

### 一、西方功能语言学的早期基础

西方功能语言学的早期基础可以追溯到弗迪南·德·索绪尔（Ferdinand de Saussure）①的开拓性工作，他的理论为功能语言学领域的后续发展构建了坚实的基础。索绪尔通常被世人尊称为"现代语言学之父"，他提出了一系列语言学的基本概念，虽然这些概念主要与语言结构相关，但对功能语言学产生了很大的影响。

1916年，索绪尔的代表专著《普通语言学教程》②出版，标志着语言学研究进入一个新纪元。索绪尔的思想具有开创性，他将语言学研究重点从历史语言学转到对语言结构化符号系统的研究。

语言指言语社区抽象的、共享的、系统的规则和规范集。它是语言的底层结

---

① 费迪南·德·索绪尔（Ferdinand de Saussure，1857—1913），瑞士语言学家、符号学家、哲学家。
② 索绪尔的学生沙尔·巴利（Charles Bally）和薛施霭（Albert Sechehaye）等在1916年根据收集的索绪尔课堂的听课笔记，编写了此书。该著作成为20世纪现代语言学和结构主义语言学的开山之作。

构，是交流的基础。言语指在特定的口语或书面语中实际使用的语言，包括语言的个体、变体表达（Saussure，1959）。索绪尔区分了语言与言语，他同时关注了语言的抽象系统和语言使用的个体案例。这种对语言底层结构的关注为了解语言如何作为一个连贯的整体系统发挥作用提供了一种架构。

符号由能指与所指构成，是语言中意义的基本单位。能指是符号所采用的形式，例如单词或发音；所指是能指所包含的内容或意义。索绪尔的语言符号观强调了能指与所指之间关系的任意性。这种任意性关注了社会习俗在构建意义方面的重要性，为把语言看作社会工具的功能主义概念奠定了坚实的基础。

共时分析是指研究某一具体时间点的语言，特别关注其结构与功能。历时分析是指研究语言在时间与历史的流逝中逐渐演化和发展（Saussure，2001）。虽然索绪尔本人并没有直接提及功能主义的观点，但他关于符号的任意性、"语言"和"言语"概念的区分、共时分析，把语言看作具体时间的结构化系统以及语言在社会中的作用的观念，为后来的功能语言学研究语言在沟通中的作用奠定了基础。

推崇索绪尔结构主义的著名语言学家布罗尼斯瓦夫·马林诺夫斯基（Bronislaw Malinowski），扩展了索绪尔的思想，提出文化语境中的语言研究观念，重视语境在诠释意义中的作用（Malinowski，1935）。另一个语言学家是费斯（Firth），他以索绪尔的概念为基础，提出了一种基于意义的语言研究方法，强调语境和语言结构的功能方面（Firth，1957）。

以上早期研究成果有助于构建功能语言学的理论格局，强调将语言理解为一个动态的、社会语境系统的重要性。通过超越语言形式的结构分析来考虑其交流目的和语境，功能语言学成为探索人类语言多面性的强大框架。

**二、布拉格学派**

1926年，一些语言学家与文学理论家在布拉格创立了布拉格学派，它是功能语言学早期最具影响力的流派之一。该学派以重视语言的功能及其在交际中的作用、对结构语言学的影响以及语音学研究而著称。代表人物包括威廉·马修斯（William Matthews）、罗曼·雅各布森（Roman Jacobson）和尼古拉·特鲁贝茨科伊（Nikolai Trubetzkoy）等。布拉格学派认为，语言的每个元素在交际中都发挥着具体的作用。这种观点把研究中心从单纯的结构描述转移到理解语言成分如何有助于有效交流。布拉格学派的观点通过重视语言在社会与交际环境中的运作方式，强调语言使用的目的以及对多种语境中语言功能的研究，这是向现代功能主义方法迈出的关键一步，为现代功能语言学打下了坚实的基础。布拉格学派的主要思想涵盖了以下几个方面。

（一）功能负荷概念

布拉格学派雅各布森等人提出"功能负荷"（functional load），用于表达音位的区分在保持语言意义差异方面的重要性，尤其在对比系统中，用于研究音位学与语言变异（Jacobson & Halle，1952）。因此，该学派对音系学方面做出了巨大的贡献，例如，英语音素中 /p/ 与 /b/ 之间的差异性存在很高的功能负荷，因为它区分了很多对词汇，如"big"和"pig"等。

在索绪尔语言学理论的基础上，布拉格学派拓展了音位的含义，提出音位是区分意义的最小声音。罗曼·雅各布森和尼古拉·特鲁贝茨科伊强调了音位的二元性，譬如，可以用浊音与清音区别一个音位与另一个音位。美国语言学家伦纳德·布龙菲尔德（Leonard Bloomfield）是20世纪初结构语言学的代表人物。他研究的重点是系统地描绘与分析语言，尤其是研究北美土著语言。在语言探索中，他提出采用严谨的实证性研究方法，记录与分析实际语言数据。布龙菲尔德受行为主义心理学的影响，将语言看作是通过刺激和反应形成的一套日常行为习惯，提出语言行为应该在可观察的行为与互动的背景下开展研究（Bloomfield，2002），这与优先分析语言使用的功能语言学观念是一致的。他还提出语境在诠释意义方面的重要性，这为后来功能语言学学者研究语言形式及其交际目的之间的关系铺平了道路。

（二）主位—述位结构的概念

捷克语言学家马修斯是布拉格语言学派的创始人，他提出用主位—述位结构来描述句子的信息结构。"主题"是指句子中与前一个话语相联系的部分，属于已知的内容，而"述位"则引入了新的信息（Matthews，1939）。这一概念有助于理解句子如何促进沟通中的信息流动。

（三）交流动态观

捷克语言学家简·弗尔巴斯（Jan Firbas）是布拉格学派的代表人物之一，他提出"交流动态"（communicative dynamism）概念，强调各种成分在信息传递过程中的作用以及具体语境中的信息量（Jan Firbas，1992）。"交流动态"属于功能句法范畴，其中高频出现的要素对话语的进展起着尤为重要的作用，通过动态语境，提供新的关键信息。布拉格学派为后来主张影响语言使用的社会与情境因素的功能主义方法奠定了根基。主语结构和交际动态的概念一直是话语分析的基础，帮助人们理解信息在扩展文本与对话中的结构和传达方式。关于音素及其特征的研究影响了此后的音系理论，助推了语言的声音系统。布拉格学派将结构和功能观点相结合，为分析语言提供了一个很好的范式，弥补了语言形式和交际功能之间的差距。他们的开创性工作为更全面地理解语言奠定了基础，解释了语言在社会互动和信息交流中的作用。这一遗产继续影响着当代功能语言学，丰富了语言研究，加深了对语言的动态和语境的依赖性的了解。

（四）生成语法的概念

诺姆·乔姆斯基（Noam Chomsky）是现代语言学的核心人物，其以关于语言本质及其底层结构的开创性理论而闻名。虽然乔姆斯基的工作主要与形式主义和生成方法有关，但他也通过提出有关语言功能和使用的重要问题影响了功能主义思想。乔姆斯基引入了生成语法的概念，这是一种形式系统，旨在描述说话者对其语言结构的隐性知识（Chomsky，1957）。他的研究重点是揭示语言的内在、普遍联系，提出所有人类语言都具有共同的底层结构。乔姆斯基明确区分了语言能力（说话者对语言的内部知识）和语言表现（在现实世界中实际使用语言）。虽然他的理论强调能力，但也承认表现的重要性，这与功能主义者对语言使用和语境的关注一致。乔姆斯基对行为主义和结构主义方法的批评促使人们重新评估语言理论，从而开发出既考虑语言形式属性又考虑其功能方面的新框架（Chomsky，2004）。功能主义语言学家以乔姆斯基的思想为基础并对其做出反应，将其与他们自己对语言的社会和交际功能的关注相结合。

（五）语言变异的概念

威廉·拉波夫（William Labov）是社会语言学创始人，他主要研究语言变异和变化。他通过研究社会因素如何影响语言行为以及语言在不同社会背景下如何发挥作用，整合了功能主义原则。拉波夫认为语言形式根据社会经济地位、种族和性别等社会因素而系统地变异，这种变异不是随机的，而是与社会身份和群体成员身份功能相关（Labov，1972）。拉波夫将定量方法引入语言学，使用统计分析研究不同社区的语言使用模式。他的实证方法为功能主义观点提供了有力的证据，即语言使用受社会因素和交流需求的影响。拉波夫对叙述结构的研究强调了背景和功能在构建人们讲故事方式方面的重要性。他确定了叙事组织中的常见模式，并探索了这些模式如何服务于交流目的，例如建立叙事中的连贯性和强调重点信息。

综上，布龙菲尔德、乔姆斯基和拉波夫的贡献共同丰富了功能语言学领域。

布龙菲尔德对实证研究和描述准确性的重视为在社会和交流背景下研究语言奠定了基础。乔姆斯基的形式理论和能力与表现之间的区别已被融入功能语言学的理论基础。

**三、认知功能语言学**

认知功能语言学将认知科学的见解与功能语言学观点相结合，强调语言结构如何受到人类认知的影响，以及语言如何在特定语境中发挥作用、传达意义。乔治·莱考夫（George Lakoff）和马克·约翰逊（Mark Johnson）是该领域最具影响力的两位学者，他们的研究对语言和思想的理解产生了深远的影响。认知功能语言学的主要概念：

（一）概念隐喻

概念隐喻是人类认知与语言的根基，是一种认知工具，有助于个人通过更具体的经验理解与解释抽象概念。莱考夫和约翰逊的开创性著作《我们赖以生存的隐喻》（Lakoff & Johnson，1980）提出了隐喻不仅仅是修辞手法，而且是深深植根于我们的认知过程的思维。他们认为"我们思考与行动的概念系统，从本质上讲是隐喻性的"（Lakoff & Johnson，1980）。这一论断不但挑战了隐喻是语言修辞方面的传统观点，而且表明隐喻是构建人们感知和与世界互动的方式。概念隐喻理论的核心准则之一是"源域"和"目标域"的存在。源域通常更具体或更熟悉，而目标域则更抽象与复杂（Kövecses，2010）。例如，在概念隐喻"人生是一场旅程"中，和旅程相关的具体体验（如路径、障碍与目的地）用于理解生命的抽象概念。隐喻将人生决策推理为沿途的选择，将挑战推理为需要克服的障碍。这些从源域至目标域的隐喻映射是系统的，这意味着旅程的要素（例如，旅行者、路径、十字路口）以一致的方式映射到生活的各个方面（例如，人、人生选择、关键时刻）。概念隐喻理论根植于具身化理念，该理念认为我们的身体体验极大地构建了我们的概念系统。吉布斯（Gibbs，2006）强调隐喻思维植根于身体体验，这意味着我们的身体体验为理解抽象概念提供了基础。例如，隐喻"争论是一场战争"源自冲突与竞争的具体体验。再如"他驳斥了我的论点"或"他的观点漏洞百出"等短语说明了战争隐喻如何从攻击、防御与战略的角度来构建争论的观念（Lakoff & Johnson，1980）。隐喻不仅影响人们谈论争论的方式，还影响到人们如何处理和参与争论，突显了隐喻的认知与行为影响。

此外，概念隐喻在日常语言与思想中无处不在，显示了它们的重要性超越了诗歌或文学背景。一般的表达方式，如"你浪费了我的时间"或"我在那个研究项目上投入了太多的时间"，体现了概念隐喻"时间是金钱"，其中时间被理解为一种可以花费、节省或浪费的宝贵资源（Lakoff & Johnson，1980）。此种隐喻根植于西方文化中，以至于常常被忽视，这显示概念隐喻在平常认知中根深蒂固（Kövecses，2010）。

语言学、心理学与教育学等各个学科都研究了概念隐喻理论的意义。例如，在教育环境中，理解隐喻可以反映学生对复杂主题理解的潜在认知框架，从而提高教学和学习效果（Cameron & Maslen，2010）。通过掌握这些框架，教师可以帮助学生拓展更灵活、更细致的思维方式。

总之，概念隐喻在人们认知中起着非常重要的作用，它允许个人通过更具体的经验来明白抽象概念。它们不但构建了人们的说话方式，还构建了人们的思考、推理与行为方式。莱考夫、约翰逊等人的研究表明，隐喻不只是语言的修辞，也是人们概念系统的基础，影响着思维与行为（Lakoff & Johnson，1980；Gibbs，2006）。

（二）图式

图式是认知语言学中的核心概念。

1.定义和基本功能

图式是认知语言学中广义的心理表征，决定了个体如何感知、分类与回忆信息。它们被看作是认知模板，帮助个体利用存储的知识预测与解释语言输入。图式和静态表征不同，它具有灵活性，可以根据新的经验进行重新调整或修改。它们通过把新信息映射至熟悉的认知模式上，有助于语言使用者理解与产生语言（Langacker，1987）。

2.语言理解中的图式理论

图式理论认为，理解涉及相关图式的激活，使个体能够填补空白并理解部分信息。该理论由鲁梅尔哈特（Rumelhart，1980）提出，认为理解句子或话语取决于传入的信息和听众或读者先前存在的图式的契合程度。例如，在解释短语"went to the bank"时，被激活的图式（"银行"或"河岸"）取决于上下文线索和背景知识，因为这里的"bank"是多义词。

3.分类中的图式

莱考夫（Lakoff，1987）在其论著《女人、火和危险事物》中解释说，图式对于认知语言学中的分类或范畴非常重要。他认为范畴不是由固定的边界定义的，而是由代表类别最典型成员的原型图式定义的。例如，"鸟类"类别是围绕麻雀或知更鸟的原型而不是鸵鸟或企鹅构建图式的。这种基于原型的图式准许更灵活的语境分类。

4.图像图式

图像图式是认知语言学中的一种特定类型的图式，它代表构成思想与语言的身体互动反复出现的动态模式。约翰逊（Johnson，1987）将图象图式描述为源自感官与运动体验的前概念结构，例如：容器（container）图式（它构成了人们如何思考"内部"与"外部"等概念）和路径（path）图式（它构成了人们对运动与方向的解释）。这些意象图式是复杂的概念隐喻与语言使用的基础。

5.图式与构式语法

在构式语法中，图式用于描述语言构造——具有意义的固定模式。戈登伯格（Goldberg，1995）认为构式是将形式与功能配对的符号单位或图式。这些图式的范畴可以从非常具体的习语（例如"kick the bucket"）到很一般的句法模式（例如被动句）。构式语法认为，从单词至语法，所有语言知识都可以被理解为一个图式网络，这些图式的抽象性与具体性各不相同。

6.图式与隐喻理论

在隐喻研究中，图式在诠释如何用具体的经验来理解抽象观念方面起着尤其重要的作用。莱考夫、约翰逊（Lakoff & Johnson，1980）讨论了隐喻图式如何通过将复杂或抽象的想法映射至更切实的身体体验上来帮助人们理解它们。例如，隐喻"Moving upward is beneficial.（向上是好的。）"，"UP（向上）"图式帮助我们理解和谈论向上，反映了将向上运动与积极状态联系起来的常见体验（例如，I'm feeling upbeat today.我今天感觉很好。）和将向下运动与消极状态联系起来的常见体验（例如，She is feeling down.她感觉很沮丧。）。

7.图式的动态性质

认知语言学强调图式不是静态的，而是基于新的经验和背景不断更新的。这种动态视角对于理解人们如何根据不同的情况和文化环境调整语言使用至关重要。图式的适应性使语言使用富有创造力，例如根据熟悉的模式创造新的表达或习语。

图式理论在认知语言学中的应用：

1.语言学习与习得

在语言学习中，图式理论可用于解释学习者如何通过接触与使用构建语言图式库。托马塞洛（Tomasello，2003）认为儿童通过模式识别学习语言，使用图式推测语法规则与词汇意义。学习者接触的语境越多，他们的图式就越灵活与广泛，从而能够更好地理解与表达。

2.话语分析

图式理论也广泛应用于话语分析，以了解人们在说话或写作时如何组织信息。范迪克（Van Dijk，1980）提出，话语理解涉及激活图式来填补空白并做出推论，特别是在叙述与说明性文本中。图式有助于预测话语中接下来的内容，从而实现更流畅的沟通与理解。

3.语用学与语境意义

图式在语用学中必不可少，语用学是探索语境中语言使用情况的学科。图式有助于诠释说话者如何利用语境知识推测超出话语字面内容的含义。例如，当有人说"这里很热"时，基本图式可能暗示要求关窗或开冷气，具体取决于语境。

综上，认知语言学中的图式为掌握语言的处理、学习与使用方式提供了强大的工具。图式对于解释范畴、隐喻、话语理解与语言习得等现象非常重要。图式是一种灵活、动态的结构，它使说话者可以通过把新经验和现有知识框架联系起来，应对语言与交流的复杂性。对图式的持续研究有望进一步阐明语言、思维与认知之间的复杂关系。

**四、情景语境理论**

语言功能植根于人类认知，丰富了功能主义理论：语境理解强调了语境的重要性，不仅是在直接的情景语境意义上，而且在构建意义的更广泛的认知和文化背景方面。动态交互强调语言、思维以及经验之间的动态交互，展示了语言形式如何演变为意义。认知功能语言学是一种融合认知语言学和功能语言学见解的学科，它强调语言结构与认知过程之间的关系，重点研究语言形式如何被交流构建和使用。认知功能语言学研究认知过程（如感知、记忆和分类）如何影响语言结构和使用。单词和结构随着时间的推移变得更加符合语法的过程，被视为一种认知和功能现象。结构语法将语法结构视为形式和意义的配对，受认知模式和交际功能的影响。情景语境理论是功能语言学的基石，它强调语言使用环境对于理解其含义和功能的重要性。该理论认为，语言不能脱离影响其使用的情景语境因素而被完全理解。情景语境理论由马林诺夫斯基等学者提出，后来由弗斯和韩礼德等语言学家加以扩展，在解释语言如何在特定的社会和交流环境中的运作方面发挥着至关重要的作用。情景语境理论的关键概念：

马林诺夫斯基（1923）提出了"情景语境"的概念，认为只有通过考虑话语发生的社会和文化环境，才能完全理解话语的含义。他强调，语言在日常生活中发挥着实际作用，并深深植根于其使用环境。马林诺夫斯基还强调了更广泛的"文化语境"，它涵盖了影响语言使用的更广泛的文化、历史和社会因素。这种语境为理解特定的情景语境提供了背景。

弗斯以马林诺夫斯基的思想为基础，进一步发展了语言学中的"情景语境"概念。弗斯（1957）认为，要理解一个语言项目的含义，必须考虑其周围的语言和情景语境。他提出了"韵律分析"的概念，重点关注语调和重音模式如何在特定语境中对意义产生影响。

系统功能语言学的创始人迈克尔·韩礼德通过形式化语言和语境之间的关系扩展了情景语境理论。他引入了"语域"的概念，指的是语言使用随情景语境而变化。韩礼德确定了影响语言使用的三个关键语境要素：语域属于主题或活动类型，指正在发生的事情；基调指参与者之间的社会角色和关系；方式则指的是交流渠道（Halliday，1978a），例如口语或书面语言。韩礼德的语域理论提供了一个框架，用于分析不同的语境如何影响语言选择。例如，由于语域、基调和方式的差异，正式学术论文中使用的语言与日常对话中使用的语言有很大不同。情景语境理论在语言学和相关领域有广泛的应用：

（一）话语分析

情景语境理论在以下几个关键方面对话语分析做出了重大贡献：

1.提供多维度的分析视角

情景语境理论提供了一个多层次的分析框架，使学习者能够从语言、社会与认知的角度深刻理解话语。韩礼德认为语言分析不应该与语境分离；因此，他使用"语场、基调、语调"模式，这对于分析语言的社会功能非常重要（Halliday，1978a）。该模式允许研究者将具体的话语放置于其社会、文化与认知背景里，从而反映语言如何在具体的语境中产生出特定的效果。

2.彰显语言与权力的关系

语境在批判性话语分析中发挥着核心作用，因为它有助于研究者发现语言和权力之间的复杂关系。诺曼·费尔克拉夫（Norman Fairclough）提出，语言既是一种交流工具，又是一种社会实践形式，能够在不同的语境中产生并维持权力结构（Fairclough，1995）。通过分析各种语境中的语言应用情况，研究者能够发现特定的语言如何支持或挑战当下存在的社会权力关系。

3.诠释语言的语境依存性

情景语境理论关注语言的语境依存性，表明语言的意义与功能依赖于其所使用的具体语境。例如，在医学话语分析中，具体的语境（如医患对话与手术记录）会影响语言的选择与结构（Sarangi & Roberts，1999）。这一视角可以帮助理解语言如何适应专业领域中具体的互动需求。

4.在具体话语分析领域中的应用

情景语境理论被广泛应用于话语分析的诸多领域，包括法律话语、教育话语、政治话语与医学话语。以下是一些特定话语分析领域的详细应用：

政治话语分析：在政治话语分析中，情景语境理论常常被用于揭示隐含的意识形态与权力运作。范迪克（2006）应用语境模式分析了政治话语，反映了政治家如何操控背景知识、身份与社会认知来影响受众的理解与反应。这种方法不仅有助于阐释政治语言的说服力，而且揭示了语言如何建构社会现实与社会关系。

法律话语分析：情景语境理论应用的另一个重要领域是法律话语分析。吉本斯（Gibbons，2003）研究了法律语境中语言的特定用法，尤其是在法庭审判与法律文本中。语境有助于反映语言在法律环境中如何具有不同的含义与功能。例如，对同一陈述的解释或许在法庭辩论、司法裁决与法律文件中有所不同。这种分析对于理解法律语言的模糊性与权威性非常重要。

教育话语分析：在教育领域中，语言使用会受情景语境的影响。克里斯蒂（Christie，2002）应用情景语境理论的视角分析了课堂教学互动，展示了教师与学生如何在不同的教育环境中构建与理解知识。研究发现，不同课堂中的语言互动方式会影响学生的学习效果与教师的教学风格。这种分析可以帮助教师设计更有效的教学策略，以促进学生的认知与语言发展。

医学话语分析：医学话语分析使用情景语境理论展现医生、护士与患者之间的互动如何受语境的影响。萨兰吉和罗伯茨（Sarangi & Roberts，1999）发现，医护人员运用的语言不但取决于他们的医学知识，还取决于他们和患者沟通的语境与社会背景。例如，医生在告知患者医学诊断结果时所使用的语言会影响患者的理解与应对机制。这对于改善医患沟通与提高医疗质量具有重要意义。

综上，情景语境理论在话语分析中起着广泛而重要的作用。它为分析语言的社会功能提供了丰富的方法或框架，使研究者能够超越词汇与语法结构，理解社会、语言、文化与认知之间的相互作用。

（二）语言教学

情景语境理论主张情景和语境因素在语言学习与教学中的重要性，该理论在语言教学中起着至关重要的作用。该理论源于功能语言学与社会文化方法，认为语言不仅是规则与结构的系统，而且是受社会、文化与认知背景影响的工具。在语言教学中，语境理论指导教师设计课程、开发材料与促进和现实交流情况相符的课堂活动，从而使语言学习更有效、更有意义。

情景语境理论在语言教学中的核心贡献：

1. 促进交际能力

情景语境理论是交际语言教学方法的根基，该方法关注培养学习者的交际能力，而不只是注意他们的语法准确性。海姆斯（Hymes，1972）提出了交际能力的观念，强调了掌握一门语言涉及理解不同语境中恰当的语言用法。通过整合对话者角色、环境与交流目的等语境元素，语言教学能更有效地帮助学习者为实际语言使用做好准备。

2. 设计情景语境化学习材料

情景语境理论提倡开发真实、情景语境化的学习材料，以展现实际语言使用。努南（Nunan，1991）认为语言教学材料应该植根于学生在课堂之外或许遇到的有意义的情景语境中。例如，角色扮演、模拟与基于任务的活动常常用于模仿现实世界的交流场景，如在餐厅点餐、召开商务会议或参与社交对话。这些情境化材料可以帮助学习者理解语言的实用与社会语言学的细微差别。

3. 提升基于情景语境的评估

以情景语境理论为基础的语言评估不但应衡量学习者的语法与词汇知识，还应评估他们在不同情况下适当使用语言的能力。巴赫曼和帕尔默（Bachman & Palmer，1996）提出了"交际语言能力"的概念，它不仅包括语言知识，也包含在不同情景语境中有效运用这些知识的能力。基于情景语境的评估，例如口头采访、角色扮演与情景语境判断测试，都符合这一观点，可以更加全面地评估语言能力。

4. 激励文化响应式教学

情景语境理论也和文化响应式教学相契合，在这种教学中，语言教学会考虑学习者的文化背景与经历。克拉姆施（Kramsch，1993）强调，语言学习不仅涉及语言知识的获取，还涉及文化能力的获取。通过结合特定情景语境的文化元素，如社会规范、习俗与价值观，语言教师可以帮助学习者掌握语言在不同文化背景下如何发挥作用。此种方法可以提升跨文化交际能力，使学习者可以有效地了解不同的文化环境。

情景语境理论在特定语言教学情景语境中的应用：

1.任务型语言教学（task-based language teaching，TBLT）

在TBLT中，情景语境理论用于创建模拟现实生活中的交流需求的任务。威利斯（Willis，1996）强调，任务的设计应反映有意义的情境中真实的语言使用。例如，谈判价格、计划旅行或写投诉信等任务要求学习者在情境中有目的地使用语言，从而提高他们的交际能力。这种方法强调在情境中使用语言而不是记忆孤立的语言形式的重要性。

2.基于内容的教学（content-based instruction，CBI）

情景语境理论也为基于内容的教学提供了信息，其中语言学习与学科学习相结合。斯诺（Snow，2001）建议CBI使用特定情境的内容（例如科学、历史或社会研究）来创造有意义的语言学习体验。这种方法为语言使用提供了丰富的背景，使学习者能够以与他们的学术或专业需求直接相关的方式获取语言。例如，为了学术目的而学习英语的学生可能会接触与其研究领域相关的文本和讨论，从而使语言学习更加基于语境。

3.情境化语法教学

传统的语法教学往往侧重于脱离语境的句子结构，这会限制学习者在实际交流中有效使用语法的能力。塞尔塞－穆尔西亚和拉森－弗里曼（Celce-Murcia & Larsen-Freeman，1999）提倡基于语境的语法教学方法，将语法作为有意义的话语的一部分来教授，而不是孤立的练习。这种方法可以让学习者了解语法形式在真实交流中的作用，例如在对话、叙述或正式演讲中，从而提高他们准确和恰当地使用语法的能力。

4.整合技术进行情境化学习

现代语言教学通常结合技术来为语言学习创造沉浸式、语境丰富的环境。夏佩尔（Chapelle，2001）讨论了使用技术介导的任务，例如虚拟模拟、在线角色扮演和交互式讲故事，这些任务可以为学习者提供在各种情境中练习语言的机会。例如，虚拟现实（virtual reality，VR）工具可以模拟真实环境，学习者可以在特定社交环境中与虚拟角色互动，例如市场或面试环境，从而实现情境化语言练习。

综上，情景语境理论通过强调情景和语境因素在语言学习中的重要性，为语言教学提供了宝贵的见解。通过关注现实生活中的语言使用、交际能力、文化响应式教学和情境化评估，该理论为设计有效的语言教学实践提供了一个全面的框架。未来的研究可以探索人工智能和增强现实等新兴技术的整合，以创建更具活力和情境丰富的语言学习环境，满足不同学习者的需求。

（三）翻译研究

译者可以使用情景语境分析来生成保留原文意图和功能的翻译。了解情景语境有助于确保翻译在文化和语境上适当。

（四）社会语言学

社会语言学家使用情景语境理论来研究阶级、性别和种族等社会因素如何影响语言使用。通过在社会背景中研究语言，研究人员可以发现变化及其模式。情景语境理论深刻地影响了功能语言学，它强调语言不仅仅是一套抽象规则，而且是社会互动的工具。这种观点与功能主义的观点一致，即必须结合语言的交际目的和使用环境来研究语言。

韩礼德在系统功能语言学方面的工作整合了情景语境理论，系统地分析了不同的语境如何影响语言选择。这种整合为理解语言作为一种社会符号系统提供了一个全面的框架。情景语境理论提倡采用整体的语言分析方法，鼓励语言学家在研究语言现象时考虑各种语境因素。这种方法增强了对语言在现实生活中如何发挥作用的理解。通过强调情景语境在构建语言使用方面的关键作用，情景语境理论丰富了语言学研究，为语言、文化和社会之间的动态相互作用提供了宝贵的见解。

**五、系统功能语言学**

迈克尔·韩礼德是功能语言学发展中最杰出的人物之一。他的系统功能语言学框架从20世纪60年代开始发展，为理解语言功能提供了一个全面的模型。系统功能语言理论，将语言视为一种社会符号系统（Halliday，1978a），其中的意义是通过各种语言选择的相互作用而产生的。语言不仅仅是一套规则和结构系统，而且是在社会语境中构建意义的资源。术语"符号学"与将符号和象征作为交流行为要素的研究有关。因此，将语言视为社会符号系统强调了其在编码和传达社会意义、规范和关系方面的作用，强调了语言的功能组织以及语言结构如何由其交流目的和社会语境构建。这种方法与更传统的、注重形式的语言理论形成鲜明对比，它优先考虑语言在现实世界中的功能。系统功能的主要概念：

概念元功能涉及内容的表达以及外部世界和内部体验的表示。它包含用于构建逻辑关系和表示过程、参与者和情况的语法资源。人际元功能涉及说话者和听众或作者和读者之间的社会角色和关系。它包括情绪、情态和评价等要素，这些要素有助于建立和维持互动。文本元功能组织文本中的信息流，使其连贯且相关。它涉及主题结构、信息焦点和凝聚力，使语言能够在上下文中结构化和被理解（Halliday，1985）。

　　系统功能语言学引入了系统网络的概念，它代表了语言中可用的选择。这些选择是按层次和相互依赖的方式组织的，允许说话者选择适当的形式来传达特定的含义。网络中的每个选择都是语言用户可以做出决定的点，该决定会影响语言的最终结构和功能。语言分为不同的层次，包括语义（含义）、词汇语法（措辞）和音系/笔迹学（声音/书写）。每个层次都是相互关联的，一个层次的选择会影响另一个层次的可能性。等级量表是一种分层模型，将语言单位从大到小的结构进行分类：句、组/短语、单词和词素。该模型允许在不同级别上分析语言，显示在每个级别上如何构建意义。

　　系统功能语言学已应用于各个领域，反映了其广泛的实用性和适应性。通过提供一个框架来教授阅读和写作技能，强调理解不同语境中的语言功能，为语言教育提供了参考。系统功能已用于分析文本、对话和媒体，深入了解语言如何构建社会现实和权力动态。通过关注意义和功能，有助于生成保留原文交流意图的翻译。将系统功能语言学与辩证思维相结合，丰富了对语言作为动态和功能实体的理解。辩证思维强调矛盾和变化，补充了系统功能将语言视为受社会背景影响的选择系统的观点。这种协同作用提供了一个强大的框架，用于分析语言如何在各种交流环境中演变和发挥作用，连接东方和西方的理论观点。通过强调语言形式与社会功能之间的相互作用，系统功能提供了一种全面的语言研究方法，强调了语言在构建和反映人类经验方面的作用。

**六、功能语言学的发展趋势**

　　功能语言学自诞生以来已发生了重大变化，其范围不断扩大，理论不断完善，以更好地理解和描述语言在社会环境中的功能。多模态的整合的一个重要趋势是多模态话语分析的整合。这种方法研究不同的符号模式（例如视觉、手势、空间）如何与语言互动以创造意义。冈瑟克·雷斯（Gunther Chris Gunther Kress）与提奥范莱文（Theo van Leeuwen）等学者在这一领域发挥了重要作用，他们分析了图像、视频和其他非语言要素如何与文本协同工作。

　　语料库语言学和计算方法。大型语料库和计算工具在功能语言学中的使用已变得普遍。语料库语言学提供了语言使用方面的实证数据，使研究人员能够分析各种语境中语言特征的模式和频率。这种实证方法有助于验证功能理论并发现新的见解。计算方法的进步导致了用于自动文本分析的软件工具开发，提高了功能语言学研究的效率。

批判性话语分析。社会正义和权力关系在功能语言学与批判性话语分析中的交叉越来越多，后者研究语言如何反映、构建和挑战权力关系和社会不平等。诺曼·费尔克劳夫（Norman Fairclough）和露丝·沃达克（Ruth Wodak）等学者应用功能理论来分析政治话语、媒体表述和机构语言实践。

语言教育和读写能力。功能语言学对语言教育产生了重大影响，特别是在读写能力和第二语言习得领域。基于体裁的写作教学方法，由系统功能提供信息，强调教学生如何在不同体裁和语境中有效地使用语言。教师使用功能理论来开发侧重于语言实际用途的课程，培养学生应对各种交流情况的能力。

跨学科研究。功能语言学越来越多地与其他学科（如心理学、社会学、人类学和认知科学）合作，探索语言、思维和社会之间的交集。这种跨学科方法丰富了功能理论并拓宽了其应用范围。

全球跨文化研究。人们越来越有兴趣应用功能语言学理论来分析不同文化中的语言和话语实践。这一趋势增强了我们对语言功能如何变化以及不同语言系统可能蕴含哪些普遍原则的理解。

综上，功能语言学的发展和当前趋势反映了其动态性质，因为它不断适应新的方法论、跨学科见解和社会变化。这种持续的发展确保了功能语言学仍然是理解语言与社会生活之间复杂关系等相关领域的重要研究方法。

# 第二节　辩证思维与西方功能语言学理论比较

虽然辩证思维和西方功能语言学理论源自不同的思想传统，关注人类经验的不同方面，但它们在以下方面有着异同点。

## 一、同质性

辩证思维与西方功能语言学理论存在很多相似之处，具体表现在以下几个方面：在语境和关系理解方面，两种方法都强调语境在理解现象中的重要性。中国哲学中的辩证思维考虑宇宙和人际关系的更广泛语境；而西方功能语言学则关注语言使用中的情境和文化语境。在动态和相互关联的性质方面，中国哲学中的辩证思维认为现实是动态的和相互关联的，由阴阳的相互作用和五行的变化所驱动；西方功能语言学同样将语言视为一个动态系统，其中的意义是通过语境中不同变量的相互作用构建的。在注重功能和目的方面，中国哲学中的辩证思维着眼于维持宇宙和谐与平衡的目的和功能；西方功能语言学分析语言在社会互动中的作用，重点关注语言在交流中如何发挥不同的作用。

## 二、差异性

从理论基础视角看，中国哲学中的辩证思维植根于中国古典哲学，特别是道家和儒家，注重宇宙与社会和谐；西方功能语言学以语言理论与符号学为基础，重点关注语言作为一种意义系统。从范围与重点视角看，中国哲学中的辩证思维涉及了广泛的现象，包括宇宙、自然与社会方面，力求了解平衡与变异的更广泛动态；西方功能语言学关注语言的系统和功能研究，立足于语言学范畴内展开研究，因此，研究范围相对较小。从方法论视角看，中国哲学中的辩证思维采用整体方法，分析对立面及其转变的动态相互作用；而西方功能语言学使用定性与定量方法的混合研究法，包括语料库分析和话语分析，来研究语言的使用及其功能。中国哲学中的辩证思维涉及分析阴阳的相互作用以及五行的循环变化，研究语言的变化和平衡；西方功能语言学使用元功能与语境变量等特定结构来分析语言如何在不同语境中构建意义。

## 三、融洽性

中国哲学中的辩证思维应用于语言分析，研究语言各要素如何以互补与对立的方式相互作用，最终达到话语意义的动态平衡。西方功能语言学可以详细洞察语言在表达和协商和谐与平衡方面的具体功能，丰富社会与宇宙现象的辩证分析。此外，采用跨学科方法，将中国哲学中的辩证思维与西方功能语言学相结合可以更全面地理解语言和社会，将哲学洞察与语言分析相结合，探索语言如何反映和推动和谐与平衡的动态。

## 四、互补性

中国哲学中的辩证思维与西方功能语言学理论之间的互补关系为深化人们对语言、思维与社会互动的理解提供了框架。通过研究这些传统如何相互补充和丰富，我们可以开发一种更加全面的契合方法论来分析和解释人类的语言交际行为。

中国哲学中的辩证思维强调事物间的相互联系以及在理解语言现象时考虑更广泛语境的重要性。这种整体语境化方法主张在社会、文化、历史与宇宙因素的综合网络中研究语言的使用。

　　西方功能语言学通过话语范围（正在发生的事情）、基调（涉及的人）和模式（语言的使用方式）的概念构建了一个特定的语境变量（Halliday，1978），此种框架化的方法被用于在语境中分析语言。通过融合两种范式，扩大了语境范围，有助于人们更详细地研究语言在复杂、多维语境中的运作方式。

　　中国哲学中的辩证思维强调对立面的动态相互作用与转化，表明变化是所有现象的本质特征。西方功能语言学把语言视为一个动态系统，它不断地演化并适应不同的社会语境。综合这些观点，可以更深入地分析语言如何随时间和语境而发生变化，并了解辩证的演化过程与对交际需求的功能适应。

　　中国哲学中的辩证思维提供对现实、平衡与和谐本质的深刻哲学洞见，可以为语言分析的新方法提供信息与启发，提供分析语言数据的系统方法与工具，例如语料库分析法与话语分析法。将两者相结合，可以将深刻的理论理解与强大的数据驱动方法融为一体。

　　中国哲学中的辩证思维基于中国文化与哲学传统，与西方范式的思想文化大相径庭。它提供了可应用于不同语言与文化的思维框架，推动了对语言交流的全面思维方式的理解。通过连接这些传统，人们可以发展更具包容性与跨文化的语言理解，认识到通用功能与特定文化的语言表达方式。

　　**五、教育和传播中的实际应用**

　　中国哲学中的辩证思维强调教育中整体思维、平衡与和谐发展，可应用于语言学习与教学。西方功能语言学依据语言在社会环境中的功能与用途，提出了实用的语言教学策略，例如基于体裁的方法等。中国哲学中的辩证思维从平衡、和谐与解决矛盾的角度来理解和批判社会现象，为功能语言学提供了一个框架；而西方功能语言学分析语言如何反映、构建和挑战社会权力动态和不平等，借助辩证视角来解决社会矛盾和促进和谐，进而增强批判性话语分析结果的说服力。中国哲学中的辩证思维与西方功能语言学理论的契合，可以带来更加全面的语言教育实践，教师不仅可以传授语言技能，还可以提升学生平衡的思维能力，丰富学生对语言与交际的理解。通过融合这两种范式的优势，研究者们可以开发出更全面与细致的研究框架，在更广泛的社会、文化与哲学语境下研究语言的动态、互动以及功能性的本质。此种跨学科的方法不仅加深了对语言的理解，而且对教育、跨文化交流与批判性的社会分析具有重要的实践意义。

# 第三节　中国哲学中的辩证思维
## 对西方功能语言学理论的影响

　　西方功能语言学受中国哲学中的辩证思维影响，对语言理解和分析发生了语言哲学转向，凸显了跨文化融合在理论发展中的重要性。

### 一、语言的整体性理解

　　中国哲学中的辩证思维提倡一种整体视角，将语言视为一个受各种社会、文化和历史因素影响的相互关联的系统。这种视角激发了西方功能语言学家韩礼德采用更具综合性的方法，超越孤立的结构分析，研究更广泛的社会语境，拓宽了西方语言学的理论范围，使人们能够更全面地理解语言的系统和功能及其用法。这种转变强调了语言与社会语境之间的相互作用。

### 二、动态关系理解

　　中国哲学中的辩证思维注重对立力量的动态相互作用，影响了西方功能语言学家理解语言变异以及互动的方式。这导致了解释语言动态性与适应性的理论的发展。通过认识到语言的动态和关系方面，西方功能语言学理论变得更能适应变化以及反映现实世界的语言使用。它对语境化的重视极大地影响了西方的语用学、社会语言学和话语分析方法。在情景语境中理解语言已成为这些领域的核心原则。

　　语境分析拓展了语言分析框架，使语言学者们能够解释语言使用的动态和情境变化。这导致了对语言数据更准确的解释，特别是在跨文化研究和应用语言学中。这些理论现在包含了可变性和语境适应性的要素，提升了系统功能和认知语言学等理论的阐释能力。

### 三、促进跨学科研究

　　中国哲学中的辩证思维将伦理和哲学维度融入对语言和交流的理解中，这影响了西方功能语言学理论去考虑语言实践的道德和哲学含义。整合伦理和哲学维度丰富了理论见解，更深入地理解了语言在构建社会规范和价值观方面的作用。这在批判性话语分析等领域中显得尤其重要，因为语言被视为社会权力与意识形态的工具。

　　中国哲学中的辩证思维的影响促进了跨学科研究，鼓励语言学、哲学、社会学和其他领域的合作，这导致了更全面、更多方面的语言理论的发展。跨学科融合促进了借鉴不同学术传统的创新方法的创造，这扩展了语言学家可用的分析工具包，使语言现象的分析更加稳健和细致入微。

　　中国哲学中的辩证思维与西方语言学的融合反映了全球化与文化交流的更广泛趋势，这促进了相互学习与知识传统的融合。跨文化交流加深了对语言多样性与普遍性的理解，凸显了在理论发展中考虑多种视角的重要性，这加强了语言理论的全球相关性与适用性。

　　中国哲学中的辩证思维对西方功能语言学的影响与意义是深刻且多维度的。通过促进语境性、动态性与整体性，辩证原理丰富了西方功能语言学理论，从而产生了更广泛、更适应的应用领域。

# 第四章　中国哲学中的辩证思维与功能语言学的语境观

本章分析中国哲学中的辩证思维对西方功能语言学的语境观的影响。通过引入中国哲学中的对立统一、变化发展与整体联系的观点，功能语言学全面、动态地分析语言在具体语境中的使用情况，从而揭示语言的复杂性与多样性。

## 第一节　语境的本质属性

西方功能语言学关注语言的社会功能，认为语言不仅仅是人类交流的工具，同时也是社会符号，具有重要的社会属性。社会语境（social context）是语言使用的社会环境和语境，包括情景语境（context of situation）和文化语境（context of culture）（Halliday，1978a）。社会语境注重语言的使用受到其所在文化价值观、社会结构以及具体情景的影响。以下是功能语言学中语境的本质属性的具体分析。

### 一、语境的概念

语境是西方功能语言学理论中的一个重要概念。该概念可追溯到马林诺夫斯基（Malinowski）提出的"情景语境"（context of situation）（Malinowski，1923：305）和"文化语境"（context of culture）（Malinowski，1935）。情景语境是指语言使用的具体环境或语境。换言之，指特定交流场景中的语言使用的社会环境或语境，包括话题、参与者、目的以及互动形式等。情景语境决定了特定交际活动中所使用的语言表达方式。文化语境是社会中长期积累与传承的文化模式以及价值观（Halliday，1978b），它决定了人们使用语言的方式及其在社会中语言的功能。譬如，由于文化语境差异，寒暄用语以及交际方式会大不相同。在有的文化中，打招呼时握手是很常见的礼节，但在另一些文化语境中，鞠躬或许更为常见。语言使用如称呼、敬语等受特定文化语境的影响。文化语境涵盖了社会文化因素对语言结构、意义和使用方式的构建作用（Malinowski，1935：58）。弗斯在马林诺夫斯基研究基础上，进一步提出"语言环境"，它包括一个人的全部经历与文化语境，在语言环境中，过去、现在与将来都可以融合在一起（Firth，1957）。韩礼德发展了马林诺夫斯基与弗斯的语境观，提出了"社会语境"观（Halliday，1978a），从社会学角度研究语言，从而构建了其独特的语域理论。

## 二、语境的依附性

语言的语境依附性（context dependence）是指同一句话或同一个词在不同的情境中可能具有不同的意义。语言的意义与功能受到语境的影响，包括参与者、社会文化因素等（Halliday，1978a）。韩礼德辩证地看待语境与语言的关系，认为两者互为影响、互为制约并且互为预设。他致力于构建语境因素与话语结构之间选择与运用的关系，从而理解它们之间的对应和互补。他提出通过情景语境可以推测出话语，进而推测出语义结构。反之亦然，通过语义结构推测潜在的语境。他的研究旨在揭示语境和话语之间的相互作用，以及它们在语言表达中的重要性。韩礼德提出语言构建社会，思维也能够创设社会（Halliday，1977）。从人类进化和历史发展的角度发现每一次由社会变革和科技发展所带来的人类生存环境的重大转变都是由语言来表现的，而同时这对语言系统本身也产生了重要的影响，这是人类语言最基本的语境（Halliday，1994）。韩礼德认为语言不是一种理想的、抽象的形式或结构，而是一种"语言行为潜势"（Halliday，1972），该潜势为人类使用语言提供了无数的可能性，意义就是在对可能性的选择之中产生的，而这种选择并不是任意的，需要受到文化语境和情景语境因素的制约。因此，韩礼德重视语言的社会文化语境与语义表达之间的关系，强调社会文化语境对语言的制约和影响，语言结构最终是由它所要实现的语境功能决定的。韩礼德除了强调社会文化语境对语言的支配和影响外，还强调语义网络是一个关于意义类型的假设，它要有效的话，必须满足两个条件：它必须揭示在语义层本身的一系列选择；而且在这种情况下它把这些"向上联系"，即和一些普遍的社会理论或行为理论联系起来，或者"向下"联系，即和在语法层的语言形式的范畴联系起来。语义网络就是讲述社会意义是如何用语言来表述的，它是行为模式在语言上的实现。语义网络的功能就是展示这些"社会意义"是如何被组织成语言学上的意义的，后者又被语言系统的不同层面实现。语义系统是对语法的"输入"。语义网络形成了行为模式和语言形式之间的纽带（Halliday，1972）。

### 三、语境的动态性

韩礼德提出社会语境不是静止的参数，而是一系列处于不断发展和变化中的命题。因此，动态性是语境最显著的特点。话语者在建立社会语境时会在环境中选择与新信息关联程度最大的概念。意义潜势的语境就是全面的文化语境，随着人类生存环境的每一次重大变革，整个符号系统也趋向扩展。韩礼德的语境框架就是其提出的语域理论。韩礼德语境理论将语言外部的世界与语言内部的因素融合在一起。韩礼德强调通过社会情景来解释语法现象，就是把语法系统的选项和社会情景与行为语境中的意义潜势联系起来，从而获得更多的关于语言系统性质的知识，因为语言就是在这些语境和为语境服务中发展起来的（Halliday，1972）。韩礼德以语言与语境互动为根本原则，重视实际使用的语言而非经过筛选、编辑的语言素材，丰富了语言研究的内容，扩大了语言研究的视野，深刻揭示了语言的构建性本质。

### 四、语境分析的多层次性

语境分析（contextual analysis）是西方功能语言学的一个重要的研究方法，关注语言使用中的具体环境，认为语境制约语言的选择和意义。语境分析关注语言与其社会、文化、心理等语境之间的关系，因此，语言功能的实现必须先考虑语境。通过对语言的三大纯理功能的分析，功能语言学揭示语言在不同语境中的多层次功能（Halliday，1985）。中国哲学强调事物的整体联系，可以帮助功能语言学更综合地分析语境中的各个因素。

### 五、语境的趋同性

西方功能语言学强调，人类语言的进化体现在两个主要的功能语境上：一个用语言诠释个人经验，将个人生活中的五味杂陈、喜怒哀乐溢于言表；另一个用语言激发周边的人际关系，通过积极参加社会活动并在这些活动过程中与他人的交流互动确立社会地位。每种人类语言都体现在这两个纯理功能上，其词汇语法构建的是一个意义潜势。

随着人类生存环境的重大变化，整个符号系统也趋向变异及延伸，语言的潜能也不断发展，每种语言都需要适应越来越多的新的变异。因此，韩礼德提出，语言的衍生是功能语义学的一个概念，即它在发展其意义潜势，扩大其现存语境的范围与深度，并且进入新的语境。大多数情况下，当一种语言的说者在新的功能语境中使用语言时，事实上新的语法形式并没有出现，而是拓展了已有的语法形式。语义潜势的每一个新的发展，不管是通过新的措辞形式，还是现有形式的重新组合，最终都会影响到该语言的整体性。

韩礼德发现，在英语面临各种形式的变异时，它同时又在向另一种类型的新语境延伸。他在新加坡第一次听到所谓的"英语新变体"（new varietas of English）。这种新变体出现在印度与非洲、东南亚等地，它经历了语义重构以适应新的语境和形势，并产生了一个新的意义潜势。它既不同于英语的"旧变体"，也不同于这些地区的当地语言。虽然它依然是英语，仍带着英语的语义模式，但是面对的是不同的文化传统。"英语新变体"就是这种不同语境下的复合体。一方面，它是一种类似方言的变体，主要见于词汇、语法和语音。另一方面，在语义上，这种英语新变体给以英语命名的整个语义空间增加了更多的维度。因此，这些变体其实都是相互依存、缺一不可的。韩礼德将这种多维度的语义空间定义为意义潜势，它汇总了英语的所有语境。

## 第二节　语境的三大变量和社会属性

韩礼德指出社会语境包含话语范围（field of discourse）、话语方式（mode of discourse）、话语基调（tenor of discourse）（Halliday，1978a）。

话语范围涉及交际活动的类型和内容，涉及讨论的主题、活动的性质等，反映了社会实践中的具体活动及其语言需求。如在学术会议中，话语范围包括学术研究与专业讨论，使用语言通常正式且规范，而在日常对话中，话语范围常与家庭生活或个人兴趣相关，交流中语言比较随意或者口语化。

话语方式指的是语言交流的渠道和方式，涉及口头与书面、双向互动和单向等。话语方式决定了语言的组织结构与表达方式。譬如，书面报告中，语言一般比较正式与结构化，但在平时口头交流中，语言就会比较即兴、随意和互动。

话语基调指的是交流者之间的关系，涉及角色、权力、身份关系等，它影响了语言的正式程度以及礼貌程度。譬如在经理与员工之间的对话中，话语基调体现了上级领导和下级员工之间的命令与服从的关系，语言表达方式一般较为正式。而在朋友之间的对话中，话语基调则表达了平等关系，语言就较随意和亲密。

语境还涉及两个层级语境，即"一级语境"与"二级语境"。"一级语境"是一个社会过程的意义模式，例如社会角色与关系等。"二级语境"是指语言和他符号系统的模式。韩礼德指出功能语言学本质上是适用语言学，它的一个重要特征就是可以通过文化语境和情景语境来具体体现语言的特征，而且能够在特定语境显示语言独特的作用，还能够显示语言在人类社会生活的所有方面发挥的功能（Halliday，2009b：Ⅶ）。

## 一、社会角色和身份

西方功能语言学主张语言使用能体现或构建社会角色及身份。不同社会角色在不同的情景语境中会有不同的语言表达与行为规范（Halliday & Matthiessen，2004）。譬如，在法庭上，证人、律师、法官的对话方式各不相同，他们使用的语言反映了各自所承担的角色与职责。同样，医生在与患者交流时，经常会用医学术语以及解释性话语，而在与同行交流时，他们也许会更偏向使用医学专业与技术性的语言。

语言使用不但能反映现有的社会身份，还可以构建与重塑个人身份。譬如，大学生在参加英语演讲大赛时，会通过特定的语言风格以及词汇来表达与认同自己的身份，而平时与同学在网络上交流时，他们或许会通过使用某些特定的网络语言或表情符号来显示自己的身份与态度。

## 二、社会价值观与意识形态

西方功能语言学关注语言中的社会价值观以及意识形态，强调语言不仅能反映社会意识形态，还在维持与传播这些意识形态中发挥重要的作用。语言的选择与使用方法通常反映了社会中的权力关系与意识形态。譬如，媒体报道中的用词选择会影响公众对事件的判断，反映了潜在的意识形态倾向。再如，在政治演讲中，演讲者常常会通过特定的语言策略来影响听众的态度与观点，传播其特定的意识形态。

语言承载着社会的文化习俗、传统以及价值观，通过日常教育、交流与媒体传播等渠道传承给下一代。譬如，在传统节日的庆祝活动中，语言表达与文化符号相结合，相互作用，传播了特定的社会价值观与文化意义。

西方功能语言学强调语言的社会属性，认为语言不仅是交流的工具，也是社会实践的一部分，反映和构建了社会角色、身份、价值观和意识形态。通过分析语境的社会属性，人们可以更全面地理解语言在社会中的功能和意义。

韩礼德把语言学研究分成三类，即"知识""行为"和"艺术"（Halliday，1978a：12），并明确表明他所创立的系统功能语言学属于第二种，主张把语言交际视为一种社会文化行为。强调语境的动态性，不是听话人在话语理解之前预先设定的，而是在话语理解过程中不断选择的结果。在不同的语境条件下可能隐含不同信息，即使同一个话语在不同的语境条件下也可能隐含不同的信息，这取决于听话人选择的结果，它们显然不是语言形式直接编码的信息，而是人依赖语境构建的结果。因此语境不仅是共生的，而且是共变的（赵霞，2008）。参与交际的人具有强烈的主体构建意识，在交际中他们不是被动地接受既定语境的限定和制约，而是不断地构建、生成和创造出新的语境。新语境的构建和生成是在语用主体的语境范围内进行的，它使主体的文化语境增加了新的容量。这些新的语境一旦产生，同样要对交际产生影响。即使是不构建新的语境而仅利用既定的语境因素，在具体的语言交际活动中，人们所依赖的语境因素也不会是一成不变的。主体往往不断地选择、变换甚至掌控着不同的语境因素来为交际服务。主体的这种选择、变换和控制，使得语境具有强烈的动态性质。

# 第三节　辩证思维对功能语言学语境观的影响

中国哲学中的辩证思维关注事物的对立统一、变化与发展，这些理念在西方功能语言学的语境观中有着深刻的体现，其影响主要反映在对语言和社会现实的理解方式上。

## 一、对立统一与语境的互补性

韩礼德提出文化语境是意义潜势的语境，即语言作为系统。文化是在其所出现的不同情景类型背后的潜势（Halliday，1977）。情景语境则是具体实例的语境，即语言作为语篇过程的语境。

韩礼德分析了"文化"和"情景"的差异。他以"气候"与"天气"为例，认为从短期看时是"天气"，从长期看时就是"气候"。"天气"是人们每天能够看到、听到和感知到的降雨、气温以及空气流动等的实例。气候则是这些实例背后的潜势。"天气"和"气候"之间是一个连续体。韩礼德将它们分别作为语篇文本的语言实例和语言系统的语境。

语言与语境之间的关系被称为"体现"。韩礼德认为，情景"体现"于语篇之中。但两者之间是一种符号关系，而不是因果关系，它们产生于成对的信息系统中，被用于连接意义系统。他认为，如果文化和情景是"体现"于语言之中，就意味着它们是由语言来构建的，这个过程是符号过程，而不是物质过程。在他看来，"文化"和"情景"并不是两个不同的事物，而是从两个不同的视角观察到的同一件事情。文化是情景类型的示例，就像语篇体现情景语境一样，并且可以诠释情景语境。语篇既能体现文化语境，也能诠释文化语境。

由此可见，韩礼德认为情景语境与文化语境之间是一种互补关系，前者是后者的具体表现，而后者则是前者的抽象概括。情景语境和文化语境在本质上是同一种现象，二者的差别仅在于观察角度的不同。

**二、对立统一与语篇语境的统一性**

中国哲学关注整体和谐，儒家的"天人合一"观点，强调人类与自然的和谐统一。对立事物之间是互为联系和互为影响的。语篇语境（textual context）指的是文本内部的语言环境，它涉及语篇的连贯性和一致性。语篇语境有助于学习者理解单个句子或段落在整个篇章中的意义和功能。例如，在一篇学术论文中，语境信息段落与研究结果段落之间的关系就是语篇语境的一部分（Halliday & Matthiessen，2014）。在语篇语境分析中，可以通过整体联系的视角，理解文本内部的逻辑关系和语义连贯性，理解语言如何通过各个部分的相互作用实现整体意义。

1.篇章的连贯性

连贯性（coherence）是指篇章的整体意义和逻辑一致性。连贯性由篇章中的语义关系和信息结构决定，例如因果关系、对比关系等。连贯性使得篇章被理解为一个整体，而不是分散的句子集合（Halliday & Hasan，1976）。

2.篇章的衔接性

衔接（cohesion）是指篇章内部的形式连接手段，包括词汇衔接、语法连接和代词指代等。衔接性通过具体的语言形式将篇章中的各部分紧密联系在一起。例如，重复使用特定词汇、指示代词（如"这""那"）都是实现衔接性的手段（Halliday，1976）。

3.语境与篇章的动态互动

语境制约了篇章的形式和内容，而篇章通过实现特定的功能，反过来影响和构建语境。例如，在课堂教学中，教师的讲解（篇章）不但受到教育领域和教学方法（语境）的影响，还通过教育内容和教学风格构建了特定的学习环境（语境）（Halliday & Matthiessen，2014）。

通过分析语境与篇章的关系，西方功能语言学揭示了语言使用的丰富性和复杂性，给学习者提供了对语言功能与意义的深刻洞见。这种分析方法不但在理论研究中具有非常重要的意义，而且还在实际应用中，如翻译研究、语言教学、话语分析等领域中，给人们提供了有力的工具和方法的支持和帮助。

西方功能语言学提出语言的使用是依赖于特定社会和文化语境的，而辩证思维的动态性理念有助于理解语言使用背后的各种互动关系。语言的功能不是静止的，而是随着社会环境、文化语境和交际情境的变化而发生变化。

### 三、变化发展观与语境的动态性

西方功能语言学认为语境（文化语境与情景语境）是动态的且一直处于变化中。这种动态性的观点彰显了语言使用的丰富性、复杂性、灵活性与适应性。譬如，在世界各国不同的文化语境下，语言的选择及使用方式都会迥异，即在各种大相径庭的情景语境中，语言的功能与效果也会有天壤之别。

中国哲学中的辩证思维关注事物的变化和发展，认为宇宙万物都处于瞬息万变中，变化是事物的核心属性。在多种语境下，事物的变化与发展会呈现出千姿百态的表现形式。中国哲学主张变化和发展的观点，认为事物和情境之间持续变动并互动，这对情景语境观的发展和应用具有重要的启示作用。例如，在情景语境分析中，需考虑交际情境的动态变化，如时间的推移、情境的转换对语言选择和功能的影响。在研究语境对语言的影响时，可以通过辩证思维的视角更好地理解语言的动态变化和语境的嬗变性，从而深化对语言现象背后复杂关系的理解。

### 四、整体性与语言系统的整体观

中国哲学中的辩证思维关注事物的整体性，认为世间万物是一个统一的整体，强调事物的系统性与整体性，即内部各要素之间相互联系并通过互动相互影响，与外部环境共同构建一个复杂的统一体。

西方功能语言学也把语言看作是一个系统，各种语境要素、语言功能与社会因素相互关联，构成了语言系统的统一体。中国哲学中的辩证思维整体观的思维方式有助于理解语言系统的复杂性、整体性与系统性。例如，语言的选择与使用不但会受到语法规则的影响，而且还会受到社会文化、参与者之间的关系以及交流目的等多种因素的影响。

中国哲学中的辩证思维对系统功能语言学的语境观产生了重要影响，这种影响主要体现在以下几个方面：对立统一的思维方式帮助理解语言功能的多样性、复杂性和互补性。变化与发展的观点有助于理解语境的动态性与语言使用的灵活性。整体性的观念有助于理解语言系统的丰富性、矛盾性和整体性。

通过借鉴中国哲学中的辩证思维，西方功能语言学中的语境观能够全方位、深入地探究语言与社会现实之间的关系，从而为语言学研究提供更加丰富的理论视角。

# 第五章　中国哲学中的辩证思维与功能语言学纯理功能

　　韩礼德首次提出了语言的三大纯理功能，又称为三大元功能，即概念功能、人际功能和语篇功能（Halliday，1985）。语言学习者能通过将概念功能与人际功能中所涉及的不完整信息联系起来，构建一个完整连贯的语篇。功能语言学还详细梳理了这三大纯理功能的具体表现形式。概念功能与及物系统相关联、人际功能与情态系统和语气系统相关联，而语篇功能与主述位句法结构相关联。西方功能语言学的研究范围涵盖了语音、词汇、句法、语义、篇章等多个层面，设计了一种详细的语言分析框架，反映了语言的功能及其使用的本质。进入21世纪，韩礼德与时俱进，涉猎了一些新的研究领域，如计算机语言学、科技语言、语料库语言学、并协与互补理论等，作为对他的系统功能语言学理论的补充与拓展。这一理论框架为语言学习者更深入地理解语言的丰富性、复杂性、变异性、互补性以及辩证性提供了有力的工具。

　　中国哲学中的辩证思维强调通过对立统一的矛盾分析揭示事物发展的规律，这种方法论强调辩证性、互补性、系统性和动态性。西方功能语言学认为语言是一个动态的系统，各个功能之间相互作用，共同构成了语言的整体功能。概念功能主要关注语言如何表达人们的经验和思想，这与辩证思维中通过对立矛盾来分析和理解事物本质的思路是一致的。人际功能和语篇功能则强调了语言在社会互动中的角色以及在构建连贯语篇中的作用，这体现了语言的动态性和系统性。这些都与辩证思维中的对立统一观念有相通之处。本章就中国哲学中的辩证思维对西方功能语言学的三大纯理功能的影响做深入具体的阐述。

## 第一节　概念功能的表达性

　　功能语言学认为概念功能是语言表达经验世界的主要方法（Halliday，

1985），它关系到人们对世界的表达与理解。通过语言的概念功能，可以描述现实世界中的事物、事件、行为和情况。句法结构是表达语义功能的重要方法之一。强调句法结构与语义功能的相关性，提出句法结构不只是形式上的排列规则，更是理解语义的工具。

参与者（participants）是指名词短语，在句子中常常指动作的行事者、受事者或其他相关角色（Halliday & Matthiessen，1985）。如，在 "The boy chased his brother in the park."（那个男孩在公园里追赶他的哥哥）句子中，"The boy" 与 "his brother" 都是参与者，分别代表动作的行事者与受事者。过程（process）是指动词或动词短语在句子中表达的状态、动作或事件。例如，"chased" 表达的是一个行为的动态过程。环境（circumstances）是指句子中的副词短语或介词短语，表示有关地点、时间、方式、原因等相关语境信息。如，"in the park" 指的是地点环境。

中国哲学中的辩证思维主张对立统一、矛盾转化的思维方式，它对西方功能语言学的概念功能产生了深远的影响。

**一、对立统一观**

中国哲学中的辩证思维的核心观念是对立统一观，认为事物的对立面是互为依存与互为转化的。此视角对功能语言学中的概念功能观产生了影响，使其更加注重表达事物的矛盾统一。例如，在描述一个事件或现象时，语言中可能会包含对立的要素，如黑白、动静、炎凉等来反映语言内部的统一性和复杂性。

例（1）是在描述四季变化现象时包含的主要对立元素。

（1a）一年有四个季节：春、夏、秋、冬。

（There are four seasons in a year：spring，summer，autumn and winter.）

（1b）春夏交替，草长莺飞，和风丽日；秋冬之交，草木萧疏，烈风骤雨。

（In the transition from spring to summer，the grass grows and the birds fly，with gentle breezes and beautiful days；in the transition from autumn to winter，the grass and trees are sparse，with strong winds and heavy rains.）

例（1a）句是静态描述，只描述了四季的名称"春、夏、秋、冬"，并没有凸显它们之间的对立与统一的关系；而在（1b）句中，使用"春夏"与"秋冬"对应词汇，详细描写了四季交替中相对立的自然现象。春和夏交替时的"草长莺飞"，代表生机与活力，"和风丽日"代表天气晴朗、阳光灿烂、微风和煦的温暖天气；反之，秋和冬交替时"草木萧疏"，代表凋零和衰落，"烈风骤雨"描述了风势强烈、雨势猛烈的恶劣天气条件下的气象现象。

通过春夏和秋冬的对比，既显示了不同的季节特点，也表现了自然界四季不断变换和循环的过程。这种描述方法符合辩证思维的对立统一原则，通过对立元素的对比，凸显了事物动态发展变化过程及其内在联系。这不仅使语言表达更加生动，也使读者更容易认知世间万物变化的多样性、矛盾性与统一性。

**二、动态变化观**

辩证思维关注事物的发展过程及其动态变化。概念功能观受此影响，在表达过程中关注事件的发展、转化或者变化。例如，通过使用多种动词形式和时态，表述事件的连续性、发展和变化，这与辩证思维中的过程观念是相似的。

例（2）通过使用多种动词形式和时态表达事件的连续性、发展和变化。

事件：描述一棵树的成长过程。

（2a）前年春天，园丁种下了一棵小树苗。

（The year before last in the spring, the gardener planted a sapling.）

（2b）这棵小树苗正在长大，天天都在变高、变粗。

（This little tree is growing, getting taller and thicker every day.）

（2c）经过两年的四季轮换，这棵树已经历了春时的雨露、夏时的阳光、秋时的凉风与冬时的寒气。

（After two years of the alternation of the four seasons, the tree has experienced the rain and dew of spring, the sunshine of summer, the cool breeze of autumn and the cold of winter.）

上述例（2a）是树生长的起点，使用了动词"种下"的过去时，描述了树苗种植的开始。例（2b）是树苗的成长，用来表达现在进行时的动词"正在长大""在变高""变粗"，凸显了树苗生长的持续性和动态变化性。例（2c）使用了现在完成时的动词"已经历了"，描述了树在四季交替中所经历的生长变化情况。

综上，例（2）通过运用不同的动词形式与时态，既描述了树的生长过程，又突出了其连续性、发展性和变化性。此种描写方式与辩证思维中的过程概念是一致的，两者都强调了事物的发展和变化过程。

**三、整体关联观**

中国哲学中的辩证思维关注整体性和事物之间的相互关系，西方功能语言学中的概念功能也反映了此种观点。在建立语义网络时，强调语言既要注重个体事件和参与者，也要注重它们之间的关系和相互影响。例如，通过连词、从句和其他语法结构，展示事件之间的条件关系、目的关系、因果关系和时间关系等。

例（3）Jack is preparing for an crucial exam.（杰克准备参加一场重要的考试）

（3a）If Jack goes over well，he will get an excellent result in the exam.（如果杰克复习得充分，他就会在考试中获得优异成绩。）

（3b）Jack often goes to the library to study so that he can prepare more thoroughly for the exam.（杰克经常去图书馆学习，以便能更充分地准备考试。）

（3c）Because Jack studies in the library，he comprehends numerous knowledge points.（因为杰克在图书馆学习，所以他了解了许多知识点。）

（3d）When Jack has reviewed everything，he feels very confident.
（当杰克复习完所有内容后，他感到十分自信。）

分析：

（3a）句是条件状语从句，体现的是条件关系，通过运用条件连词"如果"，指出复习充分是获得优异成绩的前提条件。

（3b）句是目的状语从句，体现的是目的关系，通过运用目的连词"以便"，指出杰克去图书馆学习的目的是更好地准备考试。

（3c）句是原因状语从句，体现的是因果关系，通过使用因果连词"因为"，表示杰克掌握知识点是因为他在图书馆学习。

（3d）句是时间状语从句，表达的是时间关系，通过使用时间连词"当……后"，表示杰克感到自信是在复习完内容这一事件之后。

综上，从辩证思维视角看，例（3）的整体性和关联性都很强，所有句子都有一个鲜明的主题——杰克为了此次考试进行了认真复习备考。各句之间逻辑非常清晰，前后因果紧密关联。首先，杰克知道考试的重要性，因而开始认真复习备考。复习方式是经常去图书馆学习，这使他掌握了许多知识点，从而增强了他的自信心。最终，他期盼通过这些努力能获得优异的成绩。以上示例结构紧凑，每句话之间有清晰的因果关系，表现了杰克从认识到行动，再到结果与期望的完整过程。

**四、多维层面观**

辩证思维提倡从多维视角和层面理解事物。西方功能语言学的概念功能也体现了这一点，通过各种不同的语法形式，如动词化、名词化、形容词化等来表达事物的多维层面。以动词化为例，动词化是指将名词或形容词转化为动词的过程，这种转换可以使语言表达更加动态化。它可以将一个静态的概念转化为一个动态的过程，从而使其成为关注的焦点，此种转化反映了辩证思维中多维视角和层面的分析方法。

例（4）动词化将静态的概念转化为动态的过程。

（4a）教育是一个造就知识和技能的过程。

（Education is a process of developing knowledge and skills.）

（4b）教师常常在学校里教育学生。

（Teachers usually educate students in schools.）

在静态描绘中，人们常常用名词来描述一个既定状态或过程。在例（4a）中"教育"是一个名词，描写了一个静态观念，即一种存在的状态或变化的过程。通过动词化，让名词"教育"转化为动词，这样使句子更加动态化，读者开始聚焦动作和过程。在例（4b）中，"教育"是一个动词，描写了教师做的具体动作。这种表达方式将原先静态的概念（教育）转化为一个动态的过程，彰显了"教育"这一过程中的互动行为。

综上，通过动词化，作者不仅可以描写一个状态或过程，还可以了解其动态变化和具体实施全过程。在辩证思维的模式下，动词化能使语言表达更具有鲜活性和具体性，有助于读者或听者更清楚地领会事件的发展和变化的过程。动词化反映了对事物动态变化的关注。动词化使语言表达更加契合辩证思维的原则，强调事物在发展中的动态变化和相互作用。

# 第二节　人际功能的建构性

人际功能（interpersonal function）主要指语言如何被用于建立与维持社会关系，表达说话者的态度与情感的功能（Halliday，1985）。中国哲学中的辩证思维对人际功能的影响主要体现在以下几个方面。

## 一、人际交往的和合观

"和合"思想是中国儒家、道家、墨家、阴阳家、佛家等文化流派互相碰撞、互相渗透、彼此融合而形成的思想，是中华传统文化所特有的思维方式，也是东方智慧的体现。"和"的原意是一种吹奏类乐器，延伸语义是声音的和谐；而"合"的原意是闭合，延伸语义为两者相合、彼此融洽。"和合"思想的基本语义是不同事物之间和平共处的状态，正如《易经》所言"乾道变化，各正其道"，就是承认不同事物之间的差异性与多样性并存，强调差异中的一致、矛盾中的统一，体现为人际交往中的和谐统一性。例如，语言中往往通过礼貌表达、委婉策略等方式来缓解对立，反映出社会人际交往中的和谐与统一。以下是和谐对话的交流案例。

例（5）对话语境：两位同事孙先生和史密斯女士在商讨一个项目计划。

孙先生：我认为这个计划不怎么好，我们需要再讨论一下。

（I think this plan is not very good, and we need to discuss it again.）

史密斯女士：呃，我知道你的意思，的确有些方面可以改进。或许我们可以考虑保留这个计划的主要思路，但在细节上再做一些调整，好吗？

（Er, I know what you mean. There are indeed some aspects that can be improved. Maybe can we consider keeping the main idea of this plan, but make some adjustments in the details?）

在这个对话中，史密斯女士运用了礼貌语言和委婉策略来缓和话语冲突。

1.表达理解和认同

史密斯女士先表达了理解孙先生的想法"我知道你的意思"，这是一种礼貌方式，表达了对他意见的尊重和认可，规避了直接的对立。

2.提出建设性的建议

史密斯女士随后提出建设性建议"的确有些方面可以改进"。此表达方式不但避免了直截了当否定孙先生的观点，还认同了其中的合理性，同时提出了共同改进的方法。

3.委婉地提出修改方案

史密斯女士进一步运用委婉语气建议"或许我们可以考虑保留这个计划的主要思路，但在细节上再做一些调整"。这种委婉的问句方式比直接表达更为温婉，反映出一种商量的态度，给对方留下了更多的思考空间。

通过上述礼貌与委婉的表达方式，史密斯女士缓和了潜在的对立情绪，助推了更为和谐的对话交流。这种委婉表达的话语策略不但有利于维持友好的同事关系，还能更有效地促进问题的解决，展现了社会互动中的和谐和统一。

**二、话语模式的动态观**

中国哲学中的辩证思维注重过程和变化，这在人际功能中体现为对交流的动态性关注。语言的人际功能既描述静态的人与人关系，又反映动态的人际交往过程。例如，通过语气、情态动词和语用标记，语言可以表现出说话者的态度变化和互动中的动态关系。

例（6）对话语境是一个中外合作团队在谈论项目进度时，两个团队成员李先生（中国人）和布朗女士（加拿大人）之间的态度在交流中发生了变化。

李先生：我觉得我们可以在下月完成此项目。

（I think we can finish this project next month.）

布朗女士：呃，或许吧，不过，我觉得我们可能需要更多的时间来确保质量。我们是否可以再多花一个月时间？

（Um, maybe, but I think we might need more time to ensure quality. Can we spend another month?）

在上述对话中，李先生和布朗女士通过运用情态动词、语气与语用标记来反映说话者的态度变化和互动中的动态关系。

1.语气

例（6）开始，李先生用肯定的语气"我觉得我们可以在下月完成此项目"，表明了确定与自信。布朗女士用"呃，或许吧"表明了犹像与不确定，通过改变语气展示了不同的态度。

2.情态动词

李先生使用情态动词"可以"，表达有信心完成项目。布朗女士使用情态动词"或许"与"需要"，表达了对时间安排的谨慎态度，是出需再延期一个月的请求。

3.语用标记

布朗女士运用了语用标记"呃"与"但"，在两人对话中掐入了缓冲，并进一步提出自己的想法，避免了直接的语言冲突。

通过情态动词、语气与语用标记，这段对话反映了说话者在交流中的态度变化和动态关系。李先生先表达了自信，而布朗女士通过委婉表达方式提出了不确定性和对延期一个月的需求，进而缓和了潜在的对立关系，助推了更为和谐的话语模式。

**三、人际网络的整体观**

中国哲学中的辩证思维关注事物的整体性，这在人际功能中体现为对人际网络的整体关注。人际功能不但牵涉到个体之间的关系，而且还关系到更广泛的社会网络与集体关系。例如，通过敬语、称呼语与社交用语，语言可以反映出社会网络中的整体性与具体的层级关系。

例（7）在一个商务会议上，一位中方产品负责人（张经理）在与英国客户

（里查德先生）交流时使用了不同的话语方式。

张经理：尊敬的客户，很感谢您来参加我们今天的会议。

（Dear customer，thank you for joining us today.）

里查德先生：您好，非常高兴见到您。我们希望可以和您商谈我们的近期产品与服务。

（Hello，it's a pleasure to meet you. We hope to discuss our recent products and services with you.）

通过称呼语、敬语和社交用语，反映了社会网络中的层级关系与整体性。

1.称呼语

张经理使用了尊敬的称呼语"尊敬的客户"，表示对客户的尊重和重视。里查德在回应中运用了较普通的称呼语"您好"，表现出友好和开放的态度，但仍然保持了礼貌。

2.敬语

张经理在开场时使用了敬语结构"很感谢您来参加我们今天的会议"，表明对客户的尊重与感激。里查德在介绍时运用了礼貌语气"希望可以和您商谈"，显示了对客户意见的尊重和期待。

3.社交用语

里查德的表达方式"非常高兴见到您"，表达了对客户的友好与喜悦之情，并且保持了正式的商务交流氛围。

这段对话通过使用敬语、称呼语与社交用语，体现了在社会网络中的人与人的层级关系以及整体性。张经理和里查德在交流中适宜地运用了不同的语言策略，不但表现出对客户的尊重与关注，而且保持了很好的社交与商务关系。

## 第三节　语篇功能的连贯性

中国哲学中的辩证思维注重整体概念，强调事物的内在联系。此种思维模式对语篇功能的连贯性表达产生了影响。西方功能语言学认为语篇连贯性既可以通过逻辑关系实现，也可以通过辩证关系（如对立、转化、因果等）实现。例如，可以通过使用指示词和关联词将零散的信息汇总成一个连贯的整体，从而发现事物的内在联系和变化。

中国哲学中的辩证思维提倡层层深入分析法（见第二章），这反映在语篇功能中对层次结构的关注。语篇中的信息组织常常通过层次化的方式来实现，这与辩证思维中的层次分析方法相一致。例如，通过摘要、段落、章节和子章节的结构，语篇可以体现出从整体到部分、从概括到具体的层次关系（赵霞，刘佳，2010）。

语篇功能（textual function）涉及信息在语篇户的组织和连贯性。它是西方功能语言学的重要组成部分，注重语言的组织方式与结构信息，从而形成连贯的语篇。

句法结构在语篇功能中的作用主要关联以下三个方面：

**一、主位与述位结构**

主位（theme）是句子中提供已知信息或主题的部分，通常是句子的开头部分；述位（rheme）是提供新信息或评论的部分（Halliday & Matthiessen，2014）。

例（8）Yesterday，I went to the park.

（昨天，我去公园了。）

在例（8）中，"Yesterday"（昨天）是主位，"I went to the park"（我去公园了）是述位。主位是句子的起始点，一般指已知的信息或关注的焦点；而述位则是句子的新增信息，提供有关主位的信息说明。

例（9）Mary went to the theater to see a movie yesterday.

（玛丽昨天去电影院看电影了。）

例（9）的主位（主题）或主语是"Mary"（玛丽），句子的其他部分都以她为主题展开。述位（述题）是"went to the theater to see a movie yesterday"（昨天去电影院看电影了），清晰地描写了玛丽的动作信息——看电影了，以及她去看电影的时间——昨天。

**二、连贯和衔接**

连贯（coherence）指语篇的整体连贯性和逻辑性，通常通过话题的一致性和意义的连贯性来实现。衔接（cohesion）是指通过词汇和语法手段将句子连接起来，如用连接词和指示代词等（Halliday，1985）。

**三、信息结构**

信息结构（information structure）是句子中信息的语境和焦点，是语篇中最关键的信息，它牵涉到新旧信息的概念，即通过列举已知信息和新增信息（通常是述位的一部分），用以加强语篇的连贯性。例如：

在例（9）中，焦点信息是述位"went to the theater to see a movie yesterday"，

因为它说明了主语玛丽的动作、行为目的和时间。具体而言，"to see a movie"（看电影）是特别值得注意的，因为它说明了玛丽去剧院的目的。

例（10）It was John who ate the cake.（Halliday & Matthiessen，2014）

（是约翰吃了蛋糕。）

在例（10）中，"John"是主位，信息的焦点；"who ate the cake"是述位，增加了主位的动作信息——吃蛋糕。

功能语言学中的语篇功能起到了建构连贯语篇的作用，它能有效传递信息，从而增强了语篇的整体性以及逻辑性。

通过上述对中国哲学中辩证思维对西方功能语言学三大纯理功能的影响的探讨，我们可以看到辩证思维在语言学领域中的丰富贡献和深远影响。辩证思维通过对立统一、动态过程和多层级表达等思维方式，丰富了概念功能在表达事物复杂性和多样性时的应用。语言不仅仅是描述静态现象的工具，更是表达动态变化和事物间复杂关系的媒介。辩证思维的整体性观念和多层次分析方法影响了语篇功能的连贯性和层次结构。语言通过组织信息和建立逻辑关系，实现语篇的统一性和连贯性，反映出辩证思维中对事物整体性和发展变化的关注。

综上，中国哲学中的辩证思维的核心观点是事物的对立统一，即事物内部与事物之间是对立或矛盾的关系，而这种关系促进了事物的发展与变化，矛盾双方互为依存、互为作用，共同构建了事物的统一体。西方功能语言学把语言视为一种具有多种功能的社会符号系统（Halliday，1978a），具有三大纯理功能，即概念功能、人际功能和语篇功能，这些纯理功能在语言使用中是互为依存、互为作用的。对立统一的思维方式有助于人们理解语言功能的复杂性、丰富性与多样性。譬如，语言在用来描述个人经验（概念功能）时，同时也用来建构人际关系（人际功能）与组织信息（语篇功能）。

# 第六章　中国哲学中的辩证思维和"并协与互补"理论

　　语言系统内部词汇和语法、口语和书面语、系统和语篇之间关系的界定在学术界一直莫衷一是，为此，韩礼德（2008）提出它们在语言系统里是并协互补的关系，试图以此来解决语言系统内各要素之间的矛盾。韩礼德认为，由于人们不十分了解自然符号系统是如何运行的，因此，20世纪仍然有很多人认为语言系统里存在非此即彼的现象（Halliday，2008：17）。中国哲学中的辩证思维的对立双方相互补充、相互促进的观念为其提出语言系统内部各要素之间的并协互补原则提供了启示。

　　语言系统的并协互补原理是西方功能语言学理论的指导原则。从本质上讲，该原则是一个多视角模型，旨在为学习者提供解释使用中语言的补充视角。这些互补性中意义是最基本的概念，即语言是一种资源，在几乎每一个交流行为中，将概念意义、人际意义和语篇意义通过互动一一映射到彼此上。概念意义与识解（construe）经验有关，如何时何地发生了什么，以及两者之间的逻辑关系是什么等。人际意义涉及协商社会关系，人们如何互动，包括他们分享经验的感受。语篇意义关注的是信息流概念意义和人际意义以半分体波的形式分布，包括波之间以及语言和伴随形式（动作、图像、音乐等）之间的相互联系。基于传统语言哲学角度分析，语言系统的并协和互补原理与我国阴阳互补的观念一脉相承，也反映了韩礼德语言中所包含的辩证与统一观念，同时也是我国古代辩证思维在语言学领域中运用的重要佐证（赵霞，2014：17）。本章阐述韩礼德关于语言系统并协互补哲学思想的基本内容，梳理该思想的萌芽、形成和发展的三大基本脉络后，以辩证为基点，探索其与中国哲学中的辩证思维之间的关系。

# 第一节　阴阳互补原理对西方辩证思维的突破

早在春秋年间，互补性概念就在阴阳学说中发挥重要作用。阴阳被用来表达对立面的互补，并且它们之间的相互作用被视为自然现象和人文状况的本质（见第二章）。万物都有阴阳两个对立面。阴阳共存一体，平衡是暂时的，阴盛阳衰，阳盛阴衰，互生互衰，阴阳在动态的统一中相得益彰。这便是阴阳互补原理。中国古代哲学家试图通过太极等探索事物起源的自然性和内在多元性，其核心思想是"和而不同"，是指在差异的基础上构成和谐，即在复杂性、多样性的基础上形成统一。"和"是指事物发生、演化的规律及其多样性特征。"同"是相同事物，形成同一性。世界是多样性和同一性的结合体，其哲学的根基在于阴阳平衡的宇宙生成论，即宇宙是由相反的事物构成，是多样性的统一。这构成了一个不断演化、丰富且生动的世界。此外，"和"的语义隐含相似性、差异性和多样性，它重视辩证统一性。而"同"则是形而上学的无差别一致性、纯粹的重复性与绝对的等同性。以此类推，宇宙的存在，包括了自然界、社会、生命以及人类文明的多元格局，都会由于其形态的多样化而具有合理的生存基础。多元、多样之间虽然有冲突，但和谐共存是它的本质。

人本主义是"和而不同"的另一本质特征。这是因为中国传统宇宙观的目的是探讨人类与社会存在的合理性以及合理存在的可能性，主张"天人合一"，《周易》把天、地、人看作是一个整体，并各有自己的运行规则，如天道、地道、人道，为天、地、人三才。《左传》曾记载"民之所欲，天必从之，天人合一"，其本质就是主张人和自然、个人和群体之间的和谐。这种二元对立互补法，是以阴阳为基础，其核心就是阴阳的对立转化和互补原则。《易经》强调在异中求和，在适应中求平衡，彰显了"天人合一"的哲学思想。

西方哲学中的辩证思维与中国阴阳互补原理虽然都关注了矛盾，但解决的方法却是截然不同的。西方辩证思维主张以一方去战胜另一方。中国阴阳互补理论源于《易经》和道家哲学等，强调事物间的对立统一。阴阳被视为自然界和人类社会中两个相对但互补的方面，彼此互为依存和转化。它强调平衡、协调和动态的观念，对于理解事物的整体性和变化性起到非常重要的作用。阴阳互补理论认为世界上任何事物都包含着矛盾，但是都具有三个特征：第一个特征是与辩证思维完全相同，即矛盾双方的关系必须是对立的。第二个特征是矛盾双方的关系是相互转化的。第三个特征是矛盾双方的性质在于斗争。这些观点与西方辩证思维是格格不入的，甚至是背道而驰的。

## 第二节　辩证思维对西方互补原理的启示

中国阴阳互补原理给当代物理学带来了重要启示。一些西方物理学家发现它与物理学之间有着紧密的联系，对其理论原则及其在现代物理学中有效性的证据做了大量的研究并借鉴。例如，普朗克[①]在1900年首次提出了量子假设，1927年，丹麦诺贝尔物理学奖获得者、量子力学的创始人之一尼尔斯·玻尔（Niels Bohr）提出互补原理（Complementary Principle），该原理提出了量子力学中的波粒二象性在不同的实验条件下，既可以表现为波性，也可以表现为粒子性。波粒二象性彰显了微观世界的多样性与复杂性，它们之间的关系是互补关系，而非排斥关系。1958年3月26日，玻尔给一位曾经送给他《道德经》书的教师的回信中开头写道[②]：

> 感谢您的来信以及随附的关于《道德经》的便笺，我饶有兴趣地读完了它们。我认为您对中国古代哲学的描述在许多方面都非常中肯。我年轻时通过阅读恩斯特·梅勒的译作《道德经》一书，对中国古代哲学留下了深刻且美好的印象，二十年前访问中国时，我了解到中国人至今仍然十分珍视并缅怀老子（Lee，2017：302）。

梅勒的书首次出版于1909年，当时玻尔24岁，很明显，玻尔对中国哲学的了解早于他发现物理学中的互补原理（1927年）。换句话说，玻尔在提出他的互补理论前就很了解古代中国哲学中的辩证思维。

玻尔曾明确指出中国的阴阳太极图形象生动地表达了互补原理的复杂而深刻的科学概念。即阴与阳相遇，产生了空间粒子，该粒子被另一个新的空间分割而

---

①普朗克(1858—1947)，德国著名物理学家，量子力学的重要创始人之一。

② "I thank you for your letter and the enclosed little note about *Tao Te Ching*, which I have read with great interest. I believe what you say about the old Chinese philosophy is in many ways quite to the point. In my youth I received a beautiful impression of it through Ernst Merller's book *Oldmester*, and at a visit to China twenty years ago I learned how highly the memory of LaoTzu is still valued." (Lee, 2017:302)

产生了新的粒子，或者某些粒子又重新融合在一起，由于运动的存在阻碍了这个自然的融合过程。阴阳之间的动态平衡正是互补原理的核心思想。

玻尔还高度赞赏了中国哲学中的整体性与系统性思维。他认为中国古代哲学主张天、地、人三者的和谐统一，以及宇宙中万物的相互联系与动态平衡。这种整体性思维与量子力学中系统的整体观念是相通的。玻尔提出，量子力学的发展不但需要数学与实验的支持，还需要哲学的思辨与智慧。中国古代哲学为这种思辨提供了丰富的资源。

玻尔通过阴阳太极图与互补原理的类比，展示了科学与哲学之间的深刻联系。这种跨学科、跨文化的洞见不仅丰富了对量子力学的理解，也为人们理解自然和宇宙提供了新的视角。玻尔的这一见解彰显了东西方文化在科学探索中的互补性，启示我们在科学研究中应当保持开放的心态，汲取多元文化的智慧。

他提出的互补理论是量子力学的基本理论之一，用于解释波粒二象性光的波动性和粒子性是互补的，在某些条件下是粒子性，在某些条件下是波动性，两种相互排斥的理论存在于同一物体之中，互补理论如果用一句话来概括，就是相互排斥的属性存在于一切量子现象之中（Pais，1991）。互补原理首先来自对波粒二象性的看法。光与粒子是互补的。这个理论指出，在量子力学的基础上，需要使用彼此排斥或者互补的经典物理范畴，可以对微观过程的各个方面进行整体的说明。互补原理从哲学角度总结了波粒二象性（洪宗国，2000）。由此可见，玻尔的互补理论源于中国阴阳互补原理，提供了一种综合性和整体性的视角，帮助我们更好地理解和解释事物的复杂性，提出了系统中不同要素之间的相互作用和相互补充的观念，认为系统中的不同要素互相合作、互相依赖，通过相互补充和协同作用来实现系统的稳定和发展。

量子理论与阴阳理论之间具有相似性，但是阴阳理论很难用某个空间粒子为参照去衡量另一空间粒子的运动情况，因为这种参考是在持续运动变化中的，这和量子理论的不确定性原理是相一致的。伯格森和玻尔提出的具体互补概念的可还原性得到了肯定的结果。玻尔（1927）提出的互补原理是一个更广阔的理论框架，也是一个更广泛的哲学基础，并试图借此来处理生物、心理学、数学、化工、人体学、语言学、人体发展等现象，以及揭示与其他形式的互补联系，其本质就是将人文文化和科学文化相互统一。正如语言中的每个单词都是从不同的角度和层次表达的，人们不能在相同的条件下使用不同的概念，否则会混淆，但每个单词都是必要的，不同角度和层次的单词可以组合在一起，以更完整地表达它们。因此，这些单词是相互排斥和互补的。此外，量子力学测量的自参考问题可以从语言互补性的角度自然地解决，从而为量子力学开发语言模型提供了可能。语言的互补性是指语言本身不可能描述语言的成分和解释过程。因此，从遗传语言到编程语言和形式语言，再到外部通信语言，每种语言都具有互补性。该论点基于每种语言的实际功能，即承认交流或控制，因此描述必然是有限的、静态的，而相应的解释可能是无限的、任意顺序的、动态的。对语言互补性的深入理解可以利用语言的特定知识来发展。

中国哲学中的辩证思维对西方的互补原理提供了深刻的启发。

首先，中国哲学中的辩证思维着重事物的对立统一和互相依赖，突出事物间的依赖关系和相互作用。这种思维方式在研究和理解系统时，需注意不能只专注其个体部分，而是要把握整体性和系统性。西方的互补原理也重视系统中各个要素的相互作用和相互补充，但可以借鉴中国传统辩证思维的整体性观念，更加突出系统整体的稳定与发展。

其次，在研究和实践中，中国哲学中的辩证思维关注要设法保持平衡和协调。西方的互补原理也重视不同要素间的相辅相成和协同作用，但可以参考中国哲学中的辩证思维中对于平衡和动态变化的理念，充分地理解事物间的互动原则。

此外，中国传统辩证思维还突出事物的动态变化和扩展，认识到事物是处于不断动态变化中的。这给西方的互补原理提供了有意义的启发，使其更加重视系统的动态性与变化性。

综上，中国哲学中的辩证思维对西方的互补原理提供了深刻的启发，包括协调与平衡的重要性、整体性观念以及对于系统的动态变化性的关注。由此可见，中国的辩证思维对西方物理学上的互补原理有着重要的启蒙作用。

## 第三节　并协与互补理论的形成和发展

韩礼德的并协互补理论不仅受到中国古代辩证思维的影响，还受到了玻尔的基于波粒二象性的互补思想影响（Halliday，2008：45）。他探索了语言系统中的相互补充现象，为我们理解语言使用方式提供了新的视角和思考路径。本节研究韩礼德的并协互补观是如何形成的，以及如何解释语言系统内的辩证关系。并协与互补理论的发展可大概分为以下三个阶段：

（一）第一阶段：创建时期（20世纪50年代末—60年代）

1955年，韩礼德在英国完成了博士论文《元朝秘史》，这篇论文正是运用中国哲学中的辩证思维的观点，研究了14世纪中国北方话和语境，来探讨共时与历时、语法与效度等概念和方法。韩礼德从20世纪50年代末创立功能语言学以来，就不断致力于研究现代语言基础理论。此后，又通过论著《语言基础理论的范围》（1961）与专著《现代语言科学研究与现代语言教育》（1964），进一步提出阶和范畴等观点。韩礼德（1967）提出及物性属于语言以外经验的表达，是关于认知内容的选择的集合。在语义体系体现中，语义的表达综合认知、功能、美学等。语言与社会是相互交织在一起的，其中，主要有以下三种并协与互补的关系。

1. 有标记与无标记的并协与互补

语言学的研究框架就是语言本身，目的是了解语言是如何运作的。功能语言学反对将所有语言系统简化为二元对立，即选择一种表达形式被视为拒绝另一种表达形式的二元对立。相反，韩礼德强调语言中唯一有意义的二元对立是开放词汇系统中标记概念与无标记概念之间的对立（Halliday，1962）。

**表1　开放性的词汇标记表**

| 词汇系统 | 形式 | 语境 |
|---|---|---|
| 教师（Teacher） | 无标记 | 有标记 |
| 教师们（Teachers） | 有标记（+"s"） | 有标记 |

表1显示开放性的词汇系统标记分为形式和语境两类，Teacher（教师）在形式上是无标记的，但在语境上是有标记的，指的是个体；而Teachers（教师们），在形式（复数）和语境上都是有标记的，指的是集体。

显然，这一特征虽然重要，但仅凭这一特征还不足以形成一个定义和描述语言系统的综合尺度。韩礼德研究了各种语言范畴，区分了两个分析层次。第一个层次是形式层次，它涵盖语言意义的整合，包括语法和词汇方面。第二个层次是实体层次，它涉及语言的原材料，如发音和文字，包括不同形式的实体，如音素和书面符号。这两个层次被认为是二元或非此即彼的关系。

形式代表语言系统的内部结构，反映不同语言成分之间的关系。在形式层面，语法在一个封闭的系统中运作，利用一组有限的语言成分来描述复杂的关系。另一方面，词汇在一个开放的系统中发挥作用，涉及大量关系较简单的成分。在语法层面，可以识别语法成分和基本范畴，如单位（具有各种形式和范围的语言片段）和结构（指不同格式的排列和组合）。范畴表示表达类似功能的语言成分类型。相反，词汇层面则关注语言成分本身，并增加了格式关系。

韩礼德提出标记和取消标记、概率与语料库是互相联系的（Halliday，2000）。这种相互作用导致译文与原文之间存在互惠关系，译文与原文相互替代。两种语言在多个层面上相互作用，呈现出对应语言成分的概率，这些概率可以描述为无条件的简单概率。这些概率可以分层与量化地表达，从最大概率到最小概率降序排列，并考虑多种特征。韩礼德认为，要准确地展示语言之间的语法对应性，最有效的方法是对它们各自的语法进行定量分析。

韩礼德探讨了语法中的具身化和实例化概念，将语法视为一种思维方式（潘文国，2002）。他认为，用于表达存在的关系过程是英语语法中最复杂的方面之一，并将其分为两类：识别与归因。识别关系涉及两种特定功能：一种是通过外部形式识别实体，另一种是描述实体的角色或功能。这种关系可以表现为形式/功能、符号/意义和施事/受事等各种形式（Halliday，1996）。韩礼德将这些语法功能称为标记（token）与值（value），其中标记体现值，值由标记表示。语法模型是符号解释经验的元过程，这对于语法本身的发展至关重要。例如，在陈述"汤姆是一名工人"和"工人是汤姆"中，主语是通过与另一个主语的直接对应关系来识别的（Halliday，1994）。

语法是一门学科，侧重于标记系统，其核心任务是研究符号系统。这包括微观与宏观两个方面。语法整体上以符号为中心，而描述方面则建立特定于每种语言的单独模式，因此以语言为中心。在归因方面，实体根据其属性进行分类，其中属性可能是更大集合的一部分。例如，在句子"杰克是诗人"中，"杰克"是载体（carrier），"诗人"是属性（attribute），表明杰克是"诗人"类别的一个实例。每个表达行为都代表构成系统的潜在含义的一个特定实例，不同的句子类型可以在语言系统中创建模式。

2.及物与作格的并协与互补

在韩礼德的系统功能语法中，作格的概念提供了一种分析过程的替代方法，补充了传统的及物和不及物框架。及物侧重于参与者在过程中的作用（例如物质过程中的参与者、目标或接受者），而作格则强调了主体的表达方式以及过程是否由外部主体发起。

作格系统的运作有以下两种情况：一是动作过程是因外部原因（主体）而发

生的，二是动作过程是在不需要明确主体的情况下展开的。例如，在"木匠砍木头（The carpenter cut the wood.）"这样的及物从句中，木匠（主体）负责发起动作。在"木头很容易砍（The wood cut easily.）"这样的作格句中，过程的表达没有直接归因于外部原因。在这里，"木头"充当媒介，即过程发生的实体，主体是谁无关紧要。

韩礼德对作格的分析补充了他对及物性的看法，提供了一个不同的视角来理解语言中动作的结构。在作格系统中，焦点从执行动作者转移到发生了什么上，强调媒介而不是行动者。作格和及物结构之间的互补关系对于捕捉语言中过程类型的多样性至关重要，并展示了不同的语法系统如何共存以创造意义。

在这种情况下，韩礼德认为作格模型代表了与及物性平行的系统，而不是对立的系统（Halliday，1994）。及物结构倾向于关注行动者与目标之间的关系，而作格系统则将焦点转移到过程是内部引起还是外部引起，为如何表现动作提供了一个互补的视角。这种相互作用突出了语言在表达过程中的灵活性，强化了韩礼德语法理论的综合性。

韩礼德详细阐述了名词性风格特征及其存在的原因，指出每一个行为都包含了一个受影响的元素、参与者与起因者（Halliday，1996），动作的起源是可选的，具有及物或作格性，在描述句子的及物性时，两者相互对立。后来，在解释科学英语的语法时，韩礼德强调，所有人类语言的语法都是用来诠释经验的。"网格"代表一个复杂的语义单元，其结构概念围绕过程展开——发生的事情、环境变化或人体内的转变（Halliday，1997）。"格"是研究这种现象的理论框架，与过程本身、所涉及的个人或实体以及周围环境有关，包括事件发生的地点、时间、方式和原因。

起因者是可供选择的，具有及物或作格特征。这两者在描述小句的及物性时是相互对立的。此后，韩礼德在阐述科学英语的语法时强调了在人类的所有语言中，语法可以用格来识解经验。格是一个复杂的语义单位，其结构概念是过程，即某件事发生了，在环境中发生了某种变化，或者在人们的身体内部或意识内发生了某种变化（Halliday，1997）。格是探讨这一现象的一个理论范式，关系到建立这个模型的不同要素过程本身，参与过程的单独或众多实体以及环境，如哪里、何时、如何和为什么发生了某件事。

例（11）The man was driving the car too slowly up the hill.

（那个男人在山坡上开车开得太慢。）

　　语法上这个句子被解释为一个格，即一个驾驶过程（driving），两个参与的实体小汽车（car）和男人（man），两个环境要素 up the hill（上坡）和很慢（too slowly）。最后一个要素，被视为一个值的评价"太慢了"。在及物性理论中，句子的分析涉及识别其中的过程、参与者与环境成分。过程（process）表示句子的核心动词，描述事件或行为。参与者（participants）是参与运程的实体，通常包括施事者（actor）和受事者（goal）。例（11）中施事者为男人（the man），受事者为小汽车（the car）。环境成分（circumstantial elements）描述时间、地点、方式等语境信息。方式（manner）——太慢了（too slowly）；地点（location）——up the hill（上山）。

表2　句子的及物性过程分析

| 施事者(actor) | 过程(process) | 受事者(goal) | 方式(manner) | 地点(location) |
|---|---|---|---|---|
| The man | was driving | the car | too slowly | up the hill |

　　在上述方法中，及物性理论中每个句子成分的功能都很清晰。韩礼德提出，序列、格和元素并不是天生存在的，而是通过语法构建或诠释的。人类感知到的现象最初是未经分析的，并被解释为过程、参与者和环境的组合。语法的作用是将人类经验转化为意义，构建不同层次的语义（如格、序列和元素）以及语义组件（包括过程、参与者、关系、环境和属性）。这些语义层次和组成部分共同组成了理论框架或实证模型。

　　韩礼德提出，在语言表述过程中，隐喻需与及物/作格的性质相关联（Halliday，1997）。过程的及物性与作格结构之间存在着互补现象。该研究还提出，当人们横穿欧亚大陆时，这一平衡开始发生改变，越接近西方的语言，其时态的系统性程度就越高，越靠近东方的语言，其体貌的系统性程度就越高，而处于中间地带的语言，则更多地是将二者兼而有之，如俄语和印地语（Halliday，2006）。

　　试比较：

　　例（12a）Tom moved the table．（汤姆移动了那张桌子。）

　　（12b）The table moved．（那张桌子移动了。）

　　例句（12a）和（12b）都是物质过程。从及物的视角看，（12a）有两个参与者，即汤姆（Tom）和桌子（table），但是（12b）仅有一个参与者桌子（table）。汤姆（Tom）在（12a）中是桌子移动的外部原因，属于动作，而（12b）中却找不到此类原因，但两句具有相同的功能，都描述了"桌子移动了"这一客观事实。

　　作格动词的语义解析，可以从时间、动作和致使等基本范畴结构来剖析其概念架构，并由此推导出作格结构概念框架的基本概念过程与理据（赵霞，2006：10）。句子的及物性和作格是两种不同的结构，其分析方法各具特点。及物性分析注重语言表述动作的过程和参与者的类型，但使用方法较烦琐；作格分析相对客观和简便，需要掌握的范畴较少，但它较抽象，很难表述主客观世界之间的错综复杂的关系，尤其是有关人的主观能动性问题。及物和作格结构是同一现象的两种不同的呈现方式，因此，两种模式在分析小句的概念意义上是互补的，并且彼此间存在着对应关系。所以，只有把两种方式糅合到一起，才能全面、科学地理解语言的概念功能。

　　3.资源与规则的并协与互补

　　韩礼德在《关于语言的一些观点》一文中，以其儿子奈吉尔幼儿时的语言发展过程为例，做了总体回顾，并从中引出语言学对于语言的两种看法，把语言看作资源或者法则（Halliday，1977）。前者是与功能语言学有着千丝万缕联系的普通语言学，后者则是语法规则化的生成语言学。韩礼德反对将"语言作为资源"和"语言作为法则"这两种观点对立起来。他提出，语言的资源性和规则性之间并非相互排斥，而是存在一种并协与互补的关系。

　　韩礼德指出语言的资源性与规则性是相互协同的。语言的规则系统为语言的实践打下了基础，提供了框架，而语言资源则决定了这些规则被选择与使用的概率。在语言交流中，规则的使用并不是一成不变的，而是依据语境与交际目标灵活做出选择，其意义是规则本身可以作为表达各种社会意义的资源。

　　语言的规则性与资源性互相补充。语言的规则性（如语法与句法结构）奠定了一个稳定的基础，让语言能符合规范地被使用，而语言的资源性可以在此基础上实现多样化与创造性表达。换句话说，规则为资源的使用提供了边界与框架，而资源则在这些框架内创造无限的表达可能。

　　韩礼德将语言视为一个复杂的系统，既包括规则，又包括功能性。语言既是一种符号系统（遵守规则的系统），又是一种社会资源（用于交流、构建意义的工具）。在这个系统中，语言的资源性与规则性协同发展、互相依存，为语言的多样性与适应性打下了基础。因此，韩礼德的观点超越了传统语言学中把语言形式和功能对立的二元论，提出通过领会语言的功能（资源）与结构（规则）之间的动态关系，更好地研究与解释语言现象。

韩礼德的这一观点在他的系统功能语言学理论中得到了全面的发展，使得语言研究不仅重视语言的结构本身，还强调其社会功能和使用情境。

（二）第二阶段：形成阶段（1970—2006年）

20世纪70年代是韩礼德理论研究成果的高产期，他一共发表过五部作品：《语文能力探讨》《成为人类社会象征的词语》《语文的体系与能力》《英文的衔接提问》《读书做到有所指》。不仅如此，他还撰写过许多论文，包括《语言学的语境》（1977）、《论儿语到母语的过渡》（1983）、《系统理论的语境》（1985）、《语言和自然的秩序》（1987）、《系统语法与文字科学概念》（1991）、《语言及符码理论》（1994）、《模糊语法学》（1995）、《语法和语法学》（1996）、《语言学作为隐喻》（1997）。韩礼德指出互补是现代语言体系的一种基本特征（Halliday，2008：33）。韩礼德又补充说明，互补思维是指人处理事情的一种方式与原则，它并非一种非此即彼的现象，而是一种亦此亦彼的思考范式（Halliday，2009：80）。这一阶段他主要提出了以下六个观点：

1.词汇和语法之间的并协与互补

词汇、语法具有解释现实的概念功能。韩礼德提出词汇与语法之间是互补的。他认为人类经验一般情况下都可以被诠释为两种方式：一种是在词汇上，常使用具体的或开放式的编码；另一种是在语法上，它是概括的或者是封闭的。因此，倘若某种现象表现出高度的复杂性，很可能它会被两种方式用来诠释。韩礼德以英文单词"疼痛"（pain）为例说明了此类现象。"疼痛"是人类经历中极其复杂且抽象的概念，如果想要用语言描述它，则需通过语法和词汇的复杂组合后赋予它新的意义。在使用语料库研究关于"疼痛"的词汇语法时，韩礼德发现语料库中的数据大都是从其他地方移过来的、已经被加工过的术语，用于比喻或隐喻，如悸动、灼烧、刺痛等。当然，疼痛所在的人体部位也被词汇化了。但是，疼痛与患者心理之间的关联通过及物性和语态上的系统资源，已经具有语法化的属性。语言表达"疼痛"有很多种类，基本由简单的对应组合而成，例如，"我受伤了，我伤了自己""我的腿疼，我伤了腿"等等。说话者同时运用词汇与语法知识表达对"疼痛"的感觉。不同之处在于，在解释过程中，涉及大量的语法内容，或者更确切地说，语法系统。"疼痛"的语法化方式同样也有很多种，其话语模式为"（感知）说话者+体验"。另一个复杂的语义场是学习与教学的关系。对于学习者来说，可能有相当大的痛苦感受，但决定他们有此和感受的教学因素是难以解释的。

　　词汇与语法相互联系，共同形成一个连续体，为人们提供理解大千世界的丰富多彩的表达方式。从词汇层面看，现象属于个体；从语法层面看，现象是整体（韩礼德，2006）。两者之间的互补性使其统一于对同一现象的识解，人们可以从两个相对应的角度来理解经验（即意义）。功能语言学使用系统语法构建意义基础，它是语义驱动的，或自然的。与形式语法不同，形式语法是自主的，因此语义上是任意的。从形式上看，这是一个复杂的现象，因为许多类别是隐形的。语法代表词汇表或词汇，它不是一个单独的部分，是统一的词汇语法（Halliday，1961；Hasan，1985，1987；Matthiessen，1991b）。词汇和语法不是两种不同的现象；它们以不同的方式看待同一现象。语言中这种措辞现象的某些方面是通过将其视为语法，其他则被看作词汇，例如，计算语言学中运用的部分语言模型是以词汇为基础的（Becker，1975；Sinclair，1992）。相比之下，系统理论采取了相反的立场，将通常在词汇上（例如在词典中）处理的所有（或大部分）内容都纳入语法概念。但这样做的原因之一是在系统的整体建模中最大限度地利用语法的自然性。

　　在这种情况下，计算语言学中语义网概念的起源很重要，当奎利安（Quillian，1968）提出这个概念时，他使用字典作为模型。也就是说，知识的组织体现在语义网络中，或者也被称为概念网络，是词典中的意义组织。但是，当从系统语法的视角来研究它时，出现的词汇组织模型就不是字典意义了（现代形式语法的词典）。功能语言学将语言（现象）与语言学（现象的研究）区分开来，用一个特殊的名字"语法学"来指代语法研究是很有帮助的（Halliday，1996）。功能语言学是使用"功能语法"术语解释现象的理论，而不是现象本身。

　　语义特征是通过词汇语法实现的。韩礼德在多种层面说明了概念功能中的此种关系。语义和词汇语法之间的实现关系属于预选关系：诸如顺序"图形"（figure）和"做"（doing）等语义特征是通过预先指定词汇语法信息在词汇语法中实现的（例如，figure=x/doing，这意味着该值是doing类型的实例图形x1）。例如图5中"做"（doing）是经过预选子句物质（material）特征实现的。在这里，词汇语法（lexico grammar）中语义的实现被建模为一个直接的实现。在这种方法中，实现是通过语义和词典之间的接口来完成的。

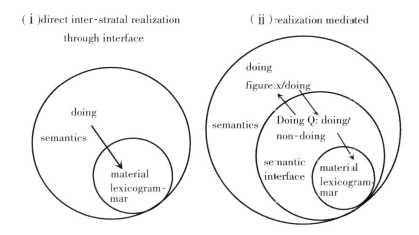

图5　直接和中介层间实现图（Halliday & Matthiessen，2008：380）

　　图5表示实例化与分层的界面图，提供了整个符号空间的示意图（该图改编自1995年韩礼德的版本），以图解方式对比了这些备选方案。直接的实现显然更简单（图5左图），因为它不涉及附加层间接口（图5右图），中介实现使协调和整合来自不同方式（概念、人际和文本）的信息更容易。

　　词汇语法系统网络按元功能和等级（小句—组/短语—词—语素）分布，并从语法精细地扩展到词汇（Halliday，1999：5）。概念库是通过概念资源来实现的，序列和图形分别在从句中通过从句、复合句和（简单）从句来实现，要素在组/短语级别实现。同样，人际意义是通过词汇表中的人际特征来实现的，而语篇意义是通过语篇意义来实现的。语法的贡献在于其统一了不同的元功能。

　　由词汇语法系统构建的词汇依次在两个表达层（音韵学）中的一个或另一个实现。图6表示资源的层次组织，分为范围、基调和模式（在语境中）和概念、人际和文本（在语言的内容层次中）。这些资源沿着实例化的路线从潜在的（文化语境中的语言）通过潜在的（情境类型中的寄存器）扩展到实例（情境语境中的文本）。图6显示分层资源可沿实例化路线扩展。

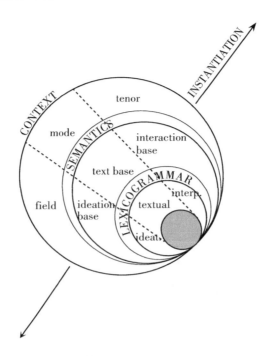

**图6    总体资源中思维基础的层次和元功能图（Halliday，1994）**

因此，功能语言学认为语法学是一种理论，而语法（除其他外）是一种经验理论（Halliday，1994）。但是为了证明语法是一种经验理论，韩礼德使用功能语法学，使人们能够根据语言所适应的功能来寻求语法形式的解释。

此外，韩礼德引入了聚合方向，包括精密度层次结构的概念。鉴于大多数词汇模式对应于特定的语法类别，词汇是精确的语法（嵌入在词汇项目中的语法元素，例如反映一般系统特征的功能性词汇，the，not 和 of 等）。然而，这并不意味着词汇在捕捉这种精确性时，达到了最终的精密度水平。事实上，精密度层次结构是无穷无尽的，因为每个实例都发生在独特的语境中（韩礼德，2006）。从这个意义上说，语法可以被描述为一个无限大的动态系统。

2. 系统和文本之间的并协与互补关系

系统和文本构成了语言的整体性。系统指的是语言的结构与组织方式，包括语音系统、词汇系统、语法规则等。系统是语言的基础，它提供了语言的框架与规范，使得语言能够被有效地理解与使用。而文本是语言在具体语境中的实际运用，是语言的具体表现形式。文本可以是一篇文章、一段对话、一首歌曲等具体的语言实例。文本通过运用语言系统中的规则和要素来表达特定的意义和信息。

系统和文本之间的互补关系体现在以下几个方面：

（1）系统为文本提供了结构与规范。系统规定了语言的语法结构、词汇选择、句法规则等，为文本提供了构建和组织的基础。文本需要按照系统的规定进行语言的组织和表达，以使其具有准确性和连贯性。

（2）文本展现了系统的应用和实际效果。文本是系统的具体应用，通过文本可以看到语言系统的实际运作和效果。文本中的语法、词汇、语义等要素的使用和组合展示了系统的实际表现。

（3）文本反过来影响和构建系统。文本的使用和演化会对语言系统产生影响。通过大量的语言使用和实践，一些语法规则和词汇可能会发生变化和演变，从而对语言系统产生影响，促使系统的更新和调整。

（4）系统和文本共同构成了语言的完整性。系统和文本是不可分割的整体，它们相互依存并共同构成了语言的完整性。系统提供了语言的结构和规范，而文本通过实际运用体现了系统的应用和表达。

实例化是指潜在（系统）和实例（文本）之间的关系（Matthiessen，Teruya & Lam，2010：121）。在斜线的一个极点上是实例，在另一个极点上是潜在系统，其和实例类型是沿着斜线的中间点展开的（见图7）。语言系统以文本的形式被实例化。

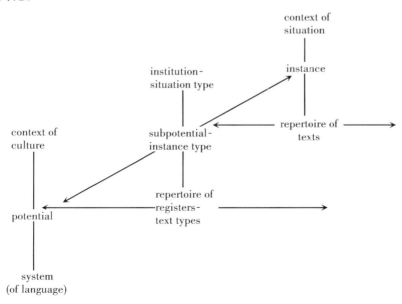

图7　实例化的过程图（Halliday & Matthiessen，2014：28）

　　在翻译中，源文本和目标文本位于实例极点。同时，翻译总是在实例化层次更高的意义潜能的语境下运行（Matthiessen，2009：41）。这种潜力通常是特定寄存器的潜力。因此，译者重新创造意义的行为是由语域意义潜能决定的（Matthiessen，2009：42）。

　　在渐变群的实例极点，语言在语境中作为文本展开。在渐变群的潜在极点，可根据观察到的实例，做出概括，作为在其文化语境中进化的系统，提炼语言（Matthiessen，Teruya & Wu，2008：147）。在这两个外部极点之间，有中间模式，通过从实例极点接近实例类型（在情境类型中操作的文本类型）来描述它们，或者通过从潜在极点接近它们来描述次分本。

　　实例化的界限定义了语言科学中观察、分析、描述和理论的领域（Matthiessen，Teruya & Wu，2008：123），因此它在方法论和理论上都具有重要意义。通过观察、采样和分析实例化渐变群（cline）（群体中相邻两个成员相似，但第一个和最后一个之间差异显著）中的极点实例，可以进一步向极点移动，并对次文本类型进行概括。

　　实例化用于诠释抽象的语言系统与具体的实例文本之间的关系。系统和实例的互补性存在于语言作为系统和语言作为文本之间，是同一现象的两个不同方面。系统具有很大的潜在性，是一个庞大的网络。实例是从整体的系统中筛选出来的结果。系统和文本之间是通过实例呈现的，在选择实例时，系统内保存的文本和实例文本之间不断地互动。系统内的长期模式是依据文本经验建立的，并作为即时实例的基础。这一系统概念源于系统和实例的相互作用。

　　关于语言系统概率特征的假设，韩礼德指出最一般的语法系统（即初级语法系统）表现出两种概率特征中的一种或另一种。韩礼德根据这一假设，对《蒙古秘史》的中文版本做了定量研究，并考虑系统是二进制的，结果显示这两个条件是大致相等的可能性（约0.5：0.5）或相差约一个数量级（约0.9：0）。

　　文本和系统选择的概率体现了信息和冗余之间的平衡关系。在一个倾向于零冗余的系统中，信息量最大，每个选择都贡献了最丰富的信息内容。而在信息和冗余相对均衡的系统中，约一半的信息具有冗余性，这被认为是符号系统的典型特征。这种分布展现了一种双峰模式，揭示了系统与文本在多层面上的适应性与稳定性。（1）从系统发展的角度来看，它应该是相当稳定的，能够适应较小的、更微妙的变化而不会对自身造成严重的破坏。（2）从个体遗传学的角度来看，从一个语料库中学习是相当容易的，就像一个孩子那样（相对于一个概率分布变化更大的系统，或者说等同于同一个东西，而完全没有量化的规则）。（3）从逻辑上来说，它会很容易在语域中显示出系统的变化：从全球规范的数量上的偏差往往会突出，以同样的方式个别文本会突出，如在文体学和诗学的研究中。这里假设的规范可能被证明是错误的。但是，如果一个文本通过背离某种规范而获得突出地位，那么就必须有某种规范可供其背离。

语言系统是潜在的，赋予文本价值。系统可能在很长一段时间内保持稳定，但它作为一个整体是亚稳定的，系统在整体—生态—社会环境中持续不断地演化。文本在一段时间里被保存在系统里，实例是在一个相当窄的时空范围内使用的文本，也被称为即时文本。随着文本语料库，尤其是口语文本（大多数发生变化的地方）积累了多年后，它们便成为系统中实例的定量模式了。

符号学系统的例示具有赋值，但物理系统（physical systems）则没有赋值。意义潜能的语境，即作为一个系统的语言，是一种文化语境（Halliday，1999）。具体例子的语境就是情景语境。在解读文本的过程中，听者/读者必须重建类似的系统——不断变化的系统是解读过程的资源，被称为瞬时系统（Matthiessen，2004）。例如，百科全书条目可以建立为一个系统分类法并逐步朝精细化方向发展。一个实例系统可能完全属于它实例化的系统；换言之，其中产生的含义可能都是以前产生的。然而，它也可能产生新的含义——对说话者和/或听者来说是新的。在这两种情况下，瞬时系统都是通过生成过程依次建立起来的；但随着它的发展，它又成为进一步实例化的资源。

层次在符号抽象上是有序的，但在实例化时间上却不是的，实例化的过程可以分层。实例化的总体趋势是一种分层描述，第一个系统特征是最高层的选定及其相关语句也被实例化。然后，该层的瞬时规范在下面的层实现。在这个整体基础层下降过程中，存在着交错更高层，在底层系统被实例化之前，不需要完全实例化系统。这意味着，在较高层的选择可以在较低层先前选择的同源环境中进行，两个阶层之间的关系是一种结合关系，具体化过程是对话的。

综上所述，文本和操作系统只是单一现象的两个方面，两者的不同之处就是其与意义的例示有关，将意义视为潜势的例示结果，而系统则是一种拥有无穷可能性的系统网络；文本一方面是在系统过程中做出决定的过程与结果，另一方面又与系统互为关系，是整个系统的例示。相反，系统则是文本的潜势。但若仅从系统或文本的任意一个方面来分析文本，得到的意义就会偏颇或不完整。

### 3.说话和书写之间的并协与互补

韩礼德关注语言中说话和书写两种不同的模式，并指出它们之间存在着并协互补的关系（Halliday，2008：iii）。说话和书写作为语言的表达方式，在不同的语境和交流环境中发挥着不同的作用。说话模式强调口头交流和即时互动，在语音和语调等非语言要素的支持下，能够传达更丰富的情感和信息。说话模式具有灵活性和实时性的特点，适用于日常交流、口头表达和互动对话等场景。它强调了交流的现场性和交互性，可以通过非语言的语音和语言表达方式传递更多的信息；而书写模式则注重文字的表达和书面交流，以书面形式记录和传播信息，它具有持久性和可追溯性的特点，可以通过文字的编写和阅读来进行思考和交流。书写模式在传播知识、记录历史、进行学术研究和进行公共交流等方面起着重要的作用。说话和书写这两种模式在语言的使用中相互补充。说话模式注重实时的交流和情感的表达，强调语音和非语言要素的作用，而书写模式则更加注重文字的准确性和长期的传播。二者的并协互补使得语言能够在不同的语境和交流方式中得到充分的应用，丰富了语言的表达和交流的方式。

韩礼德发现，说话和书写的互补性主要体现在意义组织的策略上，语法的错综复杂和词汇的高密度使说话和书写倾向于采用不同的方法，因此具有互补性（Halliday，2008：186）。说话与写作之间的互补体现在以下三个方面：一是从根源上来讲，说话与写作在意义与功用上是相辅相成的。虽然写作依附于说话，但也不可单纯地看作写作语言就是被书写的话语。二是在表达方式上，写作语言和说话之间的互补性很显著。话语通过声音和气流；而写作语言可以通过同时或相对在石头、金属或纸上标记永久的视觉符号。三是从词汇语法层面看，说话与书写的互补性属于表达意义的资源。

书写与说话的区别在于意义的不同呈现方式，它们之间的互补是非简单的可互换关系，不是以不同的方式完成同一件事，而是去做不同的事情。书写与说话在意义表述和控制复杂性上具有不同的方法，因此，它们不得不选择在不同的环境中使用其中一种，从而产生了互补性。这两种不同的形式在意义的体现方式上是统一的。2012年，韩礼德发表了《口语和书面语》，试图探讨人类语言的起源，追溯语言文字的发展，从语言发展的角度比较分析书面语和口语的特点，以及演讲、写作和学习系统。词汇密度是书面语和口语的一个重要区别。单词密度反映了文本中各个子句段落所涉及词汇的总量，有利于人们分析一种英语文本风格的正确程度，其运用频率也和文体类型有关。书面语的单词密度最高，而文体越是正式，单词密度也会相应增加，因此语言隐喻现象也就更常见。而口语则有一定韵律，因此语法结构也比较复杂。

名词化是说话体向书写体转变的主要手段。韩礼德（1985）认为书写体常使用名词，将经验和现象作为对象呈现，所以比较多地使用了名词化。名词化也能使语句更为精练。在口语中，说话者将经验和现象描述为动作，因此常用动词。谈话体和书写体之间的并协和互补主要表现在人际功能，特别是介入系统中的表现。韩礼德指出，说话与书写都具有功能语法的三大元功能。概念功能主要体现语篇的主旨与内涵；人际功能主要揭示说话人和听话人之间的关系；语篇功能可以体现为语篇的组成等。韩礼德强调语言在识解（construe）经验的过程中通常使用互补的方法（Halliday，2007：58）。在研究方法上，以语篇为中心展开研究，结合口语和书面语，以小句作为主要语法单位，强调语言系统的多层次性与自然思想。韩礼德的这些理论与观点，都能在王力的著作中找到相应的内容。

通过研究说话和书写模式的并协与互补关系，我们可以更好地理解语言的多样性和适应性。这不仅有助于我们更好地理解和运用语言，还为语言教育和跨文化交流提供了重要的指导和启示。

4.情态化与意态化之间的并协与互补

在语言学中，情态化（modalization）和意态化（appraisal）是用于描述语言中情感、态度和评价的两个关键概念（Halliday，1985）。它们在语言中相互作用、互为补充，为语言的情感表达和意义建构提供了丰富的方式。

情态化指的是语言中表达情感、态度、可能性和必然性等方面的语言手段和策略。它通过词汇、语法和语用等方式，使得说话人能够表达自己的情感色彩、态度倾向和观点主张。情态化可以体现在肯定、否定、推测、建议、愿望、命令等语言形式中，对话者可以通过情态化的表达方式来构建言语的效果和影响。

意态化则关注语言表达中的评价、评估和判断。它通过词汇、语法和语用等方式，使得说话人能够对事物进行价值评判、态度评估和认知分析。意态化可以体现在表扬、批评、赞美、贬低、评价、推断等语言形式中，用于表达个人的态度、观点和评价。

情态化和意态化在语言中相互作用、并协互补。情态化关注情感和态度，强调主观性和个体观点，使得语言具有情感色彩和主观性的体现；而意态化则关注评价和判断，强调客观性和认知分析，使得语言具有客观性和评价性的表达。二者相互补充，共同构成了丰富多样的语言表达方式，丰富了语言的语义和语用功能。

　　情态系统既是人类语言中的一个基本范畴，又是一种复杂的社会功能现象（严世清，赵霞，2009）。说话者经常选择不同的情态来表现自己的心态。韩礼德将情态系统基于在归一度（polarity）概念的基础上（Halliday，1994：88，2004：143）。所谓归一度，便是把肯定（命题）与否定（命题）的概念和阐述划分为语义范畴，将经验意义与人际意义联系。首先，肯定和否定是相互矛盾的两种范畴，肯定是对命题或提议表示肯定或肯定的判断或评论，而否定则刚好相反。因为肯定在形式上是没有标记的，而否定则是通过增加一个组件（通常为"不是"）来完成的。但是，肯定和否定这对概念在情态（包括意念）系统中是统一的。正由于二者之间有着密不可分的连贯性，情态这个独特的语言现象才能够产生（Halliday，1994：357）。

　　归一度具有两个极值，即肯定与否定的对立。情态则指处于这两个极值之间的渐变或等级过渡（Halliday，2014：173）。情态也可以理解为说话者对所讨论的事件进行的判断，或者让听者做出的评价（Halliday，2014：172）。从肯定到否定可以沿两条技术路径展开，其中之一是基于信息交换的命题句，断言与否认之间的判断被称为情态化（modalization），包括不同强度的概率和频率，体现了说话者对命题的可能性和发生频率的评估。韩礼德将情态分为高、中、低三个值。地位高的人更愿意通过高情态值的情态词（如必须、确定和完全）来做出决定和得出决定性的结果；地位低者更愿意采用中、低模态值的情态词，以留出话语空间，表达自己对听者的尊重，并让他人自由发表意见，做出选择。而另一种则为交易物是物品或者公共服务时的提议词，对规则和限制所做出的决定称为意态化（modulation），包含各种量值的义务（obligation）和愿望（inclination），表达形式则为限定性的情态动词和谓语延伸部分，分为责任（responsibility）和偏好（inclination），以反映说话者对问题渴望度的判别（Halliday，1994：88～89，2004：147，2014：176～178）。韩礼德认为情态化中的概率面对共时的一次性判定，选取值区域为：可能是/大概是/当然是；频次面对历时的反复性判定，选取值区域是：有时候是/通常是/常常是。意态化的意义面对求取性的命令句，选取值区域是：被许可做/被期待做/被需要做；愿望面对所给性的提供句，选取值区域是：愿意做/渴望做/决心做。情态系统位于归一度极值中间，但它不构成归一度系统，归一度也不处于情态系统中（Halliday，1970：333；2015：176）。

　　通过研究情态化和意态化的并协互补关系，我们可以更好地理解语言中情感、态度和评价的表达方式。这不仅有助于我们更准确地理解和解读他人的言语，还为语言教育、社会交往和跨文化交流提供了重要的指导和启示。

5.非此即彼与兼而有之的辩证关系

韩礼德（2008）在描述语言的系统网络时使用了非此即彼和兼而有之。他指出，互补与并协可以将非此即彼（either or）转化为兼而有之（both+and）的选择方式。以光的粒子性和波动性为例，光可以被看作是粒子，也可以被看作是波，但它不可以同时既是光粒子又是声波。这种思维方式不仅适用于物理领域，也适用于语言使用者所面临的选择。

在语言分析中，人们通常面临非此即彼的选择和兼而有之的选择。当有两个选项A和B时，选择非此即彼意味着必须从A和B中选择一个，而选择了A就不能再选择B，反之亦然。选择兼而有之则意味着同时选择A和B。在分析英语中的及物性过程时，涉及心理、物质、感情、动作、语言和存在等过程，这些过程之间存在着非此即彼的选择。然而，在关系过程中，例如在所有和环境的表达方式之间，存在着兼而有之的选择关系。此种关系过程不仅可以用来描述物质经验，也可以用于心理经验。由此可见，物质过程与心理过程之间不再是非此即彼的对立，而是相辅相成的关系。

通过这种兼而有之的思维方式，韩礼德为我们展示了一种超越二元对立的思维方式。这种思维方式不仅适用于物理学领域，也适用于语言学和其他学科领域。它提醒我们在思考和分析语言现象时要避免陷入二元对立的思维模式，而是要以更加综合、包容和整体的视角来看待事物。这种并协互补的思维方式对于语言学研究和实践具有重要的启示和意义。

例（13a）The boy is in the room. ［物质］

（13b）The box is full. ［物质］

（13c）He is happy. ［心理］

（13d）The girl is afraid of making mistakes. ［心理］

正因为非此即彼与兼而有之两种方法之间的互补与平衡，才真正再现了语言结构这一复杂的意义系统。

6.创造性与转换性的并协与互补

创造性与转换性是另一对具有并协与互补关系的对立概念。韩礼德在他的研究中强调了这种并协与互补的思维方式。创造性指的是能够产生新的想法、概念和表达方式，而转换性则指的是能够转化和改变已有的想法、概念和表达方式。

在语言使用中，创造性和转换性是相辅相成的。创造性使我们能够创造新的词汇、短语和句子结构，从而表达新的意义和观点。

在理论研究与实践中，我们需要充分发挥创造性与转换性的作用。通过创造性，我们能够突破传统的语言表达方式，表达出新的想法和理念。然而，创造性也需要转换性的支持。转换性指的是能够转化和改变已有的语言形式和意义，使其适应不同的语境和沟通需求。通过转换性，我们可以重新解释和改变已有的语言表达方式，使其更加适应不同的语言使用场景。

韩礼德分析及物性时使用了这对概念，也是类型迥异的物质小句。所谓物质小句，是指小句的施动者或目标是由于物质过程的发展而形成或产生；反之，在转换型物质小句中，施动者或对象都是预设的，而不是新建的（Halliday，2004：184-186）。然而，随着过程的展开，会发生一些变化，这些变化可能导致施动者或目标的详述、延展和增强。创造性与转换性的引入无疑使物质过程的动作类型系统变得更加系统化，从而使复杂的及物性系统更加容易理解（Halliday & Matthiessen，2004：x）。此外，还有及物和不及物之间的区别，加之这些变化的引入，致使物体活动过程在运动性质上更为具体化、精确（Halliday & Matthiessen，2004：184）。韩礼德把人们的生活经验划分为物质（外部）与心理（内部）类型。外部经验通常指发生在外界的动作或事（Halliday，1994）；而内在经验，即发生在人们身体里、意识和想象的世界中，会存在一些动作或事件，这些动作或事件可以被归类为物质过程或心理过程。

例（14a）The wolf jumped.［外部］

（14b）Rose liked the book.［内部］

然而，对于有些小句来说，很难确定它们的内容是属于内部经验还是外部经验。

例（15a）The first day saw the town.

（15b）Mike came upon a beautiful sight.

这两个句子都是语法隐喻表达。在例（15a）中，通过使用心理过程的语言形式来构建物质过程；而在例（15b）中，根据确定的物质过程来理解心理经验。因此，例（15a）和例（15b）分别诠释了心理经验和物质经历。然而，如果以一致性为判断标准，那么，正好反过来：假如以此为分析准则，例（15b）所体现的是心理经验；例（15a）所表示的都是物质经验。但韩礼德对此问题并不能提供统一的判定标准（Halliday，1994：346）。

创造性与转换性的并协与互补关系体现了语言的多样性与灵活性。创造性带来了新的表达方式与意义，为语言的演化和创新提供了动力。而转换性则使语言能够适应不同的情境与需求，显示了语言的嬗变性、灵活性和实用性。

深入理解与运用创造性和转换性的并协与互补关系，促进了语言学研究和实践的发展以及不同学科之间的交流和合作，并为语言教育、语言分析和社会交际等领域提供新的思考与启示。

（三）第三阶段：发展阶段（2006年至今）

2006年，韩礼德提出适用语言学（appliable linguistics），以一个全新的观点处理语言在实际使用中出现的问题。韩礼德一直致力于建立一个面向功能的语言学理论来指导语言的使用（黄国文，2018），他认为如果没有理论的指导，就不可能进行有效的语言实践。语言系统的整合和互补必须建立在理论和实践或理论与应用之间的辩证互动的基础上（赵霞，2014，2015）。韩礼德强调，理论与实际或理论与应用并不是相互矛盾的关系，既要利用语言学的基础理论来指导语言事实与各个领域的语言活动，又要把语言实验和应用的研究成果，用于推动系统应用语言学作为适用语言学的基础研究工作。

1.功能语言学与认知科学的互补性

功能语言学与认知科学是两个研究领域，它们在理论和方法上具有一定的互补性。功能语言学关注语言的功能和结构，强调语言在社会交际中的作用和表达方式，它研究语言的组织结构、语法规则以及语言与社会、文化等因素的关系。功能语言学通过分析语言的功能和语用特征，揭示语言的交际目的和意义，以及语言在不同语境中的运用。

认知科学则关注人类的认知过程和心理活动，研究人类思维、感知、记忆、学习等认知功能和认知结构。它探究人类如何理解和处理信息，如何进行思维和决策，以及人类认知与外界环境的相互作用。这两个领域的互补性体现在以下几个方面：

一是在理论层面上，功能语言学的研究成果可以为认知科学提供语言的理论基础与分析工具，有助于认知科学研究者更好地理解与解释语言在认知过程中的作用。同时，认知科学的研究成果也可以为功能语言学提供认知过程和心理活动的理论支持，丰富功能语言学的理论框架。

二是在方法论层面上，功能语言学与认知科学都借鉴了很多学科的研究方法与技术。例如，功能语言学使用语料库分析与实证研究方法来揭示语言的功能与使用规律，而认知科学则运用实验心理学和神经科学的方法来研究认知过程和人脑机制。两个领域的方法互相交叉，提供了更加全面与深入的研究视角。

三是在应用层面上，功能语言学和认知科学的研究成果在语言教育、人机交互、认知神经科学等领域具有广泛的应用价值。功能语言学的研究成果可以帮助设计更有效的语言教学和语言处理工具，而认知科学的研究成果则为人机交互和脑机接口等技术提供基础与指导。

认知科学属于跨学科领域，包括自然语言处理和人工智能（Halliday & Matthiessen，2008：2）。功能语言学主张信息是意义而不是知识，语言是社会符号学，而不是人类思维系统。这种观点导致我们对个体的重视程度低于认知主义方法的典型程度；与思考和认识不同，意义是一个社会的、主体间的过程。如果经验被解释为意义，那么它的解释就变成了一种协作行为，有时是冲突行为，而且总是协商行为。韩礼德认为，语言现象研究范式是并协的，并且是互补的（Halliday，2010：20）。分析话语现象，主要从形式和功能两种视角展开研究。在区别二类语言学理论时，韩礼德指出，从语言外部来研究意义是认知语言学的研究范式，它没有涉及语言规则研究；功能语言学则主要运用了三个角度自上而下、由下至上、由外到内；同时，也将知识视为话语的另一个形式。因此，功能语言学在许多方面都反映了传统认知语言学的思路与研究方式，诸如原型思想、定义框架、识解、突显、语法化等观念（Halliday & Matthiessen，1999）。其成因很可能是由语言的社会和心理学双重属性所决定的。韩礼德和麦蒂森认为他们的主题是普通语言学的核心，也是认知科学的核心。但与此同时，在理论和方法论上，这种观点与认知科学方法形成鲜明对比，认知科学方法将信息看作意义而不是知识，并将语言看作社会符号系统而不是人类思想的代表。因此，与传统的认知科学方法相比，这种观点较少关注个体。与思考和认识不同，至少在传统观念中是这样，意义是一个社会的、主体间的过程。如果经验被解释为意义，那么它的解释就变成了一种协作行为，有时是冲突行为，而且总是协商行为。

综上所述，功能语言学和认知科学在理论、方法和应用上具有互补性，通过它们之间的交叉研究和合作，可以更好地理解和解释人类语言和认知的复杂性。

2.理论与描写的并协与互补

韩礼德和麦蒂森指出理论和描述在不断相互转换中并协发展（Halliday & Matthiessen，1999）。他们对英语概念语义的一般特征进行了描述，其中涉及对汉语的语义描述。韩礼德认为，理论和描写是互补的、辩证统一的（Halliday，

1994：xxix）。理论的进展主要是为了服务于对现实的描述，然而理论本身也在实践中进行了实验、发展和创新。例如，关于语言作为意义潜能的基本观点、语言功能的起源以及语言意义的三个元功能理论，都是基于韩礼德对儿童发展的观察和描述的基础上提出的。韩礼德和马丁等人通过研究语言教学，丰富了话语体裁和评价理论（Martin，2000）。韩礼德强调，为了确保理论的适用性，理论必须持续发展和演变，并且要不断和实际应用进行对话（Halliday，2008：203）。充分了解理论与描写的并协与互补关系可以更好地解释语言中的复杂现象，丰富学科研究的内容和方法，还可以在实践中综合运用它们建立丰富的知识体系，为解决问题、做出决策提供更全面和准确的依据。

　　3.语言内部和外部的并协与互补

　　韩礼德认为，从内部和外部两个视角研究语言是相辅相成的（Halliday，1978a）。从外部的角度研究社会文化对语言的支配和影响，将语言视为一种行动而非认知的方式。相反，转换生成语言学从心理认知机制与运作的角度研究语言。简而言之，前者研究的是生物体之间的外部现象，而后者研究的是生物体内部的现象（Halliday，1978a：12）。语言内部和外部的并协与互补是指语言系统与语言使用之间的相互关系和互补性，它强调语言的内部结构和外部功能的相互依存和相互补充。语言内部指的是语言系统中的规则、结构和形式，包括词汇、语法、语音等内部要素，构成了语言的基本框架和组织结构。语言内部的规则和结构决定了语言的表达能力和意义生成的方式，即语言在实际使用中的功能和应用，它包括语言的交际功能、表达功能和社会功能等。语言外部与语言内部密切联系，通过语言的使用和交流来实现语言的功能和目的。语言内部和外部的并协与互补体现在以下几个方面：

　　（1）语言内部的规则和结构为语言的外部功能提供了基础。语言的规范性和组织结构使得语言能够进行有效的交际和表达。语法和词汇的规则约束了语言的语义和句法结构，使得语言的表达更加准确和可理解。

　　（2）语言的外部功能要求语言内部的规则和结构能够适应不同的交际和表达需求。语言的交际功能要求语言能够实现信息传递和交流，而语言的表达功能要求语言能够准确地表达思想和情感。这就需要语言内部的规则和结构能够灵活地适应不同的语境和目的。

　　（3）语言的外部功能和语言内部的规则和结构相互影响和构建。语言的使用和交流不仅是对语言规则的应用，同时也会影响和构建语言的演变。通过语言的实际使用，人们可以发现和创造新的语言表达方式和意义。

　　通过深入研究和理解语言内部和外部的并协与互补关系，可以更深入地理解语言的本质与功能，从而提升语言的表达与交际能力。在语言学和应用领域，可以综合考虑语言的内部结构和外部功能，构建更完整和有效的语言理论和实践模型。

# 第七章　中国哲学中的辩证思维 与功能语言学中的系统论

阴阳系统论是中国古代哲学思想体系的根基，其主要观点是：系统是由阴阳所构成的二元关系的统一体，系统的运动状况则由阴阳的作用所确定（《周易》）。若阴恒定不变，阳则更强，整个系统的运动状态的变化就越强，反之亦然。

功能语言学系统论始于1950年。当时，韩礼德离开中国返回英国学习，他着手将王力教授传授给他的语言系统知识用在现代汉语动词和时态分析中，他应用了含有确定概率特征的现代汉语语法范畴体系（Halliday，2006），这构建了他设计系统的初步阶段。20世纪60年代，韩礼德将研究重点转入研究英语，并逐渐总结出一套语言系统网络（Halliday，2002a：127-151）。在由韩礼德所开创的功能语言学中，系统是一个最主要的理论概念和研究的起点，它同时也反映了功能语言学派的哲学观点、语言理论和研究方法。功能语言学提倡用归纳法，基于文本观察和统计数据来验证其假设。韩礼德从弗斯那里传承了两个基本原则，一是语境原则，他首先发展了语言环境理论，从社会学的视角分析语言并创立了社会符号学。二是系统的范畴，韩礼德认为，当系统的每个步骤都得以实现时，结构随之应运而生。

本章首先对阴阳系统论与功能语言学的系统理论的同质性进行归纳，其次对阴阳系统论进行梳理和辨析，从中提炼出阴阳辩证思维对其路径和模式的影响。

## 第一节　辩证思维和西方系统音韵学

汉语音韵学，如阴阳对转对韩礼德系统音韵观产生了重要的影响。韩礼德关于系统思想的成形，始于语音系统，终于具体实例。当面对叶氏关于信息系统与过程的关系，弗斯关于管理系统和结构的关系，离散的系统主要成分或单位以特定社会秩序进行组织发展起来，但还缺乏完善相应的运作以及语境的时候（Halliday，2003：187，2005a：xxvi；Robins，1997：31），韩礼德思考如何将系统成分梳理成不同的组系统及其成分，并将它们定位在一个清晰的原点——选择它们发生的环境，无论它们在哪里，以什么方式表达（Halliday，2005a）。这一思考与阴阳对转观点关系密切，具体讨论如下：

在音韵学中，特征如发声与不发声、鼻音与非鼻音、送气与不送气等往往成对出现。阴阳对转观认为这些特征不仅是对立的两极，而且是互补的力量，共同构成了音韵对比的完整谱系。例如，在汉语中，清音和浊音形成了显著的对立和互补（邓丹，2020）。正如阴阳在不断地流动和平衡中，音韵系统也可以被看作是一个动态的实体，其中一个特征或音段的变化可能会导致其他特征的调整，从而保持系统的整体平衡（Hayes，2011）。例如，在某些语言中，当一个音素发生变音时，可能会引起相邻音素的调整，以维持整体的音韵和谐。

阴阳强调整体思维，即理解个体要素时应考虑整体的语境。这种方法可以鼓励音韵学家考虑单个音素和特征在整个系统中的相互作用，而不是孤立地分析它们。例如，在音韵系统中，元音和辅音的分布和频率往往是互相关联的。阴阳的相互依存可以类比音韵过程中音素之间的相互作用，如同化、异化和和谐。将这些互动视为相互影响的过程，可以更深入地理解音变是如何以及为什么发生的，例如，在某些语言中，元音和谐现象就是一种典型的音素之间相互作用的表现。

阴阳可以为理解音韵系统的历史演变提供框架，随时间推移的变化可以被视为互补力量平衡的转移，有助于解释某些音韵特征的出现和消失。例如，某些音变过程，如元音大推移，可以看作是音韵系统内部平衡的重组。阴阳概念中的灵活性可以揭示音韵变异和音韵系统的适应性。不同的方言或语言可能以不同方式平衡特征，但都维持功能性音韵系统。例如，不同汉语方言中的声调系统显示了高度的变异性，但都能够有效地区分词汇意义。

阴阳对转是中国古音韵学的一个概念，指阳音失去鼻尾韵而成为阴音，阴音加鼻尾韵而成为阳音，是中国古代平声与鼻音与非鼻音字互相押韵、谐音、假冒的现象。汉字的读音由声母和韵母两部分组成。韵母最多包含四个要素：韵头（在声母之后可能出现的中间音）、韵腹（必须出现的主元音）、韵尾（在主元音之后可能出现的辅音）和声调。阴声韵与阳声韵之间相互转变，如"礙""凝""巍"的谐音部首，都是"疑"。根据同声必同部的原则，它们的初始读音是应该相同或相近的。但是在《诗经》中韵律却发生变化。

王力将韵尾韵母相同、发音部位相同的韵尾互相转化，也叫对声。罗常培先生在这方面也有很深的造诣。他在1935年给王力的专著《中国音韵学》所写的序言里汇总了王力十年来教育教学音韵学的经验，从而将他和王力的观点真正融合。为了制作一种既古老又现代的韵律学，他收集的材料不仅有数千年的历史，而且跨越数千英里。尤其是，他提醒人们不要忽视方言，因为方言经常能够反映古代声音的遗存，如闽粤语保留了选择闭口韵—尾和入声的—ｋ、—ｔ、—ｐ尾，吴语文化中保留了全浊声母，徽州语中有"阴阳对转"的实例，这都需要我们阐释遗存的一些古音上的现象。

值得一提的是，面对欧洲语言，尤其是拉丁语、古希腊语等这些结构复杂的语言，相关语素，如传统语法的形态变更表等是从具体的语言文化现象中总结归纳出来的，它们与汉语音韵学有着本质的区别。后者是通过具有信息系统发展特征的声类和韵目等方面入手的新方法。

在西方功能语言学的系统论中，语言被视为一个社会符号系统，实现其交际功能，涵盖语义表达系统、词汇语法系统和语音系统。韩礼德提出各种系统都有一个潜在的意义系统与选择范围，分别在下一个层级里被体现：语音层体现语法层，语法层体现语义层，语义层是语言系统以外更高层级的符号系统的体现。这些符号系统就是行为潜势的社会符号系统。

一、音位的预先选择

系统音韵学并不仅仅是功能语言学的一部分，也是韵律音韵学的又一个发展，它具有两者的特点（赵永刚，2015）。系统音韵学在语音层次上密切了语言现象中的横向组合和纵向聚合之间的联系，更精准地阐述了语音材料在语音内部的地位，和其他语音成分在系统网络中的关联。其中，语言的横向关系由等级系统划分，语言的纵向关系则由精确系统划分。

韩礼德指出，英语的音位系统可以视为一个音位层面的网络。这个系统中的选项完全由语法决定，即音位选项是通过语法预先选择的（Halliday，1972）。这一模式极为复杂，主要因为语法选项与语音选项之间不是一一对应的关系；许多不同的语法系统需要通过音位系统中的选择方式来实现。同样，语义和语法网络之间也存在类似的关系。语法选项是语义选项的实现，但它们之间也不存在一一对应的关系，兰姆（Lamb，1966）将其称为多对多的联系。选择语义网络中的某些选项时，可能需要依赖于较小的语法网络中的某些选择。通常情况下，为了做出语义选择，必须先确定多个语法特征。韩礼德强调，在解释语法时，尤其是在从语法到音位的移动过程中，不应仅仅让语法网络预选音位网络，并延迟结构的形成直至音位层面，必须在语法层面建立结构，因为大多数语法选项无法仅通过音位选项直接确定其输出。对于音调实现的选项，由于它们直接由音位学中的选择实现，需要运用功能组合来解释语法结构。同样，在解释音素到语音的过程中，需建立音素结构，如音节和步骤，这些也是功能的组合。语义结构也适用同样的原则（Halliday，1972）。兰姆（1964）指出，语义结构是网络状的，语法（句法）结构是树状的，词素结构是串（线性的），而音位结构则是捆（同时的）。语法和音位结构被比作树状结构，由一系列层次组成，但语义结构不需要与其他层面的结构保持相同的形状。结构在每一层面的意义在于功能组合，这些组合在意义潜势中实现意义的选择。

韩礼德在《语言和自然的秩序》中提到，每种语言都在不断演变，并随着自然环境的变化而调整。这种变动是语言系统产生的条件之一（Halliday，1986：762）。中国、希腊、印度等国的语言学家们很早就已经觉察到语言在语音与形态等方面具有动态变化的复杂特性。这种效果是可以量化的：有了变体，从内在的和外在的各种来源，这一变体可以被稳定下来，系统也因此从某个点上拥有了内在的可变性，或者，一个可变的规则变得绝对，因此，音变发生了。语言的可变性是系统的一个特征，因此，语言的微观粒子的行为可以通过数量加以确定。比如特定的元音成了一个前置的或者后置的变体，从而能够导致系统的改变，这些表达上的变体实现了某种更高层面的常量（例如音位/ɑ/），它从而构成了那个特定小系统的入列条件。

**二、语调体系与语法体系**

系统音系学是基于韩礼德的语言系统思想，发展而成的一种新的音系学流派。韩礼德和格里夫斯指出，音系层级是语言系统的一个关键组成部分，对于话语意义的形成具有重要影响。音系层次的选择受其他层次的约束，并对其产生影响（Halliday & Greaves，2008）。他们把语调体系与语法体系整合在一起，强调这种选择是这个综合系统不可分割的一部分，并探讨了各层级选择方法之间的关系，这与系统论观点一致。他们的语法体系将语言分析划分为四个不同的层级：语义、词汇—语法、音系和语音。这四个层级代表了语言抽象和理解的不同层次，每个上级层级都由下一级层级来完成。

　　韩礼德把语言系统划分为三个层级，由外往内为语篇—语义层级（discourse semantics）、词汇—语法层级（lexicogrammar）、音系—字音层级（phonology/graphonology），如图8所示。这三个层级分别表示了语言抽象与解释的不同层面，每个上一级层级都由其下一层级来完成。虽然各个层级之间相互联系，但每个层级中单元的语言分类却不一定与其他层级同时进行。韵律是指语言结构的超音段方式，它可以通过语调和标点符号共同构成。韩礼德区分了口头语韵律语言与副语言之间的特征差异（Halliday，1985b：30），并认为韵律特性是语言系统的重要组成部分，尽管它们与语法的其他部分不同，但仍然通过口语的延伸部分（如语调的曲线）来表达意义。韵律主要负责系统对比语义特征，如用语调的升降来表达不同的语义。韩礼德还举了许多副语言特性的例子，其中包含语速、音量、音质、面部表情、身势语等（Halliday，1985b：30）。但是，这些副语言特征在一些特定语境下并没有系统的特征，因为它们具有动态不稳定性，不能完全在系统里做出解释。

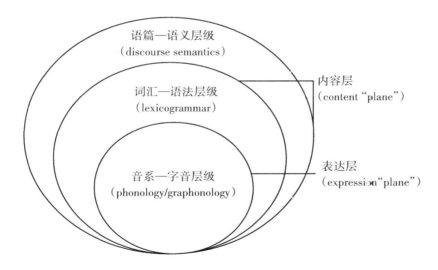

图8　语言层级理论结构图（韩礼德，1985b）

　　韩礼德将韵律口语的特征与副语言元素的特征区分开来（Halliday，1985b：30）。韵律主要负责语义特征的系统对比，例如通过上升或下降的语调模式表达不同的含义。韩礼德和格里夫斯提出音系层是语言系统的一个必要组成部分，对构成话语意义起到了关键作用，然而，音系层的内容选择受到其他层的影响

（Halliday & Greaves，2008）。语调系统与语法系统分别可以被看作是整体的一部分。语调通常和语法结构（如从句或短语）保持一致，以表达语义。例如，从句末尾的升调可以表示疑问，而降调可以表示陈述或命令。语法提供句法边界，例如从句，而语调则增加了一层反映说话者意图的含义。语调短语是韵律单位，可以与名词短语、动词短语或完整句子等语法结构相一致。例如，在英语中，逗号通常表示与语调边界相对应的短暂停顿。这种相互作用会影响句法结构的解释，例如区分限制性与非限制性定语从句。语调对于凸显信息结构尤其重要，例如句子中的焦点与主题。

语法为句子结构，包括主语、动词和宾语等提供框架，而语调则标记了句子的哪一部分是"新的"或"给定的"信息，例如，句子中的重读词可能表示对比焦点，从而影响语法结构的解释。语法语气，例如，陈述、疑问、命令等，可能性、必要性等通常通过语法结构和语调模式来传达，如祈使句"开门"，可用降调来表示命令，或用升调来表示礼貌的请求。在这里，结构是由语法决定的，而语调则改变其力度。

语调有助于解决句子中的语法歧义，例如，"她看见那个拿着书的人"这样的句子依据不同的语调模式，其含义也大不相同，这可以消除书是属于观察者还是被观察者的歧义。因此，语调与语法一起作用，阐明句法关系。

综上，通过整合语调与语法系统，语言在多个层面上运作，创造出丰富、多层次的意义。语法提供结构框架，而语调则通过表达细微差别、情感和意图为其注入活力。理解这种相互作用对于全面的语言分析、语言教学和理解人工智能中的自然语言处理非常重要。

## 第二节　阴阳层级思维与西方功能语言学理论

在阴阳观念中，存在共时性与历时性。阴阳的空间上下关系称为"位"，而双方并非平等，存在势力差异，称为"势"。由于阴阳的位与势之间具有对比与差异，形成了两种区分：一种是共时性的恒相对系统，另一种是历时性的恒相移系统。因此，尽管宇宙中存在这两种系统，但在人伦范畴内通常只体现共时性阴阳系统的发展。此阴阳观对韩礼德的语言系统观产生了重要的影响。

1961年，韩礼德发表的《语法理论范畴》标志着功能语言学的诞生（陆俭明，2019）。韩礼德的功能语言学主要发展思想是基于语义功能需求，在语言实例的集合基础上形成一个系统，然后通过语言知识结构来表达人们想要表达的思想，即聚合先于组合，意义先于形式。语言是意义产生的系统性资源，即意义潜势（Halliday，1971）。韩礼德指出语言是一个符号系统（semiotic system），它是由多种符号子系统所组成的大系统（Halliday，1978a）。它与其他理论最大的区别在于，系统理论的基本表征形态是聚合关系而不是组合关系，指导概念是系统而不是结构。这一观点与中国古代阴阳层级结构思想的同质性如下：

## 一、阴阳系统的层级性

阴阳系统的层级性反映了阴阳观在诠释自然界与社会现象时的结构化辩证思维。这种层级性思维不但体现了阴阳对立与统一的关系，而且也反映了各个层次间互为依存和互为作用的关系。阴阳系统层级性主要表现在以下几个方面：

（一）基础层级

阴和阳这一对对立概念处于阴阳系统的最基础层级。"易有太极，是生两仪，两仪生四象，四象生八卦。"（《易传·系辞上传》第十一章）此处指出宇宙是一个整体，它的系统有其独特的结构，并且整个系统是分层的，其意义是，世界最初处于一个基础层，即太极层，太极层又进一步分化产生了第二个两极层，即阴阳或天地层，这一层次用阴爻和阳爻的结构来表示。这对矛盾体相互作用后又产生了第三层即四象层。这体现了《周易》的系统层次思维观。在中国哲学中的辩证思维中阴与阳各自代表了宇宙中的两种互为对立且互为依存的要素。从整体联系的视角看此问题，一个大的系统通常由多个较小的次层级系统组成，而次系统又由多个更小的次层级系统构成，这涉及系统的层级结构组合问题。系统的层级安排是否适当直接关系到整体功能的发挥。因此，合理化地分层以及管理层级关系就成为提升层级系统结构、充分发掘功能的重要途径之一。

（二）中等层级

在阴阳系统里，五行为中等层级，其下设阴和阳两个具体表现层。任何一个五行都存在着阴和阳两个对立层面，如木分阴木和阳木，土分阴土和阳土。在五行系统的视角下，人们可以运用阴阳观解释大自然的各种现象以及丰富多彩的社会现象。

（三）高等层级

在高等层级上，阴和阳之间存在着相互作用并始终保持着互为转化的关系，它们之间不仅仅是单纯的互为对立关系，还存在着阳极生阴、阴极生阳的转换关系，此种转化关系循环往复、生生不息，体现了阴和阳之间的动态平衡关系。这种关系在中医、军事、量子力学等许多领域中都有具体的应用。

（四）实践层级

阴阳观的实践层级包括具体应用中的阴和阳的属性及其相互关系。例如，在人体中，阴和阳可分为经络的阴阳、脏腑的阴阳、气血的阴阳等；在自然界中，阴阳互动表现为昼夜交替、四季轮回、气候变化等现象。

（五）社会层级

阴阳观还常常被用于诠释社会结构与人际关系中的各种各样的现象，如父子关系、古代君臣关系以及夫妻关系等。任何一种关系都可以用阴阳观来解释其内部的对立与统一的平衡关系。阴阳系统的层级性反映了其深邃的哲学观及其广泛的实践应用价值。通过这种层级性，可以更好地了解自然界与社会中的多种互动现象，并在实践中应用这些理论来解决具体的实际问题。

**二、功能语言学的层级思维**

功能语言学分层是将语境中的语言组织成一系列有序的层级或级阶的维度（Matthiessen，2007：506）。韩礼德认为语言是一个复杂的符号系统，是由多个层级组成的。在语言的组织中，层级包括第一层语音学（phonetics），表达声音；第二层词汇语法层（lecxicogrammar），表达内容；第三层语义层（semantics），表达意义。此外，在语言之上，还有一个语境层，表达语言环境。每个层次通过实现方式相互关联。他使用圆圈来表示层级，即它们都基于相同的基本组织原则。从整体系统结构看，每个级别都有一个相互联系的选项网络，涵盖修辞、声音、含义等。语义系统或意义系统，都借助于词汇语法或语法系统（语法结构和词汇项）来实现；词汇语法通过复杂的语音系统来实现（Halliday & Matthiessen，1999：5）。例如，语法层复杂的子句构建了语义层的一系列含有参与者以及伴随环境的过程配置；但反过来，这在第一层语音层中却是由其自身实现的。因此，一个具体的从句复合体须通过一个具体的音调序列（音高轮廓）来实现。在词汇—语法层与语音学层之间是符号的任意性关系，它与原型两个层次之间的关系是传统关系，而语义和词汇—语法之间的关系是原型自然关系。这就意味着经验在内容层上被解释了两次，一次是在语义层，另一次是在词汇层。概念意义基础是一个位于语义系统中的结构，也就是说，在最高层次上并在词汇表中得以实现。

图9展示了语言系统里通过分层实现相互联系。例如，语义学是由词汇语法实现的，而词汇语法又是由语音实现的，实现关系是双向的。通过词汇语法结构

（词）实现语义结构（意义），词既表达意义，又构建意义（Halliday，1992）。巴特（Butt，2008）提出实现关系在符号系统的组织中占据着最重要的位置。

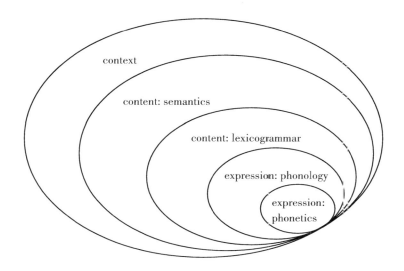

**图9　系统分层（Halliday & Matthiessen，2014：26）**

　　在每个层级中，组织原则是等级与轴心。等级量表呈现了系统是如何从最大到最小的组成分布的（Matthiessen，Teruya & Lam，2010：206）。如图9所示，各个层级内都存在一定的层序。因此，在英语词汇语法中，等级量就是子句—组/短语—词—语素，而在语音系学中，等级量则是音组—脚—音节—音素。每一级语言单位的主要功能都是通过下一级语言单位来实现的，也就是小句中的功能是由每组或者短语来实现的，每组的功能也是由每个词的功能来实现的。

　　图10是语境与语言的层级及其层级的内部结构组合图，呈现了跨层级相关的内容。韩礼德（1996）提出，分层级的符号能创造意义，这也是其别具一格的属性。原型符号，即婴儿的原语言，是利用条件反射过程来传达意义的。如，"我在这儿""我疼""让我们一起玩吧，那真好"。这些意义在表述过程中既不可以互为修饰，也不可以随意改变。与此相反，分层次的符号却可以组合。它不仅仅可以反映先前存在的事物状态或仅仅对其做出反应，还可以完全抽象的语法层为核心，构建那些极其复杂的、开放型的语义潜势系统，在这些系统中，意义是靠互相参照来决定的。因此，它们可以相互修饰，也可以在与不断发展的（符号性的和物质性的）环境变化的相互作用中而改变。

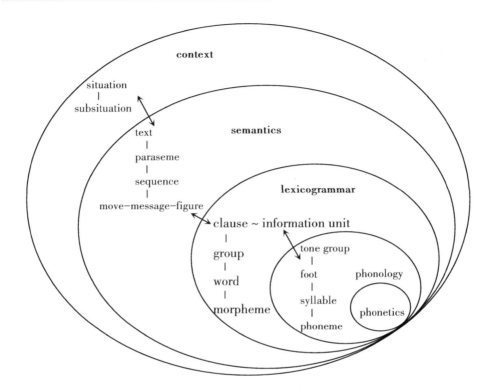

图10　语境和语言的层级及其内部构成的层级图

(Matthiessen，Teruya & Lam，2010：207)

**三、系统的秩序性**

　　《易经·系辞上》"一阴一阳之谓道"，此处的"道"含有法则的意思。这句话的内涵就是在宇宙世界中，万物之间都是由一阴一阳组成的，它们相互关联，形成一个既相互对立，又呈现出等级秩序的系统，因此生命源源不绝。据《易经》记载，处于任何阴阳系统中的相互对立的两者并不是地位平等、毫无秩序的。此外，正如《系辞上传》所言："成象谓之乾，效法谓之坤。"在阴阳系统的互动过程中，互为对立的双方在势力与位势方面都有一定的差异，通常是乾是主宰，坤是从属，阳是主，阴是从，阳者为强，阴者为弱。通过确定位势的不同，来规定阴阳间的主从层次秩序。

　　系统的秩序性常常指系统内部的行为和组织结构呈现出的规律性与有序性，关系到系统内部每个要素之间的关系、互动作用及其演化与发展的趋势。系统的秩序性一般会体现在以下几个方面：

（一）系统的有序性

系统的组织结构与要素之间的关系表现为一定的有序性。这包含系统的层次结构、连接方式、分工合作等。韩礼德（1991）从系统语法与自然科学的关系出发，探讨了语言系统的运行规律。韩礼德指出，语言和其他系统在许多方面都有着共同的特征，如物理的、生物的，或社会系统等。语言是一种符号系统，即意义系统（Halliday，1978a）。他还提出，在语言分析中引入"范畴"这一概念，能够更好地解释语言现象，他将范畴划分为理论与描写两大类。理论范畴包括元功能、系统、层次、等级和实现等等，描写范畴都包括小句、命题、主语、物质过程和主位等等。这两大范畴相互关联。所有的描写范畴都可以从上层、中层、下层三个层面来确认（Halliday，2006：213）。系统语法的一个关键特征是其纵向组合性，系统是选择特征的纵向组合。举例来说，英语中的主位选择通过"主位+述位"的配置来实现，其中无标记主位通过主位与语气系统成分的叠加实现。韩礼德提出，系统实现可能是语言学中棘手的一个范畴。但符号学系统中的因果关系与原因不同，实现不是现实中的因果关系，而是一种双向互动关系（Halliday，1991）。语言的核心在于词汇语法，尤其在于用它构建意义的方式，意义被诠释为一个元功能的复合体，它包括概念功能、人际功能与语篇功能（Matthiessen，1988）。因为符号系统被建立在实现的关系上，它们具有潜在性与多层性，例如词汇—语法可以实现话语意义，语义又可以实现文化语境与情景语境。这使语言更有机会建立人类认知基础，并建立人类社会关系——其方式之复杂，我们往往未多加思考（Hasan，1990）。这样就能将一个层面的范畴与另一个层面的范畴联系起来。因此，词汇—语法向上可以与话语—语义相互关联，同时也可以向下与音位学的范畴相联系。

韩礼德认为，词汇—语法系统是开放的，它对系统理论与实践产生了三个重要影响：首先，不应将语法视为旧词构成的新句，即固定词汇加上完全相异的组合。其次，语言的词汇—语法系统具有内在的概然性，词汇的相对出现概率是语言系统的一大特征。在语法中，尤其在某些体系中，有一个基本原则：选择并非等概率。最后，语法并非一成不变，一个项目往往有两个或更多的语法解释，每种解释都将其与其他项目的集合联系起来。这种影响可以体现在对英语及物性系统的及物性和作格的解释上，小到对某个具体情况，如某个语篇的某个项目有着不同的解释（Halliday，1985）。韩礼德提出，拥有强大的语法学理论后，可以尝试对诸如推断、会话结构、言语行为和意图等语用现象进行语言学解释。功能语法包括系统语法和功能语法，它们是实现语言系统运转的关键。

（二）功能的秩序性

系统内部的功能与行为表现出一定的规律性与有序性。系统的每个组成部分互为协调、互相影响，以实现系统整体的功能。例如，社会系统中的协作分工与合作机制使得每个社会成员都能有序地完成自己的角色和任务。通过分析英语中的主语，韩礼德详细阐述了各层次的作用。首先，主语在人际结构中具有特殊地位，支撑命题的存在，使其开放于争论。其次，在经验和语篇结构中，主语叠加在某些元素上，如物质过程中的行动者或心理过程中的感知者。最后，在反义疑问句中，主语通过名词词组和代词再现。韩礼德由此得出结论，所有语法都关注功能和形式，但功能语法与形式语法在倾向上有所不同。形式语法偏重形式，而功能语法则更侧重于功能。

（三）时间的秩序性

系统的进化与发展表现出一定的顺序与趋势。在系统的演化过程中，每个阶段的发展和变化呈现出一定的先后顺序与时间顺序性。例如，自然生态系统中的生物进化过程与环境变化都反映出一定的时间秩序性。系统的秩序性体现了系统的内在规律与稳定性，对于理解系统的结构与行为具有重要意义。通过研究与分析系统的秩序性，可以揭示系统的运行机制和规律，预测并管理系统的行为，促进系统的优化与改进。此外，系统的秩序性和系统的可预测性与可控性也有一定的关联，对于系统的设计与控制具有启发性。

**四、系统的稳定性**

系统的稳定性是指系统内部或外部发生变化时，系统仍保持其结构、功能或状态的能力。稳定性是系统的一个重要属性，它决定了系统的持久性和适应性。系统的稳定性可以从多个角度进行考量：

（一）结构稳定性

系统的结构稳定性指的是系统的组成部分之间的相互关系和连接方式是否稳定。当系统的组成部分发生变化时，结构稳定性决定了系统是否能够继续正常运行。例如，在生态系统中，物种之间的相互依存关系和食物链的稳定性决定了整个生态系统的稳定性。

（二）功能稳定性

系统的功能稳定性指的是系统能够持续地完成其既定的功能和任务。当系统面临外部冲击或内部扰动时，功能稳定性决定了系统是否能够保持其功能的正常运行。例如，在社会经济系统中，稳定的货币政策和经济制度可以维持经济系统的稳定运行。

（三）动态稳定性

系统的动态稳定性指的是系统在面对变化时的恢复和调整能力。系统具有动态稳定性意味着它能够在变化中保持平衡和适应。例如，生物系统中的自我调节机制和适应能力可以使得生物体在环境变化时保持相对稳定的内部状态。

系统的稳定性是系统理论和研究中的重要概念，在不同领域的系统分析和设计中都有广泛应用。通过理解和评估系统的稳定性，可以更好地管理和控制系统的运行，提高系统的可靠性和可持续性。同时，稳定性也是系统的一个关键性能指标，用于评估系统的质量和性能。

阴阳系统论认为，系统要保持循环运行，就必须持续和演进。只有阴阳得到控制，系统才能保持稳定或长时间存在。否则，阴阳就会失衡，甚至导致系统崩溃。阳长阴消到一定程度，阳气将被抑制。反之亦然，类似于周期运动。但是，如何用科学的方法来阐释其中的奥秘成为难题。直到1865年德国物理学家克劳修斯（Clausius）提出了熵的概念，才运用科学原理对此做出了解释。熵在希腊语源中意为"内在"，即一个系统内在性质的改变，其本质是一个系统混乱程度的度量。此后，这一观念被应用到控制论、天体物理、概率论、数论、生命科学等领域。阴阳组成了《易经》中六十四卦的活力元素，通过不同的阴阳排列，形成了八卦，而八卦的重复排列则产生了六十四卦。卦象通过阴阳的互动，让系统处于开放状态，持续与自然界和社会进行能量和信息的交流，把外部的能量、物质和信息纳入系统中。对内部构成和运行造成阻塞和窒息的因素被称为熵，而促进系统形成和运行的因素被称为负熵。系统内部的熵在与外界交流时减少，而通过这种交流产生的负熵则进入系统，为其注入新鲜能量（负熵流），总体熵减小。这时，系统实现自我更新，朝向有序状态发展并保持稳定状态。

20世纪50年代后期，韩礼德开始从事汉语语法研究，对中国语言系统概率学进行了深入研究，他发现中国语法系统一般由以下两类组成：一类语法系统是没有明确标记选项的，选项之间的概率基本相等。另一类语法系统则带有一个标记性选项，以偏斜性或然率为主要特征。20世纪60年代初，韩礼德对英语语法系统的或然性进行了研究，使用了来自四种不同语域的两千个例子。20世纪90年代，他再次利用大规模电子语料库对英语语法系统的概率进行了深入研究，这两次研究的结果非常相似。基于这些研究结果，韩礼德指出，语言系统的或然性呈现双模态分布模式。他还指出这种或然性模式与标记性概念的阐释相对应：在或然性系统中，没有标记性选项，而在偏斜性或然性系统中存在一个标记性选项。例如，英语中的单复数、非限定态、过程类型等属于等或然性系统，而归一度、语气、语态等则属于偏斜性或然性系统。各种因素都会影响或然性，它可以从1降至0，或从0升至1，从数量的变化演变为质量的改变。系统常常通过不断变化的过程和发展来维持自身。韩礼德认为，系统之所以存在，是因为它是开放的。他在分析语言系统的元稳定性时发现，通过使用累积的语言成分进入系统，形成一种基于常变的体系，这个体系通过不断变化的过程来维持自身。韩礼德认为，系统的稳定性体现在其变化上，每种语言都是一种元稳定（metastable）体系，其总体稳固性源于不断的发展和变化（Halliday，1985）。

韩礼德在《语言和自然的秩序》论文中认为，语言作为动态开放系统有着元稳定性的特征，这个元稳定性又是经过不断变化才得以维持，而这种改变又是通过语言与环境之间的互动来实现的（Halliday，1987）。在这种互动过程中，系统输出了无序，进而增加了其环境的熵。通过这一过程，系统得以更新自身，获取信息，创造秩序，并以此方式继续发挥作用。

阴阳是中国哲学中的核心概念，反映了宇宙中的对立统一、动态平衡、相互转化的关系。阴阳系统观念与西方功能语言学中的系统稳定性是两个不同领域的概念，但它们在某些方面具有相似性。

西方功能语言学属于一种分析语言结构与功能的理论框架，其语言系统的稳定性主要体现在以下三个方面：一是功能语言学提出语言是一个系统，该系统由多个选择组成，语言运用者在交流过程中再从这些选择中进行筛选，从而实现特定的语言功能。二是语言的功能体现在社会交流上，功能语言学重点关注语言的三大纯理功能，即概念元功能、人际元功能与语篇功能。三是虽然语言系统总体上是稳定的，但也是动态的，因为语言是动态的，不断变化与发展以便适应文化与社会的变化，例如，随着科学技术的迅速发展，新的科技词汇与表达方式不断出现。

**五、阴阳系统和功能语言学系统稳定性的异同**

阴阳观认为对立要素在整体系统里需保持动态平衡，同样，功能语言学提倡语言系统是动态的，在语言不断变化中保持相对稳定，以满足交际需要。阴阳的互为依存和功能语言学中的系统选择性具有相似性，语言选择需依据不同的交流需求以及语境条件进行，反映了系统内各部分的相互作用。阴阳注重整体的统一性，功能语言学也关注语言系统的整体功能，语言的各个部分的选择与使用都须服务于整体的交流目的。

阴阳的概念较为抽象，应用范围广泛；功能语言学的概念较为具体，主要应用于语言分析。阴阳和韩礼德系统功能语言学的系统稳定性虽然属于不同领域，但它们都强调系统的动态平衡和整体性。阴阳更侧重于哲学和自然界的解释，而功能语言学则关注语言的结构和功能。在某种程度上，它们都提供了理解和分析复杂系统的方法。

# 第三节　易学象数思维对西方语言系统扩展模式的影响

《周易》指出天地之数，运用象数思维来描述宇宙万物的演化规律。关于象的含义，《周易·系辞上》曰"圣人有以见天下之赜，而拟诸其形容，象其物宜，是故谓之象"之说，意思是说，由于古代观察世界万物的微妙变化难以言传或无法准确表达，因此使用象来表达意义，这也是象产生的原因；而数则作为把握客观世界的思维工具，实际上也是一种象，它并不仅仅追求量化，更倾向于定性。象与数之间相互对应，是不可分割的整体。象数思维对于西方功能语言系统扩展模式的影响主要体现在以下几个方面。

## 一、整体性思维

《周易》的卦爻是一个统一体，它对天地的预测、时代的推进、宇宙阴阳规律的转化做了全方位模拟，对世界一切事物的产生、分类、演变、运动做了概览性描述。人和自然、主体和客体之间的相互矛盾与调和、相互感应与交流被《周易》有机地整合起来，成为《周易》的基本纲领，也彰显了中华文化"天人合一"的思维特点。

### （一）系统的选择性

语言被视为社会符号资源是功能语言学中系统的最主要特征。语言描述是系统资源，而不是结构，把语言视为一个系统。一套可供语言行为选择的可能性存在于每个系统中，即在某个特定的环境中能够选用一种语言形态，而语言既可以被看作是一种符号资源，对语言的描述其实就是人们对自己选择的描述。主要的是聚合关系，次要的是组合关系。系统是功能语言学的基本概念，也是其区别于其他语言学理论的重要范畴。韩礼德在1956年发表的《现代汉语的语法范畴》一文中，就已经概括了系统的观念，强调语言的语法范畴可具体分为单位、要素和类别，阐释了功能语言学的初步研究结构。韩礼德（1961）完善了自己先前对语法理论范畴问题的一些看法，尤其注重系统的重要作用，并把单位、结构、类别、系统等都划入了语法范畴，将级、说明和精密度列为三个阶。在这次调整后的模型中，系统成为基本类别，不再从属于类别，原先的成分也变成了结构。由此，韩礼德建立了秩序和范畴语法的概念基础，这也是韩礼德继承弗斯关于结构和系统术语的一个具体体现。

韩礼德运用阶和精密度来阐释复杂语言现象。因此，在语言描述中，系统语法可以从最简单的分段开始，然后进行更详细的区分，其中包含更多的小概念类别。他以系统作为基本的语法范畴，对系统语法的产生起到了关键性影响。1966年，韩礼德的论文《深层语法札记》正式发表，学术界普遍认为这篇论文奠定了系统语法的基础。韩礼德探索用系统语法来取代阶和范畴语法，特定单元中结构各组成部分之间的顺序关系不同于横向组合关系中表面描述之间的序列关系，前者比后者更抽象。结构和系统分别反映横向组合关系、纵向聚合关系。总之，韩礼德的系统理论是在弗斯系统概念基础上，经过多次修正、补充与改进而逐渐发展起来的。

韩礼德（1985）指出，语言系统是一种能够进行语义选择的网络，言语者需要针对其表达的意思在系统内进行相应的选择。系统具有以下特点：每个系统内部容量有限，且所进行的选择是排斥和限制的。各个系统之间互为制约，当系统内部所有环节完成时，结构便产生了。宇宙是一个大系统，宇宙中的所有事物都是系统的构成部分，所以一切皆为系统。尽管世界上各种事物不尽相同，但它们都以系统形式存在和运动。宇宙系统可以分为许多子系统，而且可以持续不断地细分，即使最终只剩下一个物，它也是一个子系统。因此，世界上所有事物都是系统，就像古老的信仰认为一切都是一个系统一样。韩礼德依据美国威廉·曼的语篇生成项目，成功地研发出八十个英语学习语法系统（Halliday，2005b：268～284）。此外，韩礼德还认同布龙菲尔德（Bloomfield，2002：173～175）关于选择的观点，并将其范畴化，从而朝着创建功能语法迈出了关键一步。

（二）系统的无穷性

韩礼德反对乔姆斯基提出的语言是一个有限的系统，它可以生成无限的文本的观点，他把语言假设为一个无限大的系统，但只可以生成有限的文本（Halliday，1995：91）。所以，他举了英语动词短语的一种不完全的系统网络为例子，对这一假设做了检测（Halliday，1997）。研究结果显示，该系统网络只适用于一个动词可能出现的潜势，直到精确到某一具体单词为止。它一共延伸出了大约75000个可能的表达方式，而这种延伸还可能一直持续下去。同时，他还指出这个庞杂的意义潜势是由很多的结构简单的小系统相互作用而完成的。它具有通过仅仅25个互相独立的非此即彼的选择项而生成超过 $3×10^7$ 个的可能性。

韩礼德强调语言是无限大的，无论它要解释多少语义，人们总可以源源不断提供给它。他借用语法学的一个特别模式，在该模式中，语法是一个可供选择的网络系统，从聚合的角度来看，即一个系统网络（system network）。如果将所有的系统视为两分法，那么，如果一个网络含有 $n$ 个系统，那么，它的选择表达的数目将是大于 $n$（$n+1$），如果系统在极限状态下是依赖关系，那么其复杂性不会超过 $2n$（设想所有系统都是相互独立的）。韩礼德以英语语法的一个系统网络为例进行展示，如图11。

自然语言不是一个科学的元语言形式，而是在一般意义上自发的、日常的口语形式，事实上用互补性的方式可以再现现实。此种方式是非对称的，犹如语言阐释社会秩序一样，并不指称它所构建的社会秩序，语言也类似地阐释自然秩序。通过语法中隐藏的、无意识的模式，创造出语言自身的现实秩序，而不关注用它们来描写的事物。日常生活的语言构建了我们对自己以及环境的无意识的理解，是一种互补的语言，一个动态的开放系统。

韩礼德提出语法学中有两个最根本的关系：体现关系与实例关系，它们都是不确定性的例证（Halliday，1996：216）。当解释高一层级的符号时，体现与实例化这两个观念是非常重要的。体现是表示层次之间的关系；动词体现的是上层，下层体现上层。体现同时可以延伸到层次内的系统特征与其在结构上或其他方面的表现。实例化表示的是系统与实例之间的关系；实例的功能是让系统落实到具体的例子。在初级符号成分中，指称者与被指称者之间不依靠任何中介结构，也不代表语法上的不同层次。而随着进入更高一层的符号系统，因为语法的介入，则可能产生很多不同种类的体现。

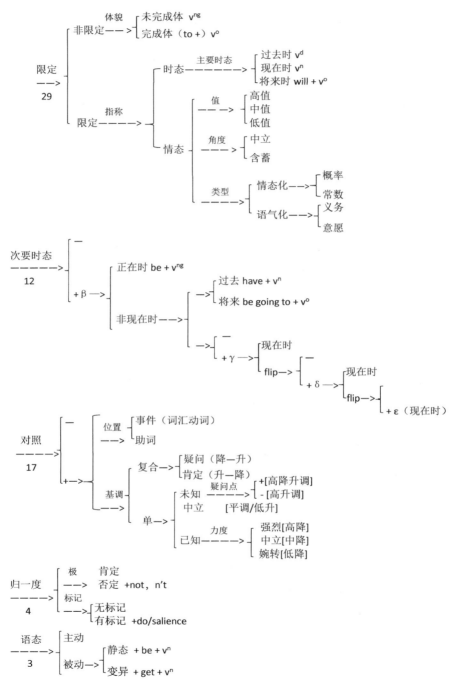

**图11 英语动词词组系统网络简化图（Halliday，1999）**

## 二、功能性思维

《系辞传》谓二与四、三与五同功而异位。它从功能原理出发，详细说明了八卦所象征的八种自然物。"乾"代表刚健不息的天，"坤"代表顺应天命的地，"震"象征震动的雷，"巽"象征散布的风，"坎"代表陷入的水，"离"象征炽烈的火，"艮"象征静止的山，"兑"代表喜悦的泽。象数功能模式是动态的，其基础是功能与动态的统一性。只要功能一样，即使结构方式或形态有所不同，也依然归为同一类。这种模式强调功能在系统中的优先地位，结构上的差异并不改变其归类（张其成，1996）。韩礼德的语言功能性思维在某种程度上与象数模型相似，并具有以下特点：

### （一）原始母语的功能性取向

意义行为，是指具有意向性和符号性的交际活动。韩礼德曾经对其儿子奈吉尔出生后至三岁半期间的语言构建的意义行为进行过研究（Halliday，1978：323），研究表明，奈吉尔在六个月大时已经具备了一套意义行为系统，即一种意义潜势，标志着其原始母语开始形成。在他九至十六个月大时，这一系统从包含五种不同意义的初级语言系统，逐渐发展为由五十种不同含义构成的更复杂系统。在十个月时，奈吉尔的意义行为可按功能分为四类：工具性和规约性，属于更主动的意义方式；交际性和个人性，属于更反身的意义方式。这些都属于语言外系统，因为它们以意图模式存在，独立地被编码为符号化的意义行为，并通过符号化的意义行为得以实现。这种原始母语的功能性取向，构成了成人语义系统主要功能性成分（元功能）的个体基础，包括人际或主动成分与概念或自反成分（Halliday，1973）。奈吉尔在一岁时，系统发生了质变，演变成具有两个编码层次的系统：一个层次是内容（意义），另一个是表达（声音或手势）；系统的基本单位是符号或内容与表达的配对。在第二年中期前，奈吉尔表现出了第三个编码层次，即词汇和结构。他逐渐扩展了词汇语法，系统的组成部分不仅局限于单一的符号，还包括语义、词汇语法和语音三大层面。这三层通过语言紧密结合在一起，意义首先被编码为措辞，继而再被编码为声音。这正是成人语言的组织方式。因此，韩礼德指出，在功能方式或意义构成的发展过程中，功能概念的演进起着至关重要的作用（Halliday，1978：326）。奈吉尔最早的意义潜势系统，即原始母语的第一阶段，具有功能性，因为系统中的每一个元素、每一次意义行为，都实现了一种意图，即某种语言外部的功能（如工具性、规约性、交际性或个人性功能）。奈吉尔的对话在涉及其社会活动范围时是富有意义的，这包括实现物质目标、引导他人的行为、建立和维持人际关系，以及通过认知或情感表达个人性格。这些功能构成了他原始母语的核心。

韩礼德在《论儿语到母语的过渡》论文中，通过对奈吉尔诞生后的语言系统发展进行观察、分析，总结出儿童不断发展的语言系统在系统语法中所能够表达的一套意义上彼此联系的选择项目，以及体现规则（Halliday，1983：373）。奈吉尔的原始语言系统以这种形式表达，其中以功能解释含义，并每半年重新定义一次相关系统，以对其成长和发展给出最清晰的单元解释。他对奈吉尔语气系统的发展进行了长期跟踪研究，该系统是奈吉尔从九个月到两岁期间形成的十二个系统网络之一。通过选择这一视角，系统功能语法为儿童日益丰富的表意发展规律提供了理论上的解释。他从两个方面保持了重点关注：一是通过语言演化的实例阐述语言系统，二是用语言系统的实例说明语言演变的基本规律。对语言功能组织的深入理解，有助于更好地认识儿童语言向母语的过渡；而通过了解儿童如何构建语言，能够更透彻地理解语言的本质与结构（Halliday，1980）。这两个角度相辅相成，在某种意义上是不可分割的。韩礼德认为，只有在互动的、功能的以及基于意义或符号的共同视角下，语言学和语言发展研究才能相互促进，获得更多成果。

（二）语法的概率性

韩礼德在《语法和语法学》一文中提出一个观点：语法能量是语言力量（Halliday，1996：188）。他常常使用的系统这个术语包括系统和过程两个方面内容，即可能发生之事和已经发生之事。所以，一个符号系统就是一个意义潜势及其在整个表义过程中的具体例示，而语法则是整个表义符号系统中一种相对特殊的系统。这一系统可以分为两个方面表达意义，即用措词作为构建意义的基础。内容层面包含一个语法部分和一个语义部分。他将这个特殊的符号系统称为语法—语义系统。也正是由于语法部分的存在，才导致这一系统产生创造意义的独特潜势。

通常情况下，当某种语言的使用者面临新的功能语境时，他们不会发明全新的语法形式，而是基于现有的语法结构进行运用和扩展。以英语中的限定动词为例，它有过去时、现在时和将来时态。首先，这三种时态之间存在聚合关系，即在英语语法中的特定环境下，使用者必须从这三种时态中做出选择，而且只能选其一。然而，这种描述并不够完整。为了全面呈现这一系统，还需在每个选项上附加某种出现概率。同样地，一个小句可能是肯定或否定的，一些名词词组可能是单数或复数的，小句可以是陈述句、疑问句或祈使句，动词词组可能是主动或被动的。此外，其他类似的主要语法系统不仅需要解释这些选项作为语法范畴中的可选项，更需要阐明它们承载的特定语义分量。就概率而言，每个选择项中所体现的语义分量正是该语法系统在语篇中引入意义的关键。

韩礼德认为，尽管严格来说，概率不是一个模糊的概念，但语法中的概率却加大了对某一范畴下定义时的不确定性（Halliday，1996：204）。例如，英语中的动词短语系统网络并不完全，未能揭示其中的概率问题。如具依据该系统网络生成语句，可能会得到"won't be taken"（动词"拿"的否定式将来时被动语态），而非你期望的"took"（动词"拿"的肯定式过去时）。在现实中，肯定式比否定式、主动语态比被动语态、过去时比将来时的出现概率更高。从本质上讲，语法是一种概率系统，任何特征的意义都在于它相较于其他互为定义特征的出现概率。进一步说，概率也是语域变异的重要因素，表现为局部概率偏离整体语言发展模式的程度。例如在气象预报等领域中，将来时的出现频率远高于过去时；在某些场合，例如官方规章中，否定式和被动语态的出现概率也会占据主导地位（Halliday，1991）。概率在表达经验意义、人际意义以及语篇结构中都有重要作用，成为语法构建潜能的基础资源之一。

韩礼德在《语言学作为隐喻》一文中指出，理论框架可能会对语言构建中的不确定性产生不同的影响，其中最重要的因素之一就是概率（Halliday，1997：108）。概率实质上是一个范例概念，它涉及系统而不是结构。在系统语法中，概率具有核心地位。首先，它是任何给定系统的特征，因此，系统a/b的特征，不仅仅是"要么a，要么b"，而是a或b带有一定的概率；其次，它还涉及系统之间关系的特征。因此，两个系统a/b和x/y并非简单的"要么自由关联（同时），要么完全不关联"，而是"部分相关，使得a+x、b+y是优选的组合。"（Halliday，1996）。

### 三、变异性思维

变异是《易经》最基本的观点，"易"是变化或变异的意思。整个世界都处在周而复始的大循环变异中，并且相异的物体之间还维持着短暂的小循环变异。阴阳与象数的对立互转是循环的根基。韩礼德的观点中包含着变异性思维的内涵。

（一）语言的变异性

韩礼德主张语言是由方言的变化与功能的或语域的变化所构成的一种空间（Halliday，1997：95）。他还强调用方言和语域类比命名语言变异的好处，因为这两者都是集合名词。此外，还有一种语言变异现象语码（系统化的语义变异）。

韩礼德强调，语言有意义潜势的主要特征，也包括自我扩展的潜势，它正是在增强已有意义成分的精密性的同时，进一步向外阐释意义与行动的新领域迈进（Halliday，1997）。语言中的系统，类似于其他符号系统，能够将具体实例转化为潜在的可能性。然而，实际上，它的功能在于将这些实例的意义转化为潜在的表达方式，而语域变化是依据社会语境产生的语义而变化，因为不同的活动和不同的语域共同发生变化。因此，它既作为社会分工的支撑，同时，也限定并巩固了社会分工。此外，语码变化并不是由情境驱动的语义变化，而是在相同社会语境中自发产生的变化。哈桑（Hasan，1994）做过以下试验：对母亲和孩子在家庭日常生活范围内所出现的问答模式加以观察，发现可以根据统计数字研究意义非凡的语义变化，可将接受访问对象分为界限清晰的不同组别，并总是按照两种方式之一进行组合，男孩、女孩的母亲各为一组，中产家庭为一组，工人家庭则为另一组。而这些组合的差异，就是语码的差异。

韩礼德通过研究系统与实例之间的互补性，证明了语言变异总是处于两者之间，并由其两端开始逐渐向中间靠拢的结果过程（Halliday，1997）。假如先从语言变化入手，从实例的这一端出发，即可得到一种语篇类型，它便是所有相同例子之集。如果转换一种视角，将其看作系统的变体，每种语篇类型便以特定的语域形象出现。这相当于一种子系统，体现了通过"语场""语旨"和"语式"来确定的语境特征。如图12所示。

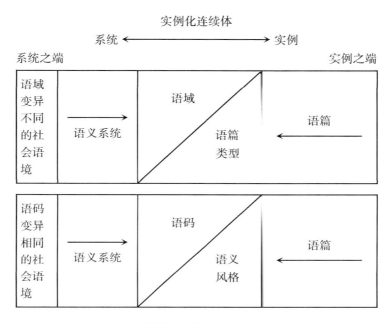

**图12　实例化连续体（Halliday，1997）**

（二）元功能的构建性

韩礼德将语言看作一个整体，定义为一个创造意义的系统，并试图为语言的所有层面构建系统网络。韩礼德认为，使用元功能来解释这些联系的生成时间和方式（Halliday，1997：88），可以发现语言通过概念功能来阐释我们的人生经历，运用人际功能来调节人与人之间的关系，并通过语篇功能将这两种功能变为现实，从而形成了一种有序的关系。这一过程为意义潜势这一概念提供了实质性内容，并使人们的经验得以转化为对意义的体验，从而落实到人与人之间的关系上。因此，符号世界和物质世界相互交融，共同展现在人们面前。语言的造义力来源于其不断与人类生存的物质条件的联系。元功能是意义潜势最普遍的范畴，语义选项的实现方式是对预设语法功能成分的预先选择。元功能从其来源和方向上都是超越语言学的，在语言的整体进化过程中，所有语言形式都由其功能决定。

韩礼德指出，在成人语言系统中存在许多不稳定的因素（例如英语中的及物性系统），而儿童接触的不是稳定和协调的系统，而是自由、不稳定且具有不确定性的系统（Halliday，1978：116-117）。尽管语域、语旨和模式可以确定意义的范围，语言也能定义概念功能、人际功能和语篇功能，但仍有很多不确定的领域。例如，儿童对物体的评价处于语场和语旨的交界处，而意态系统则处于语言的概念和人际关系之间。此外，篇章的定义也存在不确定性（Halliday，1978：136）。虽然从句或音节的概念相对明确，但若它们是一段没有明确起始和结束的可变长度的片段，则往往难以界定。书面语和口头表达本身存在高度的不确定性，这也使得对语篇的定义存在多种可能，包括语篇的起始媒介、传递媒介、具体分析使用的媒介，或是语篇的代表性特征。语言描述越详细，可能建立的概念就越多，同时也会出现更多的不确定情况。

（三）语义潜势的扩展

韩礼德强调，如果语言的概率被重新设置，使得一种搭配模式被另一种取代（Halliday，1994），或者语法系统中某些成分的相对出现概率发生变化，那么语言其实并没有扩大。如果一个成分被另一个取代，使得第一个成分作为一个有效系统而消失，那么实际上没有扩展。然而，如果第一个成分仍然在使用，并且两种格式同时存在，那么整个意义系统将得到扩展。

当时态系统的概率被重新设定后，它们就组成了一种很有意味的不同系统。在动词的时态上，增加了意义潜势的一种新的视角：它能够解释一种现实形态，即言语世界，其中表示时间状态的标准用法却是将来时这一无标记形式。这样，就有了两种不同的时间角度。假如再添加一种在叙事语域中最常用的第三个角度，即用过去时所表达的时间状态，为其无标记形式，那么，我们就会看到现在的这两种语域，即预测将来和追述过去，它又是如何在我们的语义空间中增添了一种新的角度的，假如将它与言语世界的另一以现在时为无标记形式的规范用法相比较。人们能够观察到的变异应该是语法构建变异所产生的语义现象。所以，对于任何一种语言，只要有了气象报告这样表达意义的语境，那么它所要阐释的现实便是建立在将来这一时间基础上的模式，而不管它的动词中有无将来时态。语法有多种不同的方式来解释它们所组成的人类经验中的意义。

语义潜势的每一次新的扩展，不管是采用新的措辞类型，或是对现有类型的重新排列，最后都会影响到该语言的整体特性。不同的语域也并非绝缘体，随着时间的推移，意义会互相渗透。但这些变化并不能从语言的外表轻易察觉出来，而且也不是在语音和语法结构等形式层上的变化，对意义潜势也没有影响。总之，每种语言的变化都是在漫长的历史进程中所发生，而且也不可以用同样的方式来识解人类经验。因为对语言的阐释有很多可能的途径。在汉语系统中，典型的无标记形式的原理与英语的时态系统形成了鲜明对比。在英语中，过去时、现在时或将来时是必须选择的，而汉语中的完成体或非完成体系则允许不选择任何时态形式。

语言发展中存在一些冲突的倾向，这与17世纪英国物理科学的新语言用法对日常英语的影响相似。一方面，符号风格中的变化使得深奥复杂的科技术语的意义互借比传统日常语义范围的变动更为容易。从语言学的角度来看，正是语法中的名物化结构以及语法隐喻的复杂特性，才能解释那些远离人类经验、不相关联的世界以及由抽象技术构成的领域。

### 四、辩证思维对系统语法的影响

辩证思维是中国哲学的核心组成部分，它对系统功能语法旳发展产生了重大影响，尤其是通过强调对立、平衡和语境相互依存的动态相互作用。这些哲学原则与韩礼德所发展的系统语法的核心原则密切相关，后者将语言视为一种社会符号系统，其中的意义是通过不同功能和语境元素的相互作用而产生的。辩证思维对系统语法最直接的影响之一体现在该理论将语言概念化为一个多面系统。在中国哲学中，阴阳概念代表了对立是相互联系和相互依存的，不断相互作用以创造动态平衡的思想。这一概念反映在系统语法的元功能思想中，其中语言同时发挥着概念、人际和文本功能。这些元功能并非孤立存在，而是像阴阳一样协同工作，在特定语境中产生连贯而有意义的交流（Halliday & Matthiessen，2014）。

相互依存与和谐的辩证原则反映在系统语法旳"等级尺度"和"系统网络"概念中。在系统语法中，语言元素被视为层次系统的一部分，其中从小句到单词的每个级别都是相互关联的，并有助于整体意义的形成过程。这种层次结构与中国哲学强调万物相互联系的观点相呼应，系统中的每个元素都必须与其他元素协调一致才能保持平衡和连贯性。将这些元素整合到系统语法中可以全面了解语言如何同时在多个层面发挥作用，这与辩证思维的整体视角相呼应。

系统语法对语境的态度，特别是"文化语境"和"情景语境"的概念，与辩证法强调在更广泛的环境中理解现象相一致。在中国哲学中，任何事件或物体都是与其周围环境相关的，受其语境的影响。同样，在系统语法中，意义总是在其文化和情境背景下进行解释，其中语言和语境之间的动态交互决定了意义的构建和理解方式。这种观点强调了辩证思维在优先考虑语言的关系和语境性质方面的影响。

此外，辩证思维中对平衡和动态互动的强调也影响了系统吾法对语法结构的理解。例如，系统语法中的语法隐喻概念（语言使用一种语法形式来实现不同的功能）可以看作是辩证原理的反映，即元素可以以复杂的方式转变和相互作用，以实现沟通中的平衡与和谐。系统语法强调语言使用的灵活性和适应性，这与辩证观点相呼应，即平衡不是静态的，而是通过持续的互动和转变来维持的。

　　综上，中国哲学中的辩证思维对系统语法的影响是深远的，塑造了其核心概念和理论框架。辩证原则（例如对立、相互依存和语境的动态相互作用）与系统功能语法原则之间的相似性凸显了深刻的哲学联系，这些联系有助于发展一种全面而实用的语言理解方法。这些思想的整合丰富了系统语法，使其成为分析语言使用复杂性的有力工具。

# 第八章　中国哲学中的辩证思维
# 与语法隐喻理论

"和而不同"是中国哲学中的重要思想，强谍了在多元和复杂的世界中，各种事物和观点可以协调共生。这种思想体现了一种辩证的观念，认识到语言的多元性、复杂性和嬗变性，并强调了包容、调和与均衡的原则。

隐喻是一种通过事物间的相似性来作潜在暗示的修辞方法，一直是语言学研究的关注点。传统的研究主要集中在词汇层面。韩礼德提出语法隐喻（grammatical metaphor），通过隐喻化的语法形式来传递更深层次的意义和观念（Halliday，1985）。在某种程度上，韩礼德正是依靠语法隐喻理论拓展了其功能语法观。语法隐喻中，语法形式可以在表达上呈现多样性、变化性和复杂性，但它们彼此补充，共同作用来构建更丰富的意义。这与"和而不同"的辩证思维相契合，体现了互补的平衡与整合。此外，"和而不同"辩证思维还为语法隐喻提供了一种文化语境和认知框架。多元的文化语境和哲学观念对语言的使用和理解产生了影响，为语法隐喻的研究和应用提供了新的视角。本章重点探讨语法隐喻相关问题，剖析其中蕴含的中国辩证思维观点。

## 第一节　语法功能的调和观

语法功能的调和观指多种语法功能在语言系统中的融合与平衡。它不但关注语言的形式，还注重其功能，强调语法形式需服务于交际功能，达到形式与功能的协调与统一。以下是对语法功能调和观的深入探讨。

### 一、形式与功能的调和

语法功能的调和观关注在具体的语境中不同的语法表象形式，实现其交际目的。例如名词化（nominalization），将动词或形容词转化为名词，增加了句子的抽象性和正式感，以便顺应学术写作的要求。被动语态通过变换句子结构，强调动作的受事者，而非动作的施事者，以达到信息的焦点转换。

功能语言学注重语言的多功能性，尤其强调语言的三大纯理功能：概念功能、人际功能和语篇功能。在调和观中，语法形式通过这些功能的实现，在交际中达到平衡，例如，通过使用多种语法结构来达到文本的连贯性，让信息传递愈发有效。

**二、语法隐喻与调和观**

语法隐喻是功能语言学中的重要概念之一，它通过变换语法结构来实现隐含意义的表达，进而达到形式与功能的协调。概念隐喻（ideational metaphor）将一个过程用名词形式表达，使信息更为抽象和凝练。人际隐喻（interpersonal metaphor）通过改变语气或语态，表达说话者的态度或情感。这种通过语法隐喻实现的调和，使语言在不同语境中灵活适应，实现交际目的。

**三、调和观在实际应用中的体现**

在实际语言使用中，调和观指导我们选择合适的语法形式，以实现最佳的交际效果，例如，在学术写作中，选择名词化结构以增加文本的正式感和抽象性。在口语交际中，选择简单直接的语法结构，以确保信息传递的清晰和有效。在广告和媒体中，选择富有感染力的语法形式，以引起观众的注意和共鸣。

语法功能的调和观强调形式与功能的协调统一，通过系统功能语言学的视角，揭示语法结构在实现交际功能中的重要作用。它不仅关注语言的形式美，更重视其在实际交际中的功能和效果。在语言研究和实际应用中，调和观为我们提供了一种全面而深入的视角，帮助我们更好地理解和运用语言，实现形式与功能的和谐统一。

**四、辩证思维与语法隐喻理论的联系**

辩证思维强调对立统一，系统功能语言学也强调语言的多功能性和多层次性。语法隐喻通过改变语法结构，能够在同一句话中表达多层次、多角度的意义，这与辩证思维中的对立统一有相似之处。语法隐喻通过语法转化来实现隐含意义的表达，这与辩证思维中的矛盾转化相契合。两者都强调通过变化和转化来揭示更深层次的意义。

辩证思维强调事物的普遍联系，系统功能语言学强调语言与社会语境的紧密联系。语法隐喻在不同语境中可以表现出不同的意义，这体现了语言与环境的普遍联系。辩证思维强调发展的过程，系统功能语言学强调语言是动态的、发展的。语法隐喻通过动态的语法变化来适应不同的表达需求，体现了语言的动态性。

　　辩证思维与系统功能语言学的语法隐喻理论在理念上具有一定的相似性和互补性。两者都强调事物或语言的多层次、多角度和动态变化，通过理解和运用这些理论，可以更深入地理解语言现象和哲学思维的复杂性。韩礼德（1985）在《系统理论的语境》一文中强调，语法是不确定的，因为一种语言表达通常有两个或两个以上的语法解释，每一个解释都把它和另一种表达的集合联系起来，从而造成一种纵聚合上的特定的概述。从这个意义上讲，语法不是一成不变的，这个变化可能会影响到一个体系，例如对英语及物性系统里及物与作格的解释。小到某一个具体情况，在此情况下可能会对某个语篇中的某个表达有不同的解释。语法具有内在组织，是一种概念性功能，有特定目的的子语法，具有很大的不确定性。

　　韩礼德（1997）在《作为隐喻的语言学》中指出，语言的不确定性是一个很明显的特征，由于它可以创立新的意义，导致人们不能通过重叠、合成等选择词来辨别意义。如，英语中的行为过程（behavior process）就具有重叠的含义，因为它拥有物质过程（material process）和心理过程（mental process）的部分特性。正因为如此，一个语言现象虽然能够选择两种方式中的任何一种来阐释，但是所产生的结果是完全不同的。比如，英语句型参与者1+使得+参与者2+动词不定式标记+过程（participant 1+get+participant 2+to+process）。

　　例句"They got it to move."（他们使它移动），它既可以看作是一种简单的使动句型，就如"They made it move."（他们使它移动），参照旋动句"They moved it."（他们移动它），又可以被看作是一种使动句的变化类型，如"They pushed it，so it moved."（他们推它移动），参照两个过程"They pushed it，so it moved."（他们推它，所以它才移动了）。但是，所谓的合成现象常常出现在某些具有聚集或组合的语境之中，由此使得那些本来互相之间没有任何联系特征的句子，最终去除了原先拥有的明显差别而被中和化了。例如英语中的情态动词，在用于非间接格的形式时所发现的变化就能有所说明。如can，may，其表示"可能""通常"，有责任或义务和情愿的意义一般来说是很不一样的，但在用于间接格时，如could，might，它们的意义就变得模糊了。"She can be brave."可以是（她）有时很勇敢，也可以是（她）能做到很勇敢（如果需要的话）（两者选一）；但"She could be brave."却有点像是合二为一，听者不必在两者之间做出选择。

　　语法的不确定性主要有三种类型：一是连续性（clines），指的是那些应该有歧义但没有歧义的表述。二是合成性（blends），表达两个或更多不同的意义，但这两个意义是交织在一起的，而不是两者选一的问题。合成性在许多语言里运用得最多的是表示情态意义的这一部分。隐喻就是合成的一个极端的类型。三是互补性（Complementarities），常见于表经验的语义范围，其中有的经验内容是通过两种相互矛盾的形式表达的。英语中的语法就是一个明显的例子。互补性的特点是建立两个相互对立且相称的成分，其含义在于这一复杂的经验领域可以用不同的方式来表达。在意识过程中，主体作为施动者，而现象则用来定义行为的范围。所有的语言（可以假定）都包含互补成分。使役和施动是一个最受欢迎的互补领域，通常体现为及物和作格这两种释义。

在此基础上，韩礼德深入阐述了语言之所以存在不确定性，主要是因为语法在不断地对各种相互冲突范畴予以调和，并通过兼收并蓄的方式，非常灵活准确地吸纳那些新产生的语言意义，试图拥有能够全面阐释语言意义空间的能力。在韩礼德看来，不确定性是人类语言不可或缺的组成部分，这是基于语法持续地在各种语言相互冲突中充当调和的中介所致。为此，他强调，语法主要是从以下三个不同的视域来看待这些类别及其构造的：首先是从上至下来分析，语法依据从一个较高层面结构的语言意义来对该语言现象进行阐释。其次是从下往上来分析，主要是参照它们的显现方式来对该语言现象做出阐释。再次是从周围来分析，就是将所有的现象与其他周围的现象进行联系做出阐释。他强调没有一个范畴是仅凭借自身而得以成立的。不确定性正是对这三重视角的调和，由于它们所描绘的对象各不相同，最终的结果都是不得不做出妥协。因此，每一个自然语言的语法都是经过不懈的妥协，并且努力包容那些各不相同甚至互相矛盾的多元视角而构建起来的。这种妥协要求语法系统能够容纳相当大程度的不确定性。

**五、辩证思维与语法隐喻理论的联系**

辩证思维与系统功能语言学的语法隐喻理论都是复杂的理论体系，但它们可以在一定程度上互相补充和联系。辩证思维是一种哲学思维方式，强调事物的对立统一、矛盾转化、普遍联系和发展变化。它与语法隐喻理论的联系主要包括以下几个方面：

辩证思维强调对立统一，系统功能语言学也强调语言的多功能性和多层次性。语法隐喻通过改变语法结构，能够在同一句话中表达多层次、多角度的意义，这与辩证思维中的对立统一有相似之处。

语法隐喻通过语法转化来实现隐含意义的表达，这与辩证思维中的矛盾转化相契合。两者都强调通过变化和转化来揭示更深层次的意义。

辩证思维强调事物的普遍联系，系统功能语言学强调语言与社会语境的紧密联系。语法隐喻在不同语境中可以表现出不同的意义，这体现了语言与环境的普遍联系。

辩证思维强调发展的过程，系统功能语言学强调语言是动态的、发展的。语法隐喻通过动态的语法变化来适应不同的表达需求，体现了语言的动态性。

综上，辩证思维与系统功能语言学的语法隐喻理论在理念上具有一定的相似性和互补性，两者都强调事物或语言的多层次、多角度和动态变化。通过理解和运用这些理论，可以更深入地理解语言现象和哲学思维的复杂性。

# 第二节　一致式和隐喻式的对应观

一致式和隐喻式是韩礼德语法隐喻理论的重要概念。隐喻式并不能直接体现客观世界，而是体现不同语言单位之间的相互转化过程。词汇和语法层的表层和深层意义被隐喻偏离了，此种表述非常接近理性思维，例如，采取名词化的方法，来增加小句词汇密度和信息量，可以精练语篇。在众多能够指定属性形容词的动词中，只有一个动词具有单一意义：动词"be"。与此同时，另一个动词"to be"则发挥着不同的功能，用于表示等量或替代。在句子"Mark is the head-master"中，"be"通过名词形式指向另一个，因此形成两个角色：一个是指称者，另一个是被指称的对象（Halliday，1966：243）。这两个角色的位置可以互换，如"Mark is the headmaster"或"The headmaster is Mark"，这是对等关系而非包含关系，因为这里用的是一个be结构。指称动词是一种句法上的动作而非归属。be似乎是一个及物动词，指称结构在现代英语的许多变体中非常常见。哈德尔斯顿（Huddleston，1968）对200个现代科学作品的样本进行了研究发现，这种指称有32个类型，例如："The discovery of new species in the rainforest is crucial for biodiversity conservation."（雨林中新物种的发现对生物多样性保护至关重要）。此种表达了名词化最极端的形式之一，这种类型的普遍化也被视为名词文体的特征。过程被简化为一个简单的对等关系，其中宾语中的过程仅仅是一个关系，其他要素已经具备名词化的特征。

由于动词仅仅是一个关系符，它与其他名词性词产生联系。英语小句不仅从参与者角色的角度来组织结构，同时也从另一个角度进行独立组织，各种角色或功能被看作是信息的组成部分。其中，主位指的是讨论的主题，而焦点（focus）信息则是主要内容的一部分。这些角色，如起因者、受影响者等，可以自由组合，任何一个角色都可以充当名词性成分，但它们与小句中的非名词性成分的功能并不是完全自由组合的。

**一、语法隐喻式和一致式对立统一**

能指和所指之间区分本身就是组织信息结构的一个强大手段。韩礼德（1985；1994）提出，当人类试图描述客观世界时，可以使用直接的或类似于日常生活的词汇和语法形式，也可以选择间接的、与日常生活不同的表达方式。前一种形式被称为一致式，而后一种形式则被称为隐喻式。

实际使用哪种表达方式由说话人根据实时的语境来决定。

例（16）We reached the farm on the third day.（一致式）

例（17）The third day saw us on the farm.（隐喻式）

在语言发展的过程中一致式常常是先出现的，儿童最初学会的也是一致式，这是一种基于经验理解的方法；隐喻式则是成人话语中特有的表达方式，经常出现在书面语中，用以区分与日常经验的距离。两者在语法形式上虽然会发生变化，但是，所表达的意义却是一样的。两者的互补性体现在以下两个方面：

首先，意义的表达方式可以分为一致式和隐喻式，但由于其识解经验的方式不同，因此表现出差异。在反映世界的经验时，这两种形式可以根据需要任选其一，只要能够达到预期的交际目的。韩礼德认为一致式的表达方式并非最好，用得却更广泛，或者说是一种经常用的表达方式，而在很多实际应用中，用隐喻表达却已成为一种常规（Halliday，1994：342）。

其次，隐喻式和一致式是互为依存的。1985年，韩礼德指出，语法隐喻并不是简单地用一个词替换另一个词，而是通过使用一个语法范畴或结构来代替另一个语法范畴或结构。这两者分别代表了研究中意义表达和变异操作的方式，在这两者中，一致式就是人们常用的字面意义，经过转义的语言是隐喻式。韩礼德强调，一致性呈现的是语义和语法层共同演化的初始关系。表达层和语义层共同构成语言，语义层与相应的限定表达层相互对应。语义与语法之间相对固定的对应关系被称为一致性关系（Halliday，1996）。虽然语法隐喻现象由来已久，却是韩礼德首次提出这个术语的，并对语法隐喻的本质、功能、诠释和分类等都做了详细分析。在他看来，意义即选择，隐喻式表达一定与其他表达方式相对应。一致式在表达意义上并不一定比隐喻式更规范、更常用，这主要是因为表达作为一个自然的过程，常常受语境、语域等因素影响，两者是相对的，不能绝对化。这些不同观点充分体现了中国哲学中的辩证思维。

根据韩礼德一贯的观点，人类语言作为一种社会符号学和意义潜势，尤其是其词汇语法系统，既是人类经验的理论，也是人际关系的体现。人类语言及其词汇库的主要功能是将经验转化为经验，因为词汇语法层具有隐喻的潜力和巨大的解释力。具体地说，这是一种语法隐喻。

人类的所有语言中，语法都用图形来解释现实和经验。图形是一个复杂的语义单元，它的组织概念是一个过程——某件事发生了；这是人类经验的原材料，环境中发生的一些变化，也可能在人类自身或意识中产生一些变化。这个图形是这个过程的一个理论模型，根据组成它的不同要素过程本身、参与过程的一个或多个实体，以及环境因素，如发生的地点、时间、方式或原因。解释这个图形的语法结构是一个从句，图形的要素被解释为组和短语。这些组和短语有不同的种类，如表3所示。

表3　现实的一致性解释（Hallidy，2007：187）

| 动词组（verbal group） | 识解（construing） | 过程（process） |
|---|---|---|
| 名词组（nominal group） | 识解（construing） | 参与者（participant） |
| 形容词（adjective） | 识解（construing） | 特性（quality） |
| 副状组（adverbial group） | 识解（construing） | 环境（circumstance）（manner） |
| 介词组（prepositional group） | 识解（construing） | 环境（circumstance）（place） |

一个从句由一些组和短语组成；它有一个核心，由过程加上一个参与者组成，这个参与者是实现过程的参与者。

进一步而言，虽然可以包含任意数量的图形，但语法有时会将两个图形视作一个序列，并在它们之间形成特定的逻辑和语义关联。语法将这两个图形的顺序解释为一个从句连接。当然，一个序列可以处理许多图形，所以我们需要更多在语法中从句复合体的一般概念，由任意数量的连词组成的结构。

这里需要强调的一点是，序列、图形和要素不是给定的，它们是根据自然语言的概念语义资源与现实世界之间的类比关系由语法构建或解释的。我们所感知的现象是未经分析和无限的；它是将其解释为由过程、参与者和环境组成的结构的语法。语法将人类经验转化为意义。语义中的不同等级——序列、图形、语义元素以及不同类型的元素，如过程、参与者、环境、关系者和质量，并非作为先验心理结构存在：它们本质上是由语法所创造，作为理论图式或经验模型出现。我们可以列出这些基本模式，如表4所示。

表4　语义与语法范畴之间的一致性（Halliday，2007：55）

| | Semantic | Lexicogrammatical |
|---|---|---|
| Ranks | sequence(of figures) | realized by clause nexus |
| | figure | realized by clause |
| | element(in figure) | realized by group/phrase |
| Types of Elements | process | realized by verbal group |
| | participating entity | realized by nominal group |
| | quality | realized by adjective(in nominal group) |
| | relator | realized by conjunction |

因此，在人们日常的语言中，语法范畴（如从句、动词组等）与语义范畴（如图形、过程等）之间存在一个规律性的模式。韩礼德将这种语法与语义之间的关系模式称为"一致性"。这个概念并非随意定义，而是体现了人类符号生成过程的内在方向性。当然，如果语法从未偏离这种模式，我们可能不会特别命名它；我们会将其视为自然的，甚至不必区分语法和语义——整体上可以视作一种组织层次。然而，语法也可以被解构并重新组合成完全不同的模式。如果我们的常识语法是对意义的直接转换，那么精心设计的科学语法则是对意义的一种重新诠释，如表5所示。

表5　对比一致性和隐喻性词语（Halliday，1994：345）

Metaphorical Mode

| | the guests | supper of | ice cream | was followed | a | gentle | swim |
|---|---|---|---|---|---|---|---|
| Function | participant：identified/value | | | process：relational（circumstantial：time/ identifying） | participant：identified/ token | | |
| Class | nominal group | | | verbal group | nominal group | | |
| Function（in group） | modifier/ deictic：possessive | heading/ thing | modifier/ qualifier：appositive | | modifier：epithet | | heading：thing |

　　语法隐喻式和一致式之间存在着一种辩证关系。一方面，语法隐喻式通过隐喻化的语法结构引入了一定的不一致性和变化性，通过激活隐喻关系来传递更丰富和深层的意义。它打破了传统的语法规则，创造了一种新的语言表达方式，使语言更具有创造性和灵活性。另一方面，一致式强调了语言表达中的一致性和连贯性，保持了语言的整体性和逻辑性。它要求语法结构、词汇选择、句子结构等在形式和意义上相互匹配和协调，以确保语言表达的准确性和清晰性。这种辩证关系体现了语言表达中的多样性和统一性。语法隐喻式通过引入不一致性和变化性来扩展语言的表达范围，创造新的意义；而一致式通过保持一致性和连贯性来确保语言的内在逻辑性和理解性。因此，语法隐喻式和一致式在语言表达中是相互依存和相互补充的。它们共同构成了语言表达的辩证关系，使语言更具有表达力和丰富性。

# 第三节　语法隐喻的纵横观

　　韩礼德在《语法、社会和名词》一文中指出，语法学家将名词、名词短语和名物化视为一类。名词用于命名各种事物，包括复合词，主要涵盖实物、过程、关系、状态和属性等（Halliday，1966），即所有可替代的词汇。正如奎因（Quine，1948）所指出的，代词是指称的基础媒介。如果用"过程"一词来概括动词所指的内容，人们可以区分出两种主要的过程：一种是动作（action），如在句子"He opened the window. He heard the music outside."（他打开了窗户；他听到了外面的音乐）中；另一种是归属，赋予属性特征，如在"She is wise."（她是明智的）中。动作和归属在许多方面相似：它们都受时间的限制，具有相同的时态选择，并受情态的影响。因此，可以用"过程"这一概念统称这两者。

韩礼德强调语法不仅为我们观察事物开辟了不同的路径，还提供了多重视角。这些视角既可以是概念性的，也可以是人际关系的。在此过程中，互补性成为隐喻的源泉，持续地和语义学保持距离，同时与其他学科形成新的关联，进而拓展了整体意义的潜力（Halliday，1995）。

首先，我们关注互补性。心理过程通过语法化，主语在这里承担心理活动的角色，而宾语则作为范围，例如"我注意到它"或"我深信不疑"；反之，当宾语参与物质活动时，主语则成为目标，如"它吸引了我"或"它让我信服"。

其次是隐喻。在事件的语法化过程中，动词代表过程，例如"电子在轨道上运行"，而这一过程又被转化为名词，描绘为事件的实体，例如"电子的轨道化运行"。这种语法范畴化时的妥协，与经验范畴化过程中的妥协具有本质上的一致性。该视角既体现自上而下的关注（聚焦于意义或功能），又体现自下而上的关注（重视表面或形式），当这两者产生矛盾时，通常会倾向于前者。

因此，当我们决定是否将某物称为"汽车"还是"公共汽车"时，我们会考虑它的功能（搭载的是私人乘客还是公共乘客）和形式（大小、座位数量等）。如果这两者之间存在矛盾，则功能的范畴倾向会占据主导地位。类似于语法，语法学也是从这两个角度来观察语法：自上而下（关注范畴的意义）和自下而上（关注范畴的形式）。但还有第三个角度——从旁观察：考虑语法系统内部的相关系统。韩礼德指出，这两个领域都与语法形式相关，可以描述为语法形式a→语法形式b。在《论科技英语的语法》中，韩礼德（1995）提出，语法范畴（如小句和动词词组）与语义范畴（如格和过程）之间存在一种普遍模式，他称之为"一致性"。这一模式可视为一个层面的结构，语法所构建的形式不仅可以被解构，还能重构为全新的形态，科学语言正是利用了这一潜力。日常语法将经验转化为意义，而精致的科学语法则在不同途径上实现再转化和重构。

韩礼德强调，将其他事物转化为名词或使其呈现为名词的特定方式称为名词化。名词短语本身是一个一致的结构，源自一个名词的扩展，而名词是该结构的中心，构建了实体并赋予其"物体"的功能。这些名词会根据特定规律扩展为各种其他成分。名词化的主要特征是语法使用与所重新建构的格相同。例如，在短

语 "the cook's undercooked steak served to the guests" 中，"undercooked steak" 由与 "the artist's colorful painting displayed at the gallery" 相同的功能元素构成。

过程转化为物体：过程 "cook" 变成了物体——"steak"；"undercooked" 作为方式环境，变成了一个属性，用于修饰这个物体，表示它的状态。

环境转化：环境 "served to the guests" 变成了这个叫作 "steak" 的物体的一个类别，即 "the steak served to the guests"，描述了这个物体的一个特定情况或背景。

参与者转化：两个参与者，"the cook" 和 "the guests" 变成了：

（ⅰ）作为属性的短语，"of the cook"，表示 "the cook" 在这个结构中作为属性存在；

（ⅱ）一个表示所有的指示词，"the guests"，指代所有的客人。

同样地，我们可以分析："the artist's vibrant painting displayed in the gallery"。

过程转化为物体：过程 "paint" 变成了物体——"painting"；"vibrant" 作为方式环境，变成了一个属性，用于修饰这个物体，描述它的特性。

环境转化：环境 "displayed in the gallery" 变成了这个叫作 "painting" 的物体的一个类别，即 "the painting displayed in the gallery"，描述了这个物体的展示位置或背景。

参与者转化：两个参与者，"the artist" 和 "the gallery" 变成了：

（ⅰ）作为属性的短语，"of the artist"，表示 "the artist" 在这个结构中作为属性存在；

（ⅱ）作为背景环境，"in the gallery"，描述了 "painting" 的展示环境。

这同样缺少了两个小句，而取而代之的是两个名词短语，中心词分别是 "painting" 和 "gallery"。这两个名词短语通常需要一个动词短语来建立某种配置关系，才能构建一个完整的小句。因此，作为动词的 "display" 演变为 "show"，即实体参与的过程。因此，我们得到了 "the artist's vibrant painting displayed in the gallery was shown to the visitors"。

在这个分析中，"vibrant painting" 通过名词化的方式，将过程 "paint" 转化为物体 "painting"，并通过属性 "vibrant" 来修饰该物体；环境 "displayed in the gallery" 则作为背景信息进一步描述了该物体的展示情况。最终，这些名词短语通过动词短语 "was shown" 整合成完整的小句，展示了其在实际交际中的功能。

"和而不同"视多元存在为合理的基础，提倡不同之间的交感和生化。语法隐喻的出现是由于对人类经验模型化一致形式的分解，并通过不同方式重新构建。这一过程将动作和实体视作对象，将过程之间的逻辑关系视为过程本身。通过转变为以名词为主导的构建模式，实现了多元存在形式的交流与和谐共处，进而形成了合理存在的发展模式。

隐喻表达不仅仅是表达同一事物的另一种方式，从某种意义上说，它们呈现了一种不同的世界观。对于建构主义者来说，在混沌的宇宙中，感知相似性的能力被认为是语言形成和进化的先决条件。隐喻化和去主题化是文化、语言和人类认知相互作用的机制，通过它们来理解人类所处的世界。人类不仅创造了语言，而且一直在努力修改或发展语言，隐喻化是主要手段，尤其是当现有语言不足以表达人类的经验或感觉时。在科学和技术领域可以找到一个恰当的例子，科学家们经常感到被迫创造术语来解释他们的理论或指定他们的发明，韩礼德的语法隐喻理论表明，隐喻化也可以促进人类对宇宙的概念化，主要是通过范畴化和名词化。

韩礼德将这一现象标记为语法隐喻，是因为其功能与词汇隐喻类似。在词汇隐喻中，一个词常常被另一个词替代，而在语法隐喻中，则是一个语法类别或结构被另一个取代。在这两种情况下，此种替代产生了新的意义集合。韩礼德（1997）研究了科学英语中常用语法隐喻的原因，从两个视角进行了剖析：一方面，从话语的直接语境来看，语法隐喻怎样促进论点的发展并支持语篇中持续演变的推论；另一方面，从理论的长期语境出发，语法隐喻如何助推构建技术概念框架，这些概念在分类上相互关联，并在高度抽象的层面上运作，每一个术语都凝聚了大量的知识积累。通过一个简单的语篇例子，韩礼德展示了名词化隐喻的双重重要性：既作为示例，也作为系统的组成部分。韩礼德通过图13分析了这个语法隐喻的性质。

上述所有这些都是示例效果，有利于把话语构建为推理过程，这使得我们能够分析语法隐喻本质互补的一个方面——系统性。这些早已确立的技术术语保留了很多积累的知识、论点，并在技术分类中占据了清晰定义的地位，通常被压缩为单一的名词。它之所以是名词而不是动词或形容词，关乎实体的语义生成潜力：实体在时间上被语法构建为最稳定的，并在特性上高度复杂。名词词组的结构特别精密，而过程通常是转瞬即逝的，难以直接创造或适应现有分类系统。但是，在同一话语中，我们也能看到正在创建的新理论，这一点在某个时刻变得更加明确，体现了一个压缩过程的作用。

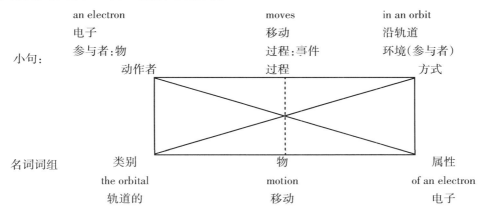

**图13　语法隐喻在类别和功能上移动**（Halliday，1997）

　　韩礼德研究了上述情况后，发现两种现象：一种是直接的、例示的，另一种是长期的、系统的，它们是同一现象的一部分，通过语法隐喻的潜势来创造新的意义。韩礼德总结了语法隐喻作为构建意义的过程所具备的内在特性，他指出，日常语法是对人类经验的建构。学习语言与通过语言进行学习，实际上是同一学习过程的两个方面，都是对现实的符号构建（Halliday，1997）。然而，语法隐喻在某种意义上推翻了这一过程。科学语言和日常语言之间的根本连续性可以通过语法分析得到阐明。每个语篇都容纳了一致性与隐喻性措辞，而隐喻的形式则通常从相对一致的开头逐步建立。人们可以从科学语篇产生的三个方面来考察语法隐喻，即系统的进化、个体的发展以及单个语篇的展开。这些都受到同一个普遍原则的管辖，即一致的、小句的世界首先形成。进化是一个过程，在把它重建为一个事物时，人们才能获得更多的洞察力。韩礼德认为，名词化从两个不同的、矛盾的角度，给我们提供了一个新的维度去看待世界，这正是科学的知识的实质。韩礼德相信，最终可能会发现这是所有不同的科学语言所共有的特征。

　　作为经验识解和经验重建的结果，所产生的不仅是重新语法化，即单词形式和语法关系的改变，而且是重新语法化，即对先前的记忆，尤其是通过语法隐喻对科学话语的解构。韩礼德（2006）认为，科学理论是自然语言的一个专门的、半设计的子系统，阐释这一理论可以看作是一项词汇语法的练习。科学与技术（和其他人类活动一样）同时是物质和符号实践。知识的进步源于新技术与新意义的交融。因此，经验的重构不仅仅是简单的重新编码（重新语法化），它还需要重新定义。科学语言并非只是以不同方式重述相同内容，实际上，这种重建所创立的并非新的知识体系，而是一种新的意识形态。隐喻和意识形态之间的关系，特别是传统意义上的隐喻，揭示了这一过程的核心，而这一观点在大量文献中得到了记录（Lakoff，1992）。科学语言虽然在起源上具有前瞻性，但已经变得越来越反民主，语法隐喻将理解它的人与不理解它的人区分开来。从另一个意义上讲，它也很有趣，因为它的语法不断地宣称人类物种的独特性。人类的每一种语言都是以同样的方式分层的，每一种语言的语法都有同样的潜势来重建经验。

韩礼德运用语法隐喻理论对科学话语的解构表明，科学是人类借助语言建构的，科学语言和日常语言之间没有根本区别。正如乔纳森·J.韦伯斯特（Jonathan J. Webster，2007）所说，语法隐喻是关于人类最基本的能力，即对我们自己和我们的世界进行理论化的能力；它是关于我们如何从日常经验的常识理论转向知识的技术和科学理论；它是关于我们的意义方式是如何演变的，从一致到隐喻、从句到名词。在历史的长河中，随着人们对更强大、更抽象的经验理论的需求增加，人类一直依赖于语言的力量将常识性的现实重建为一种对经验施加规律性的现实，并将环境置于我们更能控制的范围内。

语法隐喻对科学语篇作用的研究是韩礼德和其他语言学家的伟大成就，但令人信服的证据需要大量的统计证据，因此有必要建立一个具有丰富资源的样本的语料库，以支持目前的结论。

# 第四节 语法隐喻的动态观

语法隐喻的本质是语言、人与现实相互作用的意义生成机制，这是所有其他分析和结论的最重要基础。语法隐喻本质上也是一种动态机制。人类语言是一个开放的符号系统，语境作为现实世界的一部分也是动态的。文本作为一种意义的社会行为，一方面与不断变化的语言系统相联系，另一方面又与不断变化的社会语境相联系。因此，可以得出一个结论，即文本中传达的意义在本质上也必须是动态的，因为意义是由人类借助人类语言作为意义潜势来构建的，以便在特定的社会语境下进行社会互动。意义的建构性是由语言的建构性决定的。

语言作为一种意义潜势是以文本的形式实现的，文本也是特定情境下社会意义的实例。因此，研究语法隐喻的最佳方法是通过文本，因为文本与语法隐喻、语言和语言有不同层次、不同语境。韩礼德进一步认为文本是一个语义单位，它不是由句子组成的，而是在句子中实现的。语篇之于语义系统，犹如分句之于词汇系统、音节之于语音系统。文本是意义在更高层次上的投射，本质特征是动态互动。意义的交换是一个互动的过程，文本也是交换的手段。

语法隐喻的动态观指的是将语法结构视为一种隐喻机制，通过语法的组织和运用方式来传递和表达更为丰富的意义和信息。它强调语法的动态性和创造性，认为语法不仅仅是一种规则和约束，而是一种丰富多样的意义生成和表达工具。为了阐明隐喻的动态本质，韩礼德引入了隐喻化和去中心化两个术语。隐喻化一词被用来解释隐喻的构建过程。这个词的两个基本含义需要澄清：一方面，它涉及语言在其原始阶段的进化过程，以及儿童语言能力的习得或发展过程；另一方面，它指的是随着语言系统的成熟而产生的隐喻。韩礼德的语法隐喻理论表明，隐喻化主要通过范畴化和名词化来促进，甚至促进人类对宇宙的概念化。语言发展中的去主题化过程可以通过隐喻表达，通过尝试和使用融入语言中，从而产生意义的延伸来体现。事实上，人类语言的发展过程本身就是隐喻化和非隐喻化的过程，但二者之间没有明确的界限。在某种程度上，它们往往相互预设，也就是说，隐喻化将不可避免地触发去主题化的火花，而语言的去主题化也可能是进一步隐喻化的来源，其中的互动导致人类语言的活跃。此外，这两个过程都与人类经验和人类认知机制有关。一方面，人类经验是语言进化和发展的最终动力；另一方面，把可行变成现实的主要是人类的认知。严世清（2002）指出，能力是人类语言进化的先决条件，但也可以假设去中心化过程是从人类认知运作开始的。因此，如果说隐喻化标志着人类在感知相似性和结构方面的独创性，那么去中心化则意味着人类在理解隐喻时的心理调节，这可能是隐喻融入语言的初始步骤。

语法隐喻的动态观强调了语法在意义生成和表达中的创造性和灵活性。韩礼德认为语法结构可以被视为一种隐喻工具，通过激活和映射不同的语法结构，可以产生新的意义、扩展意义范围，并创造出更加生动、富有表现力的语言表达方式。他进一步认为，人类语言是真实世界的隐喻表征。语法结构不仅用于传递表面意义，还可以通过隐喻的方式激活和传递更深层次的意义。语法隐喻通过将一个语法结构或构建映射到另一个语法结构或构建来传递新的意义和概念。这种映射可以是基于形式、结构、功能或语义的相似性，从而创造出新的意义和信息。

# 第九章  中国哲学中的辩证思维
# 与意义进化理论

意义问题已成为当代语言哲学理论探究的核心问题，同时也是社会语言学、心理学等诸多学科所关注的焦点。路德维希·约瑟夫·约翰·维特根斯坦（Ludwig Josef Johann Wittgenstein，1953）提出了"意义即使用"的观点，并在《哲学研究》中明晰地阐释了意义在语言中的使用情况。韩礼德和麦蒂森在其语义观基础上做出了拓展，构建了一个全新的意义研究范式——意义进化论（Halliday & Matthiessen，2008），强调要从语篇层次上来认识意义，而不是从词语或句式层面。它的主要贡献在于它不仅仅是针对个体话语的发展与具体文本的形成和分析，构建了一个完整的理论架构，而且以历时的视角给语言系统的发展与人类文明的延续带来了动力，并开创性地提出意义进化的概念，强调话语与物种进化和个体进化存在着辩证关系。正是通过建立意义进化理论，功能语言学不仅具备了语言学内在的特性，而且也拥有了认识论和方法论的丰富哲学内涵。

意义一直是语言学领域的一个难解之谜（赵霞，2015）。韩礼德提出意义是意识经验模式和物质经验模式交汇处的一种活动方式（Halliday，1992）。他认为在人类进化过程中，意义是在个体中产生的，在人类语言产生之前，意义始于"原始语言"（Halliday，2007：353）。人类的经验既是物质的又是意识的，两者之间的矛盾使这些现象具有语义生成的可能性。韩礼德与麦蒂森将"符号发生"定义为"意义的可能性"或"意义系统联合行动的可能性"（Halliday & Matthiessen，2008：17）。他们认为，这一过程至少涵盖了三个时间维度：系统发生（物种语言的进化）、个体发生（个体语言的发展）和语篇发生（文本语言的展开）。正如他们所提出的："意义历经这三个过程，不断地被创造、传递、再创造、扩展与改变。"（Halliday & Matthiessen，2008：18）通过这种方式，即通过整个意义生成过程，构建出一个弹性空间，由上述两个维度定义：反思/主动的"内部"维度，如"我认为"与"我想要"相对，以及主体间/客观的"外部"维度，如

"你和我"与"他、她、它"相对（Halliday，2007：355）。

韩礼德和麦蒂森（1999）还借鉴中国古代辩证思维的观点，解释词汇—语法系统是如何作为意义潜势进化机制的。或者说，在内容层和表达层，语言一经产生后，词汇—语法系统还是要经历很长的进化过程，此过程被称为词汇造义或发生过程。因此，他们指出，意义进化论的符号与传统的语言符号概念不同，有其独具一格的特征。传统上把语言符号看作是能指和所指组成的合体，能指即字符，而所指是字符所表达的意思，这两者之间形成了随意的、约定俗成的关系（严世清，2012）。但在索绪尔符号观的基础上，韩礼德和麦蒂森（Halliday & Matthiessen，1999）提出语符是内容层次和表达层次之间的合体，这两者之间是体现关系，即由表达层来显示内容层。为了更清晰地说明这些体现关系的实质，韩礼德和麦蒂森引用了中国的太极图，并指出：内容层和表达层犹如中国的阴阳符号，不只是代表同一事物的两方面，而是彼此兼顾，互为依存，在一定条件下是可以相互转换的。例如名词，既是过程中的参与者，也是存在主体（Halliday & Matthiessen，2008：19）。

由此可见，虽然功能语言学继承了索绪尔能指和所指的部分语言学概念，但在研究意义进化理论的基础价值时，阴阳概念则起到了不可或缺的作用。它被用来对语符加以生动形象的动态描述，并用此原理来研究意义进化历程中语言所产生的理据及其运行机制。

# 第一节　意义行为的系统性

韩礼德认为语言的本质是社会符号系统，一个不断扩展的意义潜势。在他看来，语言是一个可以创造意义的系统。为此，韩礼德反复强调要将意义作为支撑来构建语言模型，并围绕什么是意义、如何表达意义等课题，开展了一系列富有哲学性质的研究工作。相比之下，形式语法在很大程度上受到诺姆·乔姆斯基的影响，侧重于抽象的、规则支配的语言结构。乔姆斯基的开创性著作《句法结构》提出了这样一种观点，即语言可以被理解为一组生成所有可能的语法句子的形式规则（Chomsky，1957）。这种方法是句法的，侧重于句子的形式和结构，而不是其交际功能。乔姆斯基拓展了这些思想，他探讨了语言的生成性，认为一组有限的规则可以产生无限数量的句子（Chomsky，1965）。

功能语法和形式语法之间的一个关键区别在于它们对语境的处理。功能语法密切关注语言在特定社会与文化背景下的功能。这种对语境的强调使功能语法与语言的整体观保持一致，其中意义是由语言选择和情境因素的相互作用建构的。另一方面，形式语法倾向于脱离社会语境，关注语言作为一个自主系统的内部结构。乔姆斯基的方法孤立地处理句子，分析它们的句法属性，而不考虑更广泛的交际情况。这种注重形式而非功能的思想与功能语法的语境分析形成了鲜明对比。

功能语法和形式语法之间的差异还反映了更深层次的哲学取向。功能语法对语言功能的强调可以看作是与中国哲学中的整体和动态观点相一致的，特别是在老子的思想中，例如，老子在《道德经》中的概念：

道生一，一生二，二生三，三生万物。万物负阴而抱阳，冲气以为和。

——《道德经》第四十二章（李耳，2014）

老子从宇宙起源视角阐释大自然中万物生生不息，即其运动由无序到有序时才能够形成太极。太极是一，太极产生天地为二。二气相交，其结果就是生命的诞生为三。三包括世界上任何有生命的生物。人是大自然一切生灵的代表，也是生命的最高级者。万物交替互动，维持着种系与数量的平衡。老子认为大自然与人类社会的所有事物都蕴含互相矛盾的两个对立面，如有无、刚柔、强弱、祸福、兴废等等，对立双方是彼此依存和联系，并永恒地运动着。老子的这一思想与功能语法对语言的看法相呼应，功能语法认为语言是通过功能选择从基本原理演变为复杂系统的，强调意义和语境的流动相互作用。

对此，韩礼德态度鲜明地指出了与传统语言学和转换生成学派明显不同的看法，并质疑了乔姆斯基关于语言能力的看法，也指责了把语言能力看作静态客观实体，而忽略了意义的动态与相对特征。由此，韩礼德以为，语言拥有建构意义的某种力量，而意义又将成为人们意识和社会语境的共同作用下得以进一步积累和延伸的某种潜能。

韩礼德认为儿童早期的具有意向性和符号性的交际行为是意义行为。他通过跟踪其子奈吉尔出生到三岁半期间的行为，认为主要有三个阶段：在语言发展的过程中，原始母语为第一阶段，转折阶段为第二阶段，成人语言系统为第三阶段，从第一阶段到第三阶段的发展过程，可以观察到一个语义连贯的显著模式。

最初，这些以自我为中心的系统通过交际和个体性定义意义，列如使用"我们在一起"或"我在这里"等短语（Halliday，1978a）。随后，系统逐渐过渡到中间性表达，如"我们来一起做吧"或"现在你说出它的名字"，开始对人、物体和过程进行命名。这一阶段促使观察、回忆和预测能力的发展，并为成人语义系统中的叙述方式和概念成分奠定基础。韩礼德指出，在儿童9个月到16～17个月期间，这一系统持续扩展，意义潜力显著增强，同时仍保持为同一系统。大约在一岁半时，系统经历了质的飞跃，形成了一个具有两个层次的编码系统：一是内容层次（意义），二是表达层次（声音或手势）。在第二年中期，出现了介于内容和表达之间的第三层编码，即形式结构层次，包括词汇和句法结构。意义最初被编码为措辞，随后再转化为声音，这便是成人语言的组织方式。通过这一过程，奈吉尔能够将不同的意义组合成复杂的语言行为。据此，韩礼德归纳出意义行为具有五个方面的系统性。

**一、意义行为的社会性**

韩礼德（1978）从社会语言学的角度分析，社会性是语言的基础属性，并竭力推崇运用社会学的方法，来具体分析语言在构建和维护人类之间的关系和社会组织架构中的关键作用。正是由于他始终站在社会学的立场上，强调语言是一种重要的社会行为，并致力于多角度地研究语言的社会属性，也就是分析人类是如何利用语言形成或维系自身的各种社会关系的，以及如何运用语言来组建人类社会关系架构，并参与或确定各自的社会角色和社会地位。这一研究立场能够更深刻地揭示语言本质及社会系统、社会意识形态、社会结构等语言系统之外的事物。韩礼德提出了儿童语言发展论（Halliday，1978），认为随着语言的发展，儿童逐渐接受成人语言和社会关系，同时自身也成长为社会人。功能语言学将语言视为一种社会符号系统，包括语音、词汇、句法和语义等不同层面的符号组合。这些符号组合按照特定的规则和模式进行组织和运用，以实现语言的功能。基于以上研究，韩礼德将语言的基本特征概括为一个社会符号系统（Halliday，1978）。韩礼德强调语言符号与意义相辅相成，意义存在于语言中，揭示意义产生的社会根源是其研究目标（Halliday，1999）。他的语言学理论和相关的话语分析理论、批判语言学理论也是基于语言的社会属性（严世清，2002）。韩礼德在《语言学的语境》一文中提出了假设语言是在与社会制度的创造和维护相联系的条件下发展起来的（Halliday，1977）。如果给出某些形式的对语言手段—目的的解释，我们就可以超越系统与它的使用之间的区别，语言系统为了什么目的提供手段？从本质上说，语言体现了文化中特有的意义，即形成社会系统的基本信息。语义系统是意义的语言学模式。语言在一些重要方面是独特的，尤其是在于它作为一个三层的编码组织，在意义和表达之间有词汇语法。正是这点使语言既是一种工具又是一种隐喻，既维持着社会系统又象征着社会系统。例如，语言和游戏之间高度相似，它们都有规则和策略系统，都需分角色，并要以轮转为前提等。两者都有相似的社会功能，因此，可以发现话语情境与其他领域的情境交互出现。语义系统围绕反思和行为这两个中心组织起来，因为这样的组织，它成了文化的隐喻，因为文化是自然与社会环境结合的产物。列维·施特劳斯（Levi Strauss，1966）强调社会系统由自然符号和社会符号来表征，这两者一起定义了意义行为，进而又建构了语义系统的内部框架。通过这样的表征，意义行为超越了这种思维与行为的双重性。韩礼德引用玛丽·道格拉斯的话：现在是时候将常识和科学知识视为一个单独的领域和真正全面的符号学。韩礼德提出，如果我们要将意义视为能量，语言有助于确保这种能量在社会上得到有效的释放，人们可以更多地实现其作为意义的全部潜力。

## 二、意义行为的选择性

意义行为的选择性是指个体在特定情境中对意义的选择和行为的决策。个体在面对不同的意义选项时，会基于自身的目标、价值观、经验和认知等因素来进行选择，并采取相应的行为。

意义行为的选择性涉及个体对意义的认知和评估。个体会根据对不同意义选项的理解和判断，确定哪种意义与其自身的目标和价值观最为符合。这种选择性不仅基于个体的个人因素，还受到社会和文化环境的影响。意义行为的选择性还涉及个体在行为决策中的权衡和取舍。在面对多个意义选项时，个体可能需要在不同的意义之间做出选择，权衡它们之间的利益、风险和成本，以确定最适合自身的行为方向。此外，意义行为的选择性还与个体的自主性和意愿有关。个体会根据自身的动机和意愿来选择和执行特定的意义行为，而非被迫或被外界强加。

总之，意义行为的选择性涉及个体在特定情境中对不同意义选项的评估、取舍和决策过程。个体会基于个人因素和环境条件，选择最符合自身目标和价值观的意义，并采取相应的行为。这种选择性反映了个体的意义认知和行为决策的个体差异和主动性。实例化通常指的是我们所定义的事实关系，包括物质层面与社会层面的事实。但是，事实并非一成不变，它们是通过理论家的观察与辩证思维逐步构建而成的。韩礼德试图通过意义潜势来体现语言系统，并将实例化称为意义行为。他使用这两个术语来描述意义群，强调语义的产生和理解是社会—符号环境中的一个过程。实例化是一个连续体，具有互补性。他将"气候"与"天气"进行类比：当人们询问全球温度上升现象时，常常提出这样的问题，这只是气候中的一个临时现象，还是一个长期的气象模式？实际上，这涉及我们应该从哪个角度观察这一现象，是从系统的角度，还是从具体实例的角度？同样地，如果我们对语法中的功能变体提出类似的问题，我们也会面临同样的困惑：这是一组相似的实例（即一个特定的语篇类型，如具有象征意义的天气模式），还是系统中的特殊排列（即一个特定的语域，如当地特有的气候模式）？观察者可以根据连续体上不同的焦点来进行分析（Halliday，2005）。

从意义潜势中进行选择并非随意，而是与情景语境紧密相连。在特定情况下，儿童对现实构建的每一部分都由符号结构组成，这些结构反映了相关情境的特征。韩礼德认为，语义连贯性与功能性发展的原则是：每个意义行为都存在一个特定的语境，并且意义行为和其语境的关系在发展过程中是不断变化的（Halliday，1977）。只有在使用时，语言的意义才能得以体现。脱离具体的应用环境，语言的意义也就难以确定。所以，人文语境和情景语境构成了语言环境。作为人文语境，是人们在一定文化语境中所出现的话语行为方式，它会对语篇的语义结构产生影响。作为情景语境，包括了话语范围、话语基调以及话语模式等各种因素，因为它们能够直接对语言交际行为发挥影响。因此，韩礼德认为意义和语境的关系是互补的，语境与语言形式的关系又是彼此联系的（Halliday，1985），分析语言的意义与功能就需要同时探究语境与语言的表达形式。

**三、意义潜势的构建性**

意义潜势的构建性指的是意义在个体和社会中被创造和构建的过程。它强调了意义的动态性和可塑性，认为意义并非固定不变，而是通过个体和社会的互动和实践不断地被建构和塑造。意义潜势的构建性具体表现在以下几个方面：

（一）个体经验与认知

个体的经验和认知对意义的构建起着重要的作用。每个人根据自己的生活经历、教育背景、文化环境等因素，将不同的经验与知识联系起来，赋予事物以特定的意义。个体通过感知、思考和解释来构建意义。

（二）社会共享与交互

社会是意义潜势构建的重要场域。通过社会共享与交互，人们可以相互传递与分享意义，共同构建和塑造意义的框架与范式。社会是意义潜势构建的重要场域。通过社会共享与交互，人们可以相互传递和分享意义，共同构建意义的框架和范式。社会文化、语言交流、社会规范等社会因素对意义的形成和发展起着重要的作用。知识与意义是一对互为依存的概念，知识是可以用符号构建并在语言中进行编码或呈现；换言之，知识首先是由意义构建的，然后通过语法拓展，再确定语言建模来解释各种经验领域所需的类别、抽象结构，最后从语言的类别和关系中衍生出来。意义是用来诠释经验并提供经验的序列；经验是通过语言解释的现实（Halliday & Matthiessen，2008：17）。因此，知识与意义不是两个完全对立的范畴，而是同一范畴内两种不同的表征形式，意义被视为人类经验的基础，知识则是人类的智慧被符号化建模。韩礼德的功能语言学理论和西德尼·麦克唐纳·兰姆①（Sydney MacDonald Lam）的语言系统的关系网络都曾运用此种方式来描写语言。从某种意义上说，意义化建模就是意义构建，这与当前认知语言学所使用的研究范式不同，后者主要用于假设或思考。认知语言学的心理映射本质上是一个意义的映射，在将知识被构建为意义的过程中，这种映射可以视为一种语言现象。因此，功能语言学视其为在词汇语法层中解释的结构。功能语言学理解和解释认知的方式是通过语言（Halliday & Matthiessen，2008：xii）。语言是人类思维与表述的工具，因此语言在认知的形成与解释过程中起到了不可或缺的作用。此观点表明语言在人类思维与理解中的重要性，即语言不仅仅是人们日常交流的工具，更是人类了解世界与自我认知的思维方式。

自20世纪60年代以来，功能语言学一直关注对内容层进行建模，而在此学科成立之前，语言学界关注的则是知识的表征，即个别概念的零碎积累，几乎没有整体组织概念而言。直到20世纪80年代后期，语义系统的概念才开始在自然语言处理中发展起来，功能语言学正是在此背景下，发展其语言系统的整体概念。功能语言学明确定位其学科背景是计算机科学（Halliday & Matthiessen，2008：17）。与其说是自然语言处理，不如说是计算中的一种特殊活动，自然语言建模的概念得到了最清晰的阐述。语言内部的配对，以语义作为上层模型的构建方式，由词汇语法作为一个整体来诠释符号的生成。为了构建此符号基础，韩礼德创立功能语法，它和形式语法代表了两种理解语言结构和功能的完全不同的方法。功能语法把语言视为一种社会符号系统，注重语言在交流中所发挥的功能。韩礼德和麦蒂森（2014）提出，语言是一个相互联系的选择网络，说话者或作者做出的每一个选择都是在一定的社会背景下实现其特定的交际目的。此观点

① 西德尼·麦克唐纳·兰姆(1929—)，美国语言学家，分层语法的创始人。

本质上是功能性的，因为它强调的是语言在现实生活中是如何表达想法、与他人互动和组织话语的。

　　由此可见，功能语法通过整合语言使用的功能和语境方面提供了一种更全面的方法。这些差异凸显了每个框架对我们理解语言理论及其在现实世界交流中的应用的不同贡献。与形式语法相异的是，功能语法以功能为导向，强调语言是特定语境中的交流工具，而形式语法则以结构为导向，侧重于语言抽象、规则支配的本质（Chomsky，1957）。这两种方法都为语言的研究和理解提供了独特的见解。综上，功能语言学的历史发展标志着从结构主义观点转向更加强调语言的社会和交际功能。

　　（三）文化与社会价值观

　　文化与社会价值观是理解人类行为、交流与互动的重要概念。这些价值观构建了个人与群体如何认识世界、与他人交流互动以及做出决策的基础。它们影响语言的使用、社会规范与社会组织。

　　1.文化与社会价值观的含义

　　文化价值观：这些是定义具体文化的共同信念、规范与实践，它们包含关于在社会中什么是重要的、可取的或可接受的思想。文化价值观，经常代代相传，影响生活的各个方面，包含仪式、传统以及社会行为。

　　社会价值观：这些是指社会中个人或群体带有的价值观，会影响到社会关系与制度。社会价值观包含着行为、道德以及社区中与个人角色相关联的规范。它们常常指导社会互动并且影响政策与社会结构。

　　2.对语言与交流的影响

　　文化与社会价值观对语言的使用与理解具有重大影响，例如，不同文化中的礼节规范能够影响语言架构，如日语中敬语的使用或西方文化中言语的直接性。在跨文化交际中，当文化价值观用不同的方式建构语言的诠释时，就会产生误解。

　　文化价值观往往会嵌入隐喻与象征性语言，例如，在许多文化中，时间、空间与关系的概念和文化信仰与价值观隐喻相关联。莱考夫（Lakoff）和约翰逊（Johnson，1980）对概念隐喻的研究表明了隐喻语言如何彰显文化价值观，例如在西方文化中将生命理解为旅程。

　　3.文化图式

　　文化图式是帮助个人解释与理解其文化体验的认知模式，是代表有关具体文化概念与社会角色的知识的心理结构。在话语分析中，文化图式可用于理解文化背景如何影响文本以及对对话的诠释。例如，与不同文化中的家庭角色有关的图式能够影响在各种背景下探讨与理解家庭关系的方式（Harris，2009）。

4.社会价值观与规范

社会价值观与规范通过设定个人在不同社会背景下的行为期望来影响行为。例如，与性别角色、等级制度和集体主义与个人主义相关的规范能够决定行为与社交互动（Triandis，1995）。社会价值观影响沟通风格，包括正式性、直接性与情感表达。在集体主义文化中，沟通或许提倡和谐和间接性，而在个人主义文化中，沟通有可能优先考虑直接性与个人表达（Gudykunst & Kim，2003）。

5.跨文化交流

文化与社会价值观或许导致跨文化交流中的误解与冲突。价值观的差异会影响信息的传达与解释方式，从而导致外交、国际商业与人际交往关系中的潜在障碍。为了应对这些挑战，个人与组织需要发展文化能力，这涉及理解与尊重不同的文化价值观并相应地调整沟通策略（Hofstede，2001）。

6.社会语言学与文化研究

社会语言学研究社会因素（包括文化价值观）如何影响语言的使用，探讨语言的变异或变化如何体现社会身份与关系。文化研究关注文化价值观与实践如何塑造社会结构与个人经历，研究语言在文化价值观的构建与传播中的作用。

7.应用和示例

（1）商业与国际关系

了解文化与社会价值观对于全球商业与国际关系至关重要。公司要求调整其营销策略、沟通方式与商业惯例，以符合其目标市场的文化价值观。例如，在一个国家，有效的营销活动或许需要做很大的调整才能引起另一个国家消费者的共鸣（Hofstede，2001）。

（2）教育

在教育方面，文化价值观会影响教学方法、课程设计与学生互动。教师需要意识到学习方式与价值观的文化差异，以创造包容与有效的学习环境（Banks，2006）。

（3）医疗保健

文化与社会价值观会影响到健康实践、患者期望以及医疗保健提供者与患者之间的交流互动。了解这些价值观可以帮助医疗保健专业人员提供文化敏感性护理并改善健康结果（Leininger，2002）。

综上，文化与社会价值观对于理解人们的行为与交流非常重要。它们建构了个人如何解释信息、与他人交流互动以及对社会规范做出反应的方式。在认知语言学与有关领域里，研究这些价值观有助于揭示语言如何反映与强化文化和社会结构。通过了解文化与社会价值观，研究者、从业者以及个人可以更有效地进行跨文化互动，并在不同背景下推动更好的沟通与理解。文化价值观能够影响教学方法、课程设计与学生互动。

（四）语言和符号系统

语言和符号系统是意义潜势构建的重要工具和媒介。通过语言和符号的使用，人们可以表达、共享和传递意义。语言和符号的选择、运用和解读方式会对意义的构建产生影响。中国哲学中的辩证思维至少涵盖人类语言发展的三个层面内容，而这三个层面在认知方法中的前景化程度相对较低。第一层是符号及其派生符号，它是一种潜在的、综合的资源，存在于个体行为中，并不断地变化和发展。派生符号是一种符号资源，它通过拓展新的领域和提炼那些已经在领域内并不断扩大作用的符号。第二层是共同构建社会符号，一种共享的资源，是集体的智慧，它与思维不一样，思维本质上属于个人内在的行为。第三层是符号呈现，它是一种活动形式，是一种能量资源，由每种语言的核心语法规则所驱动。

意义是一种资源，是不同选择的网络，每一种选择都可以通过对照儿童的总体现实模式以及其所处的位置进行解释。现实不断被建构和补充，进行内部区分和修正。同时，意义行为从广泛意义上来说还具有社会性，它来源于意义潜势，意义潜势是一种社会建构。韩礼德（1985）指出，语言本质上是语义系统网络，语篇功能可以用来进行话语交流。因为只有通过交流，人们才能发现隐藏在意义潜势之中的各种意义内容。意义构建的基本语义单位是语篇，是由潜在的意义网络所形成的。因此，语篇既是语义选择的结果，也是发挥语义功能的方式。在此，韩礼德通过功能来阐释形式、语言与语境之间产生的互动作用和形成的基本规律，动态地、立体地解释语言系统。接着，他又讨论了形式与意义的关系，他认为，形式是体现意义的手段，而意义则通过形式来体现。形式是高度简化、易于规范化的。两者并不是一对一的，一种形式可以体现多种意义，一个意义也能够用两个或多个形式来体现（钟守满，1999）。韩礼德从人类学和社会学的视角分析，强调语言应该成为社会系统的一个组成部分，并试图将形式和意义组合起来，强调语言形式，以及语言在社会生活中的应用。这一观点深刻揭示了语言的创造性和意义潜势的构建性。

综上所述，意义潜势的构建性强调了意义的动态性、个体和社会的互动，以及文化和社会因素在意义形成中的作用。它强调了意义的可塑性和相对性，认为意义是在个体和社会互动中建构的，而不是一成不变的。意义潜势的构建性使得意义能够适应不同的情境与需求，为个体和社会的认知、交流和行为提供了丰富的资源与可能性。

**四、意义行为的动态性**

庄子对语言和意义的关系有深刻的理解，认为语言是表达思想的工具，但同时也有其局限性。在《齐物论》篇中，庄子说"言者所以在意，得意而忘言"，意指语言是为了表达思想，当思想已经表达出来，语言就变得次要了。这种语言与意义的辩证关系，反映了庄子对语言哲学的独特见解。通过这些观点，可以看出庄子的辩证思想是深刻而丰富的，涵盖了阴阳相生等多个方面。

"阴阳相生"是中国哲学中的辩证思维最基本的原则之一。《易经·系辞传》阐述了阴阳相生的思想。老子在《道德经》中也多次提到该思想，他说"反者道之动，弱者道之用"（《道德经·第四十章》）。这句话强调了事物发展过程中的对立统一、相反相成的关系，是阴阳相生在社会实践中的表现。

阴阳相生不仅是对自然界和社会生活现象的解释，更具有深刻的哲学意义。它揭示了事物普遍联系和变化发展的基本规律。阴阳相生的思想揭示了对立统一的辩证关系，对立双方在一定条件下相互转化、相互依存。庄子在《庄子·齐物论》中提出"因是因非，因非因是"（庄周，2013：18）。这里的"是"与"非"相互依赖并相互转化，这正是阴阳相生的具体体现。

变化是阴阳相生的重要内容和特征，任何事物都在不断地从一个状态向另一个状态转化，这种变化是普遍的、必然的。《易经》中说"生生之谓易"（《易经·系辞上传》），这句话说明了宇宙万物都在不断地变化发展，变化是绝对的，不变是相对的。这正是阴阳相生的动态过程。

意义行为的动态性指的是意义在行为中的不断变化和演变过程。意义是人们对事物赋予的价值和理解，而意义行为则是基于这种理解和价值观进行的行动。意义行为的动态性体现在以下几个方面：

（一）受环境和情境影响

意义行动不只是认知或情感等内部过程的产物，还受到周围环境与个人所处的具体情况的严重影响。这一规则基于情境认知理论，该理论主张人类的认知和行为深深根植于社会与环境并受其影响。

环境包含社会（例如文明行为规范、群体动态等）与地理元素（例如地理位置、气候条件等）。研究表明，帮助他人、决策与冒险等行为明显受到这些环境因素的影响。拉塔内和达利的研究表明，旁观者在紧急情况下进行干预的可能性在很大程度上取决于情境因素，例如在场目击者的数量，这被称为"旁观者效应"（Latané & Darley，1970）。

依据情境背景，相同的行为有时具有不同的意义或影响。例如，大声说话的行为在一种文化背景或环境中可能被视为自信，而在另一种文化背景或环境中则被看作粗鲁。社会建构主义理论强调情境背景与社会互动如何塑造行为与意义（Vygotsky，1978）。维果茨基认为所有高级认知功能都来源于社会互动，这显示行为是通过社会参与建构与重新构建的。

认知心理学的研究还主张环境如何触发具体的认知过程，进而影响行为。例如，吉布森的可供性理论揭示，环境提供了多种"可供性"或行动机会，个人根据其经验、需求与情境意识对这些"可供性"或行动机会有不同的看法（Gibson，1979）。该理论蕴含着行为对环境中感知到的可能性做出动态反应。

综上，有意义的行为会受到文化环境的影响，文化环境提供了一系列个人内化并采取行动的规范与价值观。霍夫斯泰德的文化维度理论诠释了文化价值观如何影响沟通方式、领导力与谈判等行为（Hofstede，2001）。这显示，在不同的文化环境与情境背景下，被认为有意义或适当的行为存在很大的差异。

（二）主体的感知和解读

意义行为是主体的主观行为，每个人对事物的意义感知和解读可能会有所不同。人们的个人经验、价值观念、知识语境等因素会影响他们对事物的意义理解和行为选择。

（三）交互和交流的影响

意义行为是在社会交往与交流中产生的，与他人的互动和交流会对个体的意义行为产生影响。通过交流和共享意义，人们可以相互理解和调整自己的行为，意义也可以在社会互动中不断演变和调整。

（四）反思和学习的过程

意义行为是一个反复循环的过程，在行为实践中人们会不断地反思和评估自己的行为意义，通过反思和学习，他们可以调整和改进自己的行为，进一步丰富和深化对事物的意义理解。

综上所述，意义行为的动态性表现为随环境与情境的变化、个体的感知和解读、交互和交流的影响，以及反思和学习的过程中，人们对事物的意义和行为会不断变化与演进。这种动态性使得意义行为具有灵活性和可塑性，能够适应不同的情境与需求，并促使人们对意义的理解和行为的选择进行不断的调整和发展。

**五、意义系统的分层性**

功能语言学认为意义系统是多层级的，它与语言的其他系统密切相关。图14是语言意义系统分层模型，体现了语言从具体到抽象、从内到外的系统关系。

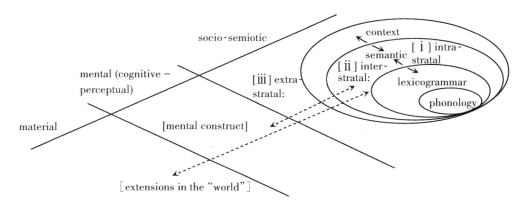

**图14　语义体的分层**（Halliday & Matthiessen，2008：440）

（一）内层（intra-stratal layers）

语言内部主要有三个核心层，即音系（phonology）层、词汇语法（lexico-grammar）层和语义（semantics）层。音系层将词汇语法的输出转化为具体的物质形式，如声音或书写符号。这一层级是语言的感知层次，展示了语言的物质性。词汇语法层是语言的结构化层次，负责组织词汇与语法以形成具体的句子。词汇语法层具有"系统网络"的特征，能根据语境的需求选择最恰当的词汇与语法。它和语义层的关系是相互构建的，即语义层提供选择框架，而词汇语法层则通过具体的结构化形式来呈现意义。

语义层是语言意义表达的核心，处于语言的上层，与语境密切相关，是语言的概念功能（描写现实世界）、人际功能（实现人际交互）和语篇功能（组织语言为连贯语篇）的集中体现。语义层与词汇语法层的关系是一种"实现关系"，即语义通过语法和词汇得以实现。

内部层级之间具有层次化的特征，它们之间是相互关联的，通过"语境"与"实现机制"紧密联系。从音系层到词汇语法层，再到语义层的转换，体现了语言从具体到抽象的渐进性。这三个层级之间具有递归的实现关系，形成了语言内部的完整系统（Bartlette，2015）。

（二）外层（extra-stratal layers）

语言是一个开放的符号系统，它嵌入于大的社会—心理—物质网络中。语境层作为语言外部环境，强调了社会文化对语言使用的制约作用，包括情景语境（语场、语式、语旨）、文化语境（如社会价值观和意识形态）和即时语境（语言使用的具体场合）三个层级。这些语境层级不仅影响语言的语义选择，也通过语义将社会文化价值传递出来。语言的心理层级（mental layers）同样被纳入外部体系，展示了语言如何映射个体的心理状态，包括记忆、思维和感知等过程。语言不仅帮助个体构建对外部世界的认知模型，还通过符号化的方式实现交流与协作。物质层（material layers）则从符号角度揭示了语言与现实世界的关系，体现了语言的双向性：它既反映世界，又通过符号行动对世界产生影响。

外层关注语言符号系统的社会嵌入性和认知依赖性，突显了语言的社会性与工具性。语言的意义并非孤立，而是通过与外部语境和认知的互动得以生成与实现。

（三）层级之间的交互（relations across layers）

语言的不同层级之间是相互作用的，主要体现为层间关系（inter-stratal relations）。内层之间是递归关系，即音系通过词汇语法表达，而语义则通过词汇语法实现，此种关系确保了语言表达的系统性和逻辑性。

内层与外层之间的关系是跨层关系（extra-stratal relations），它是语言意义生成的关键。语义层级既受社会语境的驱动，也受心理认知的支配，从而实现符号与意义的映射。图14中的箭头显示的是双向影响（bidirectional influence）关系，即语境影响语言的形式和使用，反之，语言也会改变语境，例如通过语篇建构社会价值等。

（四）符号系统的拓展

符号系统的拓展包括"心理构建"（mental constructs）和"世界的扩张"（extensions in the "world"）。心理构建指语言通过语义符号系统对现实世界进行建模，形成概念与心理表征。这种建构机制表明语言不仅是一种交际工具，而且是人类认知的主要资源。世界的扩张说明语言符号可以超越个体的心理与社会语境，通过使用与传播来改变外部世界，例如，通过广告语篇或政治演讲，语言可以建构公众的认知与社会行动。

　　综上，语言的内层通过层间递归关系实现从音系到语义的转化，而外层则通过双向作用影响语言意义的生成与使用。语境对语言的形式和内容具有驱动作用，而语言又能通过语篇建构社会价值，改变语境本身。这种层级间和跨层级的双向关系说明语言不仅是意义表达的工具，还是认知建构和社会变迁的重要资源。此外，语言通过心理构建实现对现实的建模，通过符号的扩展对社会和世界产生深远影响。语言在这一过程中展现了其工具性与建构性，不仅构建个体的认知，还通过语篇和言语行为推动社会行动，体现出语言系统与外部世界的复杂互动关系。

# 第二节　语言意义的进化观

　　在人类的认知发展史中，语言起源问题始终是一个不解之谜（赵霞，2015：90）。有关语言起源的研究层出不穷，如假设、手势、契约、感叹、本能、神授、进化、劳动、惯例、人类起源等。这些假说在不同层面上反映了人们对人类语言的起源猜测和推理的讨论。韩礼德探讨了儿童的语言发展进程及其与人类漫长语言进化的类比关系，以此分析意义的起源。他还分析指出，二维空间存在于人类语言演化的初始阶段，在此阶段，人与大自然之间是直接交流的，人的意识层与物质层是对立的。他还认为，此种二维空间的认知方式不仅存在于人类，而且也是哺乳动物的特征之一。但随着语言的持续演化，这种二维空间系统最终被解构，词汇—语法系统便产生了，从而促进了语言系统的进化成功（Halliday，1992）。韩礼德在不断强调意义是一种潜势的基础上，又进一步认定意义是人类经验的物质和意识两个维度融合的结晶，从理论层面深入阐释了意义为何是一种潜势。因为人类集体意识在语言和意义进化过程之中发挥了重要作用。

　　韩礼德认为，物质与意识层面直接对立的初始语言是语言的源头。意义既是外在的，也是内在的。关于语言的起源和演变，韩礼德认为意义是进化的、动态的、相对的。以进化的方式来考察语言的社会意义（Halliday & Matthiessen，1999），强调从生物进化的研究成果中获得启示。韩礼德指出，语言是进化系统，是人类不可分割的一部分。这一观点虽然带有达尔文进化论色彩，但是已经具有社会意义学的含义。韩礼德将进化与功能看作一个整体，社会功能的需要不仅成为语言进化的不竭动力，而且推进意义持续不懈进化（Halliday，1987）。他在意义进化学说中阐明，作为动态的功能整体，语言已经成为人类进化的主要部分。因此，韩礼德主张要进一步分析并研究语言在人类动态语境和整体语境中的发展历史。这些整体语境并非某些理想化的、静态的建构，而是对现有的语境不间断微调和融合所产生的一种综合体（conglomerate）（Halliday，2008a：183）。人类伴随着自然环境和社会环境之间的巨大变迁，并与之进行整体语境之间的互动作用，而语言系统在这些互动中起到了不可取代的作用的同时，也得到了逐步进化，而且这些进化也将始终伴随着人类社会发展而进行。因此，研究语言的意义时，不能忽视其动态性、整体性和历时性因素。

## 一、语言的语境进化

韩礼德（1977）强调，从物种进化视角看，语言一直处于人类进化的中心。诞生了新的符号形式在这个进化历程中具有标志性的意义，也就是不同于前人使用的表达意义方式。人类文化的每个重要阶段，如殖民时代、铁器时代、科技时代以及信息时代，都通过语言反映出生存环境的变化，同时也对语言系统产生了重要影响。当人类在某些领域的生存形式改变时，语言也总是不约而同地作为这一改变的重要组成部分，或成为这种变化赖以进行的重要媒介。上面这种情形，也正是说明了人类生活最基本的语境。因此，伴随着人类生存环境的一次又一次重大演变，符号系统也趋于变化和发展。语言的潜能迅速扩展。每种语言都需要适应比以前多的变异，并且这种变异的性质和含义也在变化。

## 二、语言的系统进化

韩礼德（1996）在《语法与语法学》一文中指出，语法是持续不断进化的，语法对人类经验的构建一直受到日常生活的挑战。他强调由于社会秩序高度复杂，因此，构建社会秩序的语言也随之愈加复杂。但是这两种复杂性不是以直接指称和联合结构的方式出现的。语言构建社会，但其构建并不直接指其构建的过程和结构。韩礼德将语法—语义系统置于进化体系的架构中加以审视，如图15所示。在此框架中，语法系统是作为第五种复杂现象出现的，即它同时存在于前面四个——物质、生命、价值、意义现象中。

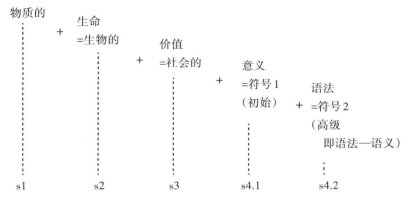

图15　系统进化类型（韩礼德，2006：189）

语法系统（符号2）是从初级意识形式演化而来的。最初的语法只有内容层与表达层，韩礼德（1978）把这种类型系统称作初级符号系统（primary semiotics）。在此系统里没有语法，复杂符号是由高级意识（higher order consciousness）形式演化而来的（Edelman，1989）。此高级符号是含有语法的语言。语言被视为人类社会中的现代人（sapiens）进化的标志。从原型意义视角看，表达系统（语音）直接与人相关，内容系统也和整个人类经验世界有直接的关系，语法则作为连接两者的媒介而得到持续发展。因此，语法在两者之间起到了桥梁作用。语法被认为是人类语言演化过程中最成功的成果之一。随着原始语言符号的分解，以及语义和词汇语法层从内容层面逐步分解出来，语法会再重新组合。通过这样的循环过程，形成分层次系统的结构（Lamb，1964；Martin，1992，1993）。

**三、语言的功能进化**

韩礼德（2005a：1）指出，语言的进化源于其在生活中的功能。对于语言发展的定义，大多数人认为其主要体现在词汇的增长上，新的语境往往催生新词。语言学家不常计算单词数量，原因在于单词难以界定。例如，汉语中一个词可能同时是名词和动词，且无形态变化，导致难以区分。要找到适用于所有语言或同一语言不同历史阶段的答案非常困难。此外，词汇作为语法结构，能持续生成新词，通过借代或混合也能形成新词。不同语言有独特的构词资源，例如英语的派生和复合构词法。语言的功能性增长扩展了意义潜势和现有语境，进而进入新语境。每一种语言（我们的母语）的意义潜势都可以无限扩展，但是实际上能够做到这一点的只有很少一部分。因为这种扩展不仅需要符合特定的条件，而且还需相当长的时间。

　　韩礼德将语言视为一个符号系统，它在认知发展、社会互动与环境共同作用下功能性地进化（Halliday，2003）。从此视角看，语言的进化不仅包括语言形式的变异，还包含其功能进化以服务于人类的需求。

　　功能语言学进化观点的核心是语言的三大元功能的进化：概念功能、人际功能和文本功能。这三大元功能体现了语言契合人类需求的多种方式，它们的进化显示了人类交流不断复杂的趋势。从进化的视角看，概念元功能的进化使人类能够感知从具体到抽象的多种体验。随着社会的进步与知识的日益积累，语言也在不断进化以适应新的概念、关系和现象的出现。例如，科学进步产生了新的语言表达方式来描述新兴的想法和发现（Halliday & Matthiessen，2014）。人际功能反映了语言的社会方面，其不断地进化以适应日益复杂的社会结构和角色，例如，寒暄功能、语域与情态动词的演变显示了语言如何适应以推动更具体的社交互动。韩礼德认为，语篇功能关系到将语言组织成契合交流环境的连贯文本。随着交流语境变得愈发多元化——从面对面的交流到书信往来、电子邮件通信或书面法律文件等，语言日益发展以提供可以在各种不同环境中达到连贯性与凝聚力的结构。此种功能进化包含文本类型、体裁以及话语标记的进化。所有这些都有助于说话者和作者有效地组织其语言以达到各种不同的交流目的（Halliday & Matthiessen，2014）。

### 四、语言的认知进化

　　韩礼德（Halliday，2004）提出语言的演变和认知发展关系密切。随着人类认知的进化，语言体现复杂思维过程的能力也在日益提升，尤其在语法的进化中更加突出，语法的进化是为了适合更为抽象、更为复杂的思维形式。例如，名词化与主从复合句等的演化反映了表达更复杂的逻辑关系和抽象概念的需要。韩礼德（2007）认为人类意识是自然选择的产物，并且无须假设一种被称为心智的神秘实体存在于生物历史过程之外。正如麦蒂森（1993）所指出的，心智本身是语法对内在经验解释得相当片面的产物。神经科学家已经证明，大脑（包括人脑）是在生物与其环境之间日益复杂的关系；韩礼德在这里补充说，大脑也是在组成一个群体的有机体之间日益复杂的社会互动中进化的。这些进化过程产生了埃德尔曼所说的高阶意识（Edelman，1992）。高阶意识是符号意识；正是这一点将经验转化为意义。语言作为一种经验理论，以隐喻机制来解释人类的经验。当语法解释内在经验并导致心智的形成和进化时，它也必须通过隐喻机制进行。作为这种识解的结果，心智也是隐喻性地组织起来的。

　　根据韩礼德的语言和意义进化理论，现代语言成功形成的标志是词汇—语法系统将哺乳动物的意义潜势完成了语法化，然后在内容层面和表达层面之间出现弹性空间。这种界面诞生的重大意义在于，原始语言进化为语言，人类可以脱离经验的直接情境，将世界视为独立的观察者。这个语法化过程，其实体现的是语法隐喻的命名、分类、重构和优化等各种工作机制。

# 第三节　阴阳进化和生态平衡论的借鉴

　　阴阳哲学认为，阴阳是一对相互依存、相互转化的矛盾统一体，它们的相互作用和平衡是事物发展和进化的动力。生态平衡论则强调自然生态系统中各个组成部分之间的相互依存和相互作用，维持系统的稳定和可持续发展。

　　功能语言学认为意义并不是孤立地发展的，它是在语言功能进化中形成的。韩礼德（1991）发现，人们现实生活中通常使用的系统（system）不仅包含系统，而且包含过程（process），即预计可能发生的事、已经发生的事。所以，意义潜在系统是语言符号系统。而语法是意义表达时使用的特别语言系统。此系统一般通过措辞促成语言意义的形成。其所谓的内容层面（content plane）已经包含了语法和语义两个组成部分。这个特殊的语言符号系统因此被看作语法—语义（grammar semantic）系统。因此，正是由于语法的作用，才使得语言系统具有独特的意义构建能力。对此，韩礼德特别强调，语法是协同发展的，因为功能是产生语言意义的源泉。他从两个方面做了进一步阐释：一方面，语言构建了人类经验。此时，语法发挥的构建功能，也就是通过语法，使得人类的经验变成了语言意义，并通过此范畴和它们的相互关系逐渐使语法规范化。另一方面，语言构建了社会过程和社会秩序。语法通过意义构建了各种社会关系和社会秩序。这是由于语法通过元功能促成了符号转换与符号的合成，并由此开创了一个属于语言自身的空间，即一个由意义所形成的现象领域。正是通过这个第三种意义构建形式，语言符号才能得以发展并不断进化，实现和物质过程共存，同时能给对方提供足够的发展环境。鉴于此，麦蒂森主张语法促使语言信息的变化并与事件的改变产生契合且互动（Matthiessen，1992），换句话说，语法使物质和意识产生了互动。

## 一、意义进化理论

　　意义发生（semogenesis），即语义的生成，被韩礼德和麦蒂森推崇为系统语言功能语言学理论的"指导原则"，即语言本身具有可以构建新意义的资源。（Halliday & Matthiessen，2008a：17）。韩礼德和麦蒂森将意义进化分为以下三个过程。如图16所示：

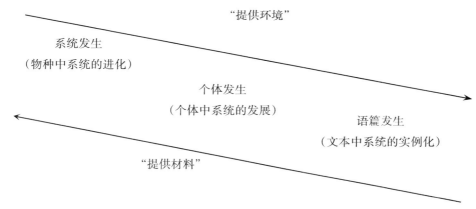

**图16　三个相关的意义发生过程（Halliday& Matthiessen，2008a：18）**

从生成意义过程看，功能语言学把语言看作一种社会意义符号，其符号进化观本质就是意义进化观。生成意义过程，即以某种构建意义与特定意义的过程模型形式出现。由于这些过程是随时间发生的，因此需要确定时间范围，其中至少包含以下三个时间维度。

1.系统发生（物种语言的进化）

目前已知的人类语言只占其进化总时间长度的一小部分，可能为0.1%（Halliday & Matthiessen，2008a：17）。这些语言只有在最近发生了某个特定方面的进化才跟语言进化史具有相关性，例如新的科学话语产生时，才跟人类语言进化史具有相关性。这是系统进化的时间维度。

2.个体发生（个体语言的发展）

单个说话者的成长史可能与生物个体的成长史一样，沿着表象的遗传轨迹再现了一些进化过程。但个体的经验是成长的，而不是进化的，并且遵循着典型的生长、成熟和衰退的循序渐进的步骤。这是个体发生的时间维度。

3.文本发生（文本语言的展开）

这是一个随机的过程，在这个过程中，意义潜势是通过不断地改变之前的文本，在此期间有些选项会受到限制，而其他选项又不太符合条件。功能语言学把这一现象称为文本发生时间维度（logogenetic time frame）。

图16中所示的是意义生成的三个时间维度，"通过在这三个时间维度的互

动，意义不断地被构建、传递、再构建、扩展和改变"（Halliday & Matthiessen，2008a：18）。从意义生成的过程来看，种系、个体和文本这三种发生方式的交替循环形成了意义进化过程的机制，并由此导致了动态的意义进化，完成了物质经验、意识体验、词汇语法等的发展。

韩礼德和麦蒂森还使用阴阳图详细阐释了意义构建的三种具体方式（Halliday& Matthiessen，1999：18）。

意义进化的首要方式是当新事物出现或新的概念被发现后，人们创建新的名称或术语来表示其含义，例如，在人工智能出现后，汉语中出现了量子机器学习（quantum machine learning）、大语言模型（large language model，LLM）、自动机器学习（autoML）等词汇。同时，随着最新的科学研究成果的出现，相应的事物命名也常常随之而来。因此，语符的进化在这方面体现为产生了一种全新的能指和所指的统一体，即相当于一个完整的阴阳图。

意义进化的第二种方式是通过提升语义的准确性。韩礼德和麦蒂森以病毒（virus）和细菌（bacterium）为例，说明词汇的意义在特定的语境中会变得越来越精确，随着语言意义的微妙差别而被辨别出来，伴随着语言准确度的提高，新的词汇源源不断地出现。如图17所示。

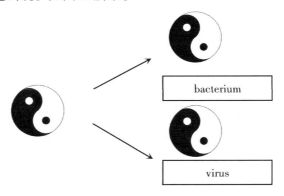

图17　意义精密阶（Halliday & Matthiessen，2008a：20）

第三种意义产生的方式是通过符号自身的属性来实现的。他们指出，这里所讨论的符号范畴与索绪尔所指的符号不同。它并不涉及词汇和语音之间的意义体现关系，而是关注内容层面上的意义与词汇之间的关系，处于语义系统和词汇语法系统之间的中间位置。如图18所示。

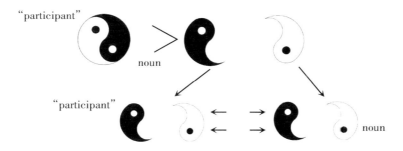

图18　词汇语法和语义关系（Halliday & Matthiessen，2008a：21）

图18是韩礼德和麦蒂森运用中国的阴阳符号解释意义进化的过程图。起初，参与者的范畴与名词是分离的，参与者不是通过名词本身表达，而是通过其他事物来表达。因此，意义的构建有三种方式：通过名词构建参与者，通过某物构建参与者，或者通过名词构建某物。尽管它们之间属于不包含关系，但存在多对一的可能性。这种阶梯式的转变被韩礼德和麦蒂森（Halliday & Matthiessen，2008a）用阴阳符号解释为意义发生的整个过程，由此可见，中国古代辩证思维对他们产生了深刻影响。

虽然从表面上看，阴阳图仅反映了模拟状态下新的语言意义生成的总体路径，将阴阳对立与转化视为意义发生的原动力。然而，从更深层次来看，索绪尔提出的能指与所指的二元对立关注了对立性，这一观点制约了西方语言学界对语言与现实关系的研究。如果能指与所指、语言与现实之间存在完全对立关系，那么它们之间就无法进行相互转换。这从根本上否定了现代科学发展的基础（朱永生 & 严世清，2011）。

韩礼德和麦蒂森正是从辩证思维的角度，利用阴阳模型来研究能指和所指的相互转换，并得出科学的结论。因为能指和所指，就像阴阳一样，本身就具有矛盾的性质。语言与现实之间是辩证的关系，它们相互对立并转换。正是这种辩证关系的存在，促进了人类认识论的进步和发展。

韩礼德一直坚持以进化观开展语言科学研究，运用社会功能理论比较语言和物种的进化情况，并将语言生物进化研究成果融入社会科学研究领域中，将不同领域相互融合。这最终形成了意义进化论，创造性地提出了原始语言、语言发展、社会生物学、语义生物学、话语演化等多个范畴。可以说，韩礼德的意义进化论借鉴了中国哲学中的阴阳辩证思维的研究路径，为语言进化论研究提供了新的研究范式。

## 二、阴阳辩证思维和意义进化论的相同性

通过将意义进化的三个时间维度与阴阳辩证思维比较，发现它们理解现象和系统的方式存在相同之处。

在意义的发生过程中，词语（wordings）与意义（meaning）是共现的。它们的关系类似索绪尔所说的符号的能指与所指，中国阴阳符号生动地再现了这种关系。两者在意义产生过程中是并协与互补的关系。韩礼德和麦蒂森强调，本质上能指与所指虽然只是指的符号所具有的特征，但两者却建立了类似中国的阴和阳的关系（Halliday & Matthiessen，2008a：19），此处表明了事物的双面性，即对立又统一，而且两者能够互为转换，如用阴表示"书"的种类，用阳表示"书"的指称等。由于语言的指称经常和新的科学发现同时出现，因此意义进化论在这一方面体现为构建新词的内容层与表达层，即阴与阳的统一体。而解决意义进化论的主要问题就是看其能否动态地审视语言符号，并且寻求厘清语符漫长进化历程的理据或机制（严世清，2012）。

西方哲学发生语言转向后出现的存在理论认为，人类只能通过语言知道真相。语言乃存在之屋。真理需要表达，表达有各种方式，一个研究对象可以有不同的表达式，因此意义也存在差异性。意义问题一直是哲学的主要问题之一。意义只与存在的事实相关吗？答案是否定的。即使不存在的事物也具有意义。因此，研究意义比事实更为根本。意义是如何生成的？中国先哲们给出的答案是阴阳对生（张广保，2002）。对中国人来说，哲学的意义问题比其他任何概念都要容易。意义产生的原因在于阴阳。阴阳是关系，居中而具有重要意义。所谓阴阳的本体论，也就是发生论，在于阴阳相互作用的发生或合成。各种发生者都是悬中或居中发生的可能性。语言也是当场发生或构成的。一切与语言有关的东西都是由语言黏合在一起，由阴阳构成的。语言与事物发展具有一致性和合一性。研究语言，就是研究意义的发生。

韩礼德经过对儿子奈吉尔在幼小阶段的语言成长轨迹的研究（韩礼德，2003：627），认为孩子的原创语言的两种主要来源，一种来源于物质领域，主要是指大自然产生的各种声响，而另一种则来自幼儿的成人语言发展所形成的成人语言，虽然这种语言并不具有成人语言的指代功能。他的这种研究，反过来又进一步证明了中国阴阳辩证思维的发生论。在此基础上，韩礼德又进一步解释了幼儿运用原型语言的特征、系统及发展模式，为阴阳辩证思维发生论提供了语言学佐证。

（一）整体论和相互依存

图16展示了种系进化、个体发展和文本例示的时间维度之间的相互依存关系。这些层次作为一个整体是不可分割的，每个层次不仅独立存在，还为其他层次提供环境和材料。系统的演变为个体语言发展提供了背景，个体语言学习影响语言使用的具体实例，进而影响个体和物种层面的变化。

阴阳辩证思维方式主张对立统一与相互依存，例如，阴和阳是对立的力量，它们共同构成了宇宙中一个和谐的整体。任何实体的存在与发展都依附于这些对立面的互动和平衡，时间维度系统类似于不同时间维度之间的相互依存。阴与阳相互作用，又相互制约，形成不断进化的动态过程，此循环规律的动态变化过程被称为阴阳平衡。它体现了事物的形成、变化和发展的过程。自然界的万事万物都遵循这个发展动态平衡规律，实现阴阳循环，生必有态，这种生要靠态来表现，这叫生态。生态平衡实际上就是阴阳平衡。在自然环境中有大生态，大生态又发展出若干小生态。一年节气变化中，"冬至"和"夏至"是阴阳转化的两个转折点。冬至则阳生，夏至则阴生。从冬至开始，阳气开始复生，阴气开始消退，到夏至，阳气的盛复达到顶点，同时阴气的消退也趋于尽头。《阴符经》说"天发杀机，移星易宿"，讲的就是强调天地人构成大的有序发展生态，三者关系之间有和谐、有融洽，才能相互适应，才会有自然的生态平衡。

语法作为一种生态意义系统，有与大自然中的那些生物体同样的生存特征，同时也依存于整个生态系统；在整个人类进化的历史中，语法和语言是共同进化的，为共同推动人类初级意识向高级意识演进起到了十分关键的作用。韩礼德认为，语言作为一个生态系统，语法不但可以与语言内部其他系统产生交互，同时也可以与所处的各大生态系统保持交互（Halliday，1999）。正是在这两个互动的影响下，语法的生态特性得到体现。另一方面，语法系统的动态构建能够维持，并和其他系统处于此消彼长的态势，这就促使了语言日益演进为一种主动适应、自主组织的系统。鉴于此，语法也是一个生态系统中，和其他非系统生物具有本质差异的生物体。这种语言生态特性其实就是社会的生态特性，当语言发挥社会功能时呈现迁延、适应和元稳定等特点。

语言已经发展为三大元功能（Halliday，1967b，1968，1978）。对于概念的元功能来说，有两种不同的构建经验的模式：配置模式（经验模式）或序列模式（逻辑模式）（Halliday，1978：131）。韩礼德（1967b，1968，1978）将这些功能视为整体理论中不可分割的组成部分，并将其称为元功能。它们是语言固有的，换句话说，语言的整个架构是沿着功能线排列的（Halliday & Matthiessen，2014：31）。

　　不同的意义在语言或词汇语法中可以同时被解释，这是产生意义的资源。通过系统的功能分析，可以揭示这些含义，如图19所示。

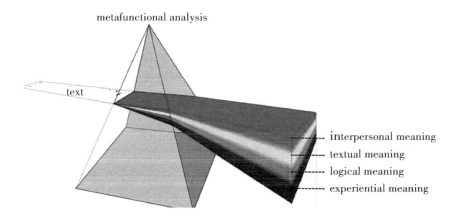

**图19　元功能分析图**（Kim & Matthiessen，2015：336；Matthiessen，2014b：277）

　　图19是元功能分析语篇意义体现的模式图，不同的意义模式涉及不同的系统。韩礼德的自然语法概念与阴阳生态平衡概念是一脉相承的，它与有机体一样都处于同一个自然环境当中（黄国文，2018）。就学理渊源而言，阴阳进化论和生态平衡论对韩礼德的意义进化论产生了深刻影响，而功能进化则是功能语言学的核心思想之一。这两种论述不仅反映在对某些社会文化发展中共有的词汇术语运用上，比如选择、进化、种系发生、个体发生等，韩礼德在此基础上还赋予了这些词汇术语更多社会发展方面的含义。同时，这两种理论在研究方法、语言发生和语法生态性等方面也存在较多的共同性。

　　（二）意义动态变化与互转

　　图16突出了语言系统在不同时间维度中的动态性质。这种变化不是静态的，而是随着时间的推移不断演变的。系统的演变、个体语言能力的发展以及语言在特定文本中的实例化，如语篇发生等都代表了语言系统的持续转变和发展。阴阳的互转和动态平衡是阴阳辩证思维体系的核心，阴阳之间的过渡（例如，昼夜交替、季节轮回）说明了变化的过程。这种观点认为变化是客观存在的，这与时间维度系统对语言进化的处理中观察到的动态特性相似。

### 三、阴阳辩证思维和意义进化论的差异性

意义进化论关注语言系统的发展，具体解决语言在不同层次（如物种演化、个体学习、文本表达）的表现，为分析语言的实际发展和使用提供具体的理论框架。阴阳辩证思维是一种更哲学、更抽象的思维方式，适用于更广泛的现象，包括自然、社会和哲学问题。它关注普遍的原理和规律，如对立的相互依存和动态平衡。

意义进化论源于系统功能语言学，主要适合语言学领域，特别是解释语言系统的多层次性及其在交流和文本中的体现。阴阳辩证思维源自中国古代哲学，其应用范围广泛，包括自然科学、社会科学和人文科学。它是理解各种复杂现象与对立面内部关系的认知模型。意义进化论和阴阳辩证思维都强调整体性、相互依存性和动态变化，但它们的抽象程度与应用范围不同。意义进化论提供了一个专注于语言发展的特定理论框架，而阴阳辩证思维是一种广泛的哲学方法，适用于诠释各种现象。通过这种比较，我们可以更好地理解阴阳辩证思维的独特贡献和它们所共有的核心概念。

# 第十章 中国哲学中的辩证思维
# 与功能语言学的契合

中国哲学中的辩证思维，尤其是阴阳思维是古人认识宇宙万物及其变化规律的世界观和方法论。辩证观念自古以来就被视为处理矛盾问题的一个方法论，二元平衡关系是事物复杂关联中最根本的概念。受中国哲学中的辩证思维影响，西方功能语言学采取了应用分析、互补、个别描述和普遍描写的方法论，它具有开放性、相对性以及关联性的特点。本章就中国哲学中的辩证思维与功能语言学的契合问题做如下探讨。

## 第一节 方法的开放性

方法论是语言学发展成为一门科学的基石。选择什么样的科学研究方式对语言学来讲，有着非常重要的理论价值和实际意义。语言学研究具有多学科、多层次和多视角的特点，从而形成了语言学方法论特性：一是将许多学科特别是物理、生理等自然科学引入语言研究；二是语言学研究方法被引用到其他相关学科。语言学研究方法论具有开放性，特别是语言学与自然科学的融合，使语言学成为人文学科方法论发展的主导学科之一。

### 一、理论间的认同

"和"是中国传统文化的重要特征，充满深刻哲理，倡导包容万物，兼收并蓄，聚集不同事物，主张多样性和平衡性的统一，从而产生新事物。现代西方语言学方法论与哲学传统、社会科学、语言学和认知科学有着千丝万缕的联系。韩礼德本着兼收并蓄的学术观点，从哲学、心理学、生物学、语言学等诸多学科中汲取丰富的营养来发展功能语言学，推动理论创新性发展，彰显其包容性。韩礼德（Halliday，1978）提出，语言是社会符号。所谓社会是指同一语言群体的成员共享相同的语言和写作系统、词汇语法、意义的知识，而所谓的符号是指同一语言和表示其共同文化价值的符号体系，就像文化群体认同并构成其他符号系统的文化，如服装、建筑等可以表达意义。韩礼德将概念功能、人际功能与语篇功能共同组成了话语元功能，从而形成了功能语法。功能语言学并非关于单一语种（如英语或汉语）的语言科学，只是分析方言的一个科学手段。它是动态的，因为它总是可以随着环境的变化而做相应的调整。另一方面是平衡的，处于一种较为平衡和稳定的状态。与此同时，它又是一个开放度较高的语言系统，在实施自行调整时也能够适时整合，以形成新的语言表达方式来不断适应人类表达和认知的需求。但事实上，从20世纪60年代初，自功能语言学创立起，该学科从社会语言学视角对语言进行阐释、分析与作用的能力得到不断增强。正是因为社会语言学不断调整新的方向，开拓新的领域，其潜力得到不断挖掘，新的资源和研究成果层出不穷。

　　韩礼德（Halliday，1978a）吸收了伯恩斯坦关于社会学的一些观点，并把语言看作一个社会活动，其中包括人类的语言活动。他还围绕语言与社会结构、需求和文化语境等方面的各种关系，开展语言本质的研究。他认为，虽然语言本质上是社会关系的基石，但话语和符号体现的意义之间是紧密联系的，且存在于语言的每个层次中。韩礼德总结和借鉴了维果斯基关于心理语言学的部分研究成果，发展其语言建构性思想（Halliday & Matthiessen，1999）。他通过分析个体进化和种系进化的特征，来研究语言互动性与建构性，并以此来阐述语言与意义的演变历程。韩礼德是最坚定的建构主义者，因为他不但采用历时性方式说明了人类话语由原始语言的交际形式演进而来，还同时说明了人类儿童语音发育过程和语篇元功能的进化实质，从而驳斥了任何预设的语言能力理论。在高度重视人类语言识解经验和建构社会的今天，韩礼德仍然从始至终坚定其建构主义立场。因为韩礼德的研究成果已经充分展示了人类语言对现实社会的建构性，这是人作为种系统进化的必然结果。

　　韩礼德关于儿童语言发展的观点和达尔文有关语言的高等意识观是很接近的（Halliday，1995 /2007：397）。韩礼德强调，达尔文的观念虽然并非完全适用于语言研究，但是他的基本观念却是正确的（Halliday，1991b），即人们需要从一种历史进化的语境中来认识语言，并将语言视为人类历史进化过程的重要组成部分；人们并不需要将这种观念用在具体、特定的工作场所，而是应将它看成是人们工作的基本解释框架（Halliday，1991b：81；2007：135）。

　　通过对韩礼德上述观点的分析发现，他并不完全认同达尔文关于生物进化论的所有观点，但是，在形成和发展意义进化理论的过程中，他仍然运用了"物竞天择，适者生存"（Darwin，2009）的思想。

### 二、语料库的共生

西方功能语言学主张语法的聚合性，在语言系统里的所有选择过程中都具有或然性。功能语法系统或然性的概念形成要比现代语篇语料库理论发展早很多年。在韩礼德看来，功能语言学与语料库理论相互之间的关系是彼此共生和协同增效发展的关系（a symbiotic and synergistic relationship）（Halliday，2006：293）。韩礼德反对索绪尔和乔姆斯基关于语言和言语、语言能力与语言行为的二元论分析方法论，并提出了话语体系才是对所有语言实践分析的总纲，从而为语言语料库研究奠定了更坚实的理论基础（韩礼德，姜望琪，付毓玲，2011）。

在韩礼德看来，语料库语言学是一项理论化程度很高的研究。正是通过对文本语料的研究，有效地促进了我们对词汇构成、词语分类，以及语法整体性的了解（Halliday，1993）。语料库既是收藏各种语言范例的总库，又是体现许多表意行为的宝库，语料库拓展了研究视域，引入了定量分析的方法（Halliday，1996）。语法系统的或然率是由语料库中的频率直接呈现的，提升了语料库语言学的统计价值。

韩礼德反复强调，语篇与系统之间存在并协与互补的关系，语篇作为系统的示例出现，而系统作为语篇的意义潜势（Halliday，2008a：83）。韩礼德（1992）形象地分析，语言实例的研究者就像气象站工作人员，分析语篇就好像从中获取每天的气温、相对湿度、气压、风向，以及变化趋势等信息；语言系统的研究者就像气象学专家，分析总体概率，对某个区域的整个气象状况加以模型或仿真。韩礼德用气候和天气来比喻语言学中的实例和系统研究，是十分形象和贴切的，也给语言方法论以启示，就是要从小处入手，大处着眼，既要关注微观，也要着眼宏观。韩礼德主张把整个话语体系和语言实例都看作一个话语现象，将语料库语言学的研究对象严格地定义为真正的话语，以促进在形式、规则和意义等方面的研究向更深层次发展，并促进话语学科的理论体系建立和总体进展。

韩礼德在《语言学作为隐喻》一文中表示，信息充足的语料库将为我们的语言系统网络建设提出佐证，将使语言系统网络建设更精细化，并进一步把语言格式化成某种意义潜势——对其每一个例子来说，语篇中的句子都指向形成了语言整体的某种概率（Halliday，1997）。系统的输出很明显的是有限的（Cobuild），而上百万个英文单词也不见得比一个英文单词更无限。但是，系统的造义功能是完全开放的，通过具体的子系统，复制自身的部分而实现其功能。

韩礼德认为现代语料库是语言学研究的强大工具，能够清晰地表述功能变异的概念（Halliday，1997：429）。因此，概率既适用于词汇，也适用于语法。在词汇方面，概率的含义不同：某些词汇仅在特定语域中使用，这就是专业术语的定义；而当变异体现在不同语域中的词汇分布时，概率的界定也会改变。在由聚合关系组成的封闭系统中，词汇本身并不具备功能，因此不表现出语法中的概率变动，如主动句与被动句的转换。然而，词汇可以在两种环境中出现：一种是词汇搭配模式，另一种是语法结构（如小句、短语）。因此，不同语域之间的主要差异往往体现在词汇和语法环境中的排列方式。

## 第二节　范畴的相对性

辩证思维主张事物的对立属性是动态的、可变的，这种相对论被运用到功能语言学中，主要呈现以下特点：

### 一、语言的构建性

哥本哈根学派代表人物叶姆斯列夫（Louis Hjelmslev，1953）提出语言符号如果是孤立的，那它不具有任何意义。他还指出，由于所有符号的含义都来自语言环境，因此是显性语境，而不是情态语境。所以，在意义无限的语言中，人类习惯于把情态语境转化为显性语境（赵霞，2015）。韩礼德继承和发挥了叶姆斯列夫的语言理论，形式和内容两种形态同时存在于表达方式和实体中，但表达方式的内容和形式表现是语音、音位，而内容方面则是语法和语义。韩礼德把它作为基础，构建了功能语言学理论框架意义系统，从起初的音韵、单词、句法、语篇，到后来的图像和声音模态系统，并且伴随着人类经验的不断发展，系统数量也愈来愈多。语言经过三次编码才能产生声音、图像等实体早在现代文本语料库理论发展之前。在意义的形成方面，叶姆斯列夫（1943，转自 Halliday & Matthiessen，2008：17）的观点是，对人类来说，虽然现实是未知的，但对现实的解释是可知的，意义源于我们自己的意识和所生存的环境的相互作用。

韩礼德在功能语法基础上建立了话语分析模式（詹宏伟，朱永生，2017），利用社会分析方法，来揭示人类怎样掌握话语。韩礼德将话语体系和话语构成，看作人类社会体系和社会构成的主要表现形态。话语通过人类社会历史文化的语境来表现意义。话语既是社会交往的重要媒介，也是意义选择的产品。

语境决定了语域结构及其意义潜势，并在话语中表达。而话语的运用范围、基调和方法也是语境的一部分，它们决定了语义体系的概念功能、人际功能和语篇功能。

韩礼德主要讨论的是语言和语言学在世界发展或改变中发挥的功能。韩礼德强调，人类必须通过语言来传达现实世界与对社会的认识，并以文字来建立理想社会（Halliday，2003：145）。韩礼德（2003）区分了机构生态语言学和系统生态语言学，他认为前者指的是语言及其具体运用和人类之间的关系，后者是人类对环境的影响，即话语对人们行为的直接负面影响。韩礼德还认为现实既不是事先产生的，也不是被赋予意义的，现实需要被人类自主构建；而语言则在现实形成过程中发展，成为构建的主要手段。语言没有建立在一个上层建筑中，是人类意志和物质双方相互作用的结果，是人们作为物质存在与意志存在之间的矛盾体，也是作为与经验有着矛盾的领域。所以，语言不是被动地反映现实，而是自主构建真实（Halliday，2003：139～174）。

**二、隐性范畴与显性范畴**

沃尔夫在《语法范畴》（1937）一文中，第一次明确提出隐性范畴概念，并指出这是用来阐述各种语言性质时所形成的概念理论，它是一种缺乏明确的形式标志的语言现象，它所表达的含义往往是隐秘、微妙和不易掌握的。虽然它并没有与其他词汇相对应，但在语言中却具有很大作用（Whorf，1956：125）。隐性范畴则是和显性范畴相对应的，指一种有形式标识的范畴也是显性的，而这种标识通常会出现在含有此范畴成分的任何语句里。韩礼德的意义潜势源自隐性范畴，它在下列两方面有一致之处。

1.语言使用者体现意义和通过系统网络选择意义，这两个过程是相似的。韩礼德认为，意义潜势和语言的表达形式都是人类经验在物质与意识两个层面相互融合的产物。韩礼德的物质层面和意识层面分别与沃尔夫的显性和隐性概念相对应。

2.语言内涵的不可言说性，语言内涵在事物表述过程中不可能一一对应（Halliday，1988：39）。人类现在还不能精确地认识主语（subject）、行动者（actor）和主题（theme）等意义，因为，在人类的经验中没有一一对应的，可以用语言表述的现象群。

根据以上分析，韩礼德和麦蒂森总结出以下观点，即如果要认识某种事情，就应该将其转换成某种意义，而一旦认为已经认识了该事物，那么就表明这个转换过程应该结束了（Halliday & Matthiessen，2008a：x）。同时，他们进一步强调，自然语言的语义作为我们经验的编码体系，是与日常经验联系在一起的（Halliday & Matthiessen，2008a：25）。但实际上，韩礼德和麦蒂森仍然最终把意义同解释和日常经验联系在一起。因为韩礼德一直主张，意义是经验被语言识解所产生的（Halliday & Matthiessen，2008a：36）。一致式和隐喻式是理解语言的主要方式。如果语义层、语法层处于一致状态就是一致式表达；反之，就是隐喻式表达，即语法、语义层处于不同状态。例如以动词表达事件过程或者方向等，构成了新的含义与知识。他从进化和历时视角分别分析并解释语言，以隐喻为例提出了词汇语言可以重构人类经验。通过一致式识解而获得的是普及性知识，再经过隐喻式构建而形成的则是科普知识等。

# 第三节　内容的关联性

辩证思维和西方功能语言学的研究内容相互关联。辩证思维的对象是广义的事物和现象，而西方功能语言学的对象是语言这种特定的社会现象。语言作为人类社会最重要的交际工具，是辩证思维分析社会现象的重要媒介。在功能语言学的视角下，语言不仅仅是一个传递信息的工具，更是反映社会关系和文化的镜子。通过语言分析，可以揭示社会矛盾和文化冲突，这与辩证思维分析社会矛盾的目的是一致的。例如，通过对某些特定语境中的语言使用情况的分析，可以揭示出潜在的社会矛盾和冲突，从而为解决这些矛盾提供理论依据（Halliday，1985）。

## 一、焦点的互补性

韩礼德的主要贡献就是对有关语言性质、语言体系、语言功能、话语结构，以及语言与语境的相互关联、衔接和贯通等许多问题，阐述了自己的看法。韩礼德指出，通常互补可以用来识解任何意义（Halliday，2008b：53）。因此，口语和书面语都属于话语形式，与时间、社会环境以及不同社会关系构成互补关系，而由于口语已发展成了一个体系，其语音也可以作为语篇互补研究视角，词汇和语法也是互补研究的主要焦点，等等。作为人类社会符号的语言，是在作为说明和理解人们社会交往语言时使用的，所以有功能性和选择性（Eggins，2004：3）。因此，语言的功能主要体现在各种语境下意义的构建上，即所有意义的构建都是在经济社会和人文科学因素影响的大语境下进行的，并深受经济社会和人文科学各种因素的直接影响与约束。同样，人类选择语言的过程也是一种筛选人类社会生活符号的过程，在这种过程中人类就变成了社会人（Halliday，1978），并通过选择语言来识解人类社会生活经验、创造意义和表达意义。从意义层次上来看，这种选择的进程可以表现为三大元功能，即三类意义的整合。只有拓展功能语言学潜势和资源，方可满足适用于实践研究的需要。功能语言学运用互补和综合的观念来对待社会问题、剖析问题与解决问题，把不同语言形式放置在整体的环境中探究，并选择了互补的、综合的研究方法。

## 二、学科的渗透性

事物之间普遍存在对立和联系关系。阴阳也存在着无限的可分性，也就是阴阳互含，彼此包容，但两者在变化过程中不断分化，例如，白昼代表阳，夜晚则象征阴。随着对立面的演变，阴阳可进一步细分，"阴阳者，数之可十，推之可百，数之可千，推之可万，万之大不能胜数，然其要一也"（《素问阴阳离合论》），意思是其数量可以达到十、百、千乃至万，尽管难以穷尽，其本质却始终是统一的。这种研究方法通过探索阴阳的相对性，不仅揭示了事件或现状中阴阳属性的规律，还展现了其内在的复杂性，同时也证明了从中国阴阳思维归纳分析事件或现状的普遍性，即每一个事件或现状中都蕴含了同一种阴阳。而功能语言学的研究模式也从一开始就是整体的、系统的、功能性的，它重点关注的研究对象就是自然环境中的整个语言体系（汪徽&辛斌，2017）。随着理论的进展，语言研究分类也愈来愈细致，并且已经深入各个领域。这种更深入和广泛的科学研究任务中，不仅涵盖了对传统话语架构的补充，还涵盖了对个别语句的词汇形态表述，以及增添新的符号表示形态层次等。所以，功能语言学思想是一个整体模型的系统思想，对具体系统语言问题的研究是思想发展和成熟的标志。

韩礼德在回顾系统理论演变的突出特征时，强调了外部因素的渗透。他所指的"外部"不仅包括系统或功能语言学以外的其他语言理论，如法位学和层次语言学，还涵盖了语言学以外的其他学科。在这些学科中，语言并非研究的核心，而是实现特定目标的工具。他认为，系统理论从未局限于某一学科，学科的定义应侧重于其所要解决的问题。因此，理解语言正是语言学必须面对的课题，这促使语言学理论采取多符号的阐述方式，与其他社会研究理论相互联系，促进借鉴与融合。真正科学的语言学应是对语言的形态与实质在全面观察基础上所构建起来的准确表述方法。韩礼德强调语言研究的实践性，经过几十年的探索，其功能语派理论在对语言语义结构与能力的关系分析、语篇分析、词语使用、功能分析等研究领域中所获得的成果，也越来越被语言理论界所重视与认可，已被广泛应用到语言教育、翻译、话语比较分析、表达设计、人工智能研究等多种特别适用的话语交流活动中。

# 第十一章　语言契合观

语言契合观指话语者与受众通过双方的相互作用，运用对立统一的辩证思维方法，在多元语境中提高语言使用的有效性和契合性。本章重点探讨其概念、核心观点。

## 第一节　语言契合观的概念及主要原则

### 一、语言契合观的概念

语言契合观是指将语言的使用与特定语境中个人的认知、社会和交流需求相结合的概念，强调将语言选择与影响有效交流的文化、哲学和情境因素相结合。语言契合观认为，当所使用的语言与受众的期望、社会环境和交流目标相一致时，就能实现最佳交流，从而实现更好的理解、合作与解决问题。语言契合观由认知契合、社会契合和交际契合三部分组成。认知契合指的是在协同合作或语言交流过程中，话语者和受众的观点、态度或认知过程达到一种协调或一致的水平。这种契合能够达成顺利交流与相互理解，协助话语者与听话者能够愉悦地合作并共同解决问题。认知契合应用于很多领域，如心理学、教育、语言教学、学习、团队合作等。在这些领域里，认知契合的实现能够有效地促进信息的传递、提升学习和工作效率、增强团队的合作能力等。社会契合，狭义上，指说话者所使用的语言与其社会身份、角色关系之间的一致性。它涵盖社会语境因素等，例如语域、礼貌与日常话语等都属于社会契合。高效的交流要求对社会规范与期望保持适当的感知度，以保证交流过程中维持融洽的、相互理解的关系。广义上，指的是群体或个体在社会交流与合作过程中，其价值观、思想、行为规范等方面需要达到一致或和谐的状态。这种契合能够维持社会的稳定与和谐，有助于解决对立双方的矛盾并达成共同的目标。社会契合可应用于许多领域，如文化融合、组织管理、社区建设等。在这些领域中，社会契合的实现可以提升群体团结的力量，优化合作效能，从而推动社会进步等。交际契合一般指的是在交流过程中，交流者之间的表达方式、思想、语言风格或文化语境等方面的一致。这种契合可以助推顺畅的交流与理解，提升交流的功效。

**二、语言契合观的概念框架**

语言契合观的概念框架主要包括受众分析、语言适应性和反馈机制。受众分析指研究人员调查了解目标受众的特征、偏好与需求，这对于实现语言契合极其重要。这涉及心理分析、对话分析和情景语境评估，以指导语言选择。语言适应性涉及修改文本的语言特征以加强其与受众的契合度。这些技巧包含简化词汇、修改句子结构、适当使用相关例子与采用合适的语气。反馈机制是收集受众反馈的机制，以调查评估交流的有效性并做出必要的调整。这一般包括问卷调查、小组讨论或直接反馈等。

辩证思维是中国哲学的核心原则，主张对立统一、变化与整体内各要素的相互依存。在语言契合观中，辩证思维用于理解语言选择如何依据各种不同的语境进行调整与变化，平衡多种因素以达到适应。语境契合是指语言使用和交流发生的具体的社会、文化与情景语境环境相一致。语言不是在纯粹的真空中使用，它由语境构建并反过来构建语境。语境契合涉及考虑权力动态、文化规范、情景语境需求以及受众期望等要素，例如，在多元文化商务谈判中，实现语境契合需要理解并适当使用符合所有相关的文化语境或背景、期望与谈判风格的语言。这种契合性可确保有效与有意义的沟通，最大限度地减少误解并推动合作交流。

语言契合观还融合了战略契合的观念，即做出和交际目标战略一致的语言选择。这一方面借鉴了语用学与话语分析，语言使用者依据他们的目标、受众与期望的交际结果做出决策。战略契合是通过调整语言来达到具体的交际目的，例如说服、谈判或信息共享。这可能会使用具体的修辞手法、语域转换、礼貌策略或结构技巧来影响受众对信息的接受。语言契合观适用于多个领域，包括教育、心理、商务沟通。教师可以使用该框架使他们的语言与学生的认知水平和文化背景保持一致，从而促进更好的学习。治疗师可以使用语言契合来让他们的沟通风格和客户的认知与情绪状态保持一致，从而建立治疗关系。专业人士可以通过确保他们的语言选择适应不同的文化背景与商业目标来实现更有效的交流。

在语言学习与发展中，语言契合观提供了一个框架，用于理解如何教导学习者根据语境、受众与目的做出合适的语言选择。它支持一种更具有活力与适应性的语言教学方法，其中不但要让学习者学习语法规则，还要激励他们理解与练习在各种交流情况下做到语言适应。

综上，语言契合观作为一个概念框架，提倡语言、认知与语境之间的动态相互作用。通过关注认知、语境与战略适应，提供一种理解有效沟通的全面方法。它连接了系统功能语言学、认知科学与辩证思维的理论，为教育、商业等领域提供了有建设性的见解与应用。

### 三、语言契合观的主要原则

#### （一）相互依存与多功能性

语言的使用受说话者与听话者的认知状态影响，包括知识、信仰与期望，以及特定的情境背景的影响。为了有效沟通，这些要素之间需要"契合"或达成一致。例如，在学术环境中，教授可能会调整他们的语言以适应本科生的学术背景，使用更简单的术语与清晰的例子来诠释复杂的概念。相互依存还涉及依据来自交流环境的反馈，动态调整语言选择的能力。如果受众显露出困惑的迹象，说话者要重新表述他们的信息或提供额外的说明，呈现对正在进行的互动的响应性适应。这种相互影响反映了这样一种观点，即人们使用语言的方式能够改变对现实的认知，而我们的认知模式会影响我们的语言产生，例如，在多元文化互动中，使用包容性语言可以建构更具协作性的环境，而文化认知图式则会影响信息的形成与解释方式。

多功能性原则是指语言使用的多变性、灵活性与适应性，以满足在不同背景下与不同受众交流的需求。多功能性涉及战略性选择最适合具体情境需求、交流目的与受众期望的语言资源。

语言能够表达各种类型的含义——概念、人际和文本。根据语境，说话者可能会优先考虑一种功能，以实现交流目标，例如，在说服性演讲中，语言的人际功能（如使用情态动词表示礼貌）可能会被重点关注，以便影响听众的态度。灵活性意味着沟通者可以根据需要在不同的语域、风格和语言模式之间切换。这种转换能力在双语或多语环境中的代码转换等语境中至关重要，在这些语境中，说话者会在语言或方言之间交替使用，以保持社会和谐或实现特定的语用效果。灵活性还包括战略性地使用语言以适应多种话语类型、体裁与特定的受众需求，例如，在科学研究的论文中，使用精确的技术术语来保证清晰度与准确性，而在公共宣传文章中，可以使用更易于理解的语言与引人入胜的叙述来吸引更广泛的受众。

综上，语言契合观的相互依赖与灵活性原则关注了语言如何在各种语境中以动态与适应性的方式运作的实质，把语言理解为一种既依赖于认知、社会与文化背景，又对其做出反应的工具。通过实现这些相互依存的因素之间的契合，语言可以更有效地发挥其交际功能，从而实现更明确的理解、提升说话者和受众之间更融洽的人际关系。

（二）动态互动与转化

语言契合观的一个关键原则是动态交互和转换，它强调语言、认知与语境之间持续的互动过程，以及它们在交流过程中如何相互转化。动态交互原则的核心观点是语言作为一个动态的系统，是一个受用户互动与语境需求影响不断发展的过程。这个观点与系统功能语言学框架是一致的，在该框架中，语言被看作是一种社会符号系统，通过在社会语境中的使用产生意义（Halliday，1978）。在交流过程中，意义既是单向传递的，又可以通过说话者与受众之间的互动进行协商和构建。语言使用者依据受众的反馈调整他们的选择，以确保有效的信息传递，例如，在小组讨论中，说话者根据对话的进展与反馈不断调整语言，以保证顺畅高效的交流。

语言契合观提倡语言使用者应该根据沟通的目示与受众调整自己的风格与策略，以实现最佳的"适应"。例如，在商业演讲中，演讲者或许会依据受众的背景与知识水平调整措辞与例子，以增强说服力（Matthiessen & Halliday，2009）。有效的交流依附于感知反馈并做相应调整语言选择的能力。非语言交流，如面部表情和肢体语言，以及口头反馈，都会影响到说话者的语言选择，显示语言使用的动态与互动性，例如，在教学中，教师会依据学生的反应（例如困惑或理解）调整他们的解释，以更好地鼓励学习（Vygotsky，1997）。

语义功能的转换是指语言使用者可以依据不同的语境与受众进行互动。转换不只是改变语言交流的方式，还包括重新配置其功能和含义以适应不同的交流目的和受众需求。转换包括语义与功能的转换，语言的含义与功能可能会在不同的交流环境中发生变化，例如，与随意交谈相比，术语或表达在正式话语中可能具有不同的意义。"多样化"一词在正式场合使用时可能专门指商业策略，而在日常对话中，它或许广泛地表示多样性（Nisbett，2003）。转换也包括语言资源的重组与创新使用，以满足具体的交际需求，例如，在跨文化交际中，说话者可以创造性地使用语言，把多种语言或文化的元素结合起来以加强理解。这种灵活性与创造性揭示了语言使用者对不同语境的适应性（Matthiessen & Halliday，2009）。转换还包括话语风格的转化，以实现具体的交际效果。在学术写作与科普写作中，作者做出完全不同的语言选择，选用不同的话语风格来满足不同受众的理解水平与期望。

综上，动态互动和转换原则关注语言在不同语境中的灵活性与适应性。它强调语言、认知与语境之间的相互作用如何推动意义的动态建构与重构（Halliday，1994）。

（三）整体与语境分析

辩证思维的整体视角与功能语言学的情景语境框架相结合，对语言进行全面分析。这种方法不仅考虑语言要素本身，还考虑影响语言使用的更广泛的社会、文化和认知因素。例如，在分析对话时，语言契合观会检查内容（概念功能）、社会动态（人际功能）和话语结构（文本功能），所有这些都在参与者的角色和情境背景下进行。

语言契合观的整体分析还涉及从整体上考察语言使用、理解广泛的模式，并在不同语境中概括原则。这种方法提倡语言的系统性及其作为一个有凝聚力的实体如何发挥作用。

语言系统的整体理解是指语言被看作一个综合系统，其中不同的构成部分（如音系学、形态学、句法学、语义学和语用学）相互作用以建构意义。整体理解语言意味着认识到这些相互作用及其对意义形成的影响。这种观点和系统功能语言学的系统方法是一致的，后者强调语言在社会语境下作为选择系统运作（Halliday，1994）。

整体分析涉及识别不同语境中语言使用的重复模式与结构，例如，在学术写作中，某些语法结构（如被动语态、名词化与复杂名词短语）通常用于传达客观性与精确性。认识这些一般模式有助于理解不同的语言语域如何服务于不同的交流目的（Martin & Rose，2007）。在宏观层面分析语言使用情况，如检查整个文本或话语在社会中如何发挥作用，例如，在新闻报道中，整体结构通常遵循一定的模式：标题、导语、正文与结论。在宏观层面分析这些结构能够深入掌握信息是如何显示和被公众消费的（Thompson，2014）。语言适应观中的语境分析涉及深入研究语言在特定语境中的使用方式，同时考虑影响语言选择的情境变量。这一层次的分析对于理解语言如何根据特定的交流需求和社会动态进行适应和变化至关重要。

语境分析侧重于语言使用的微观层面细节，包括特定语境中的特定词汇选择、句子结构和语用策略，例如，在法庭环境中，法律语言高度专业化，具有精确的术语和公式化表达，旨在避免歧义并确保清晰度（Goodrich，1987）。了解这些微观层面的细节有助于理解不同专业或社交环境中语言使用的细微差别。

语言契合交流的直接背景，受参与者、角色和关系、互动的目的与发挥作用的文化规范等因素的影响。例如，在跨文化交流中，说话者经常调整他们的语言以消除因文化差异而造成的误解，使用更清晰的结构，避免使用复杂用语，或使用与文化相关的例子来促进理解（Nisbett，2003）。

在语境分析中，意义的构建取决于特定的语境，例如，"利息"一词在不同语境中可能意味着不同的东西：在金融中，它指的是借钱的成本；在社交对话中，它可能指的是好奇心或注意力。语境分析研究了这些含义是如何在交流中协商和澄清的（Halliday & Matthiessen，2014）。然而，整体分析与语境分析的原则融合了宏观与微观视角，强调需要全面掌握语言，同时也认识到特定语境的重要性。这种双重方法可以更全面地了解语言在社会中的运作方式，提供对可概括范式与独特变化的观测。虽然整体分析提供了对语言模式的普遍理解，但语境分析允许在特定情况下更细微地了解语言使用。总之，这些分析融合了概括与具体化的优势，实现了语言研究的平衡方法。在教育等领域中，这种综合方法尤其有用。在这些领域里，理解一般语言模式（如学术话语）与特定语境（如课堂互动）对于有效的教学与学习策略非常重要（Halliday & Matthiessen，2014）。

综上，语言契合观中的整体分析与语境分析原则注重理解语言的双重方法：不仅考虑不同语境中的广泛模式，而且也考虑特定情况下的具体适应性。此种全面的视角能够更深入地理解语言如何作为一个复杂、自适应的系统运作，该系统对总体趋势与语境的细小差别都很敏感。

（四）平衡与和谐

辩证思维中的平衡与和谐概念适用于语言的功能角色。有效的交流需要在传达信息（概念）、管理关系（人际）和确保连贯性（文本）之间取得平衡。这种平衡类似于在辩证方面实现和谐，其中必须协调不同的要素以保持平衡。有效的沟通需要语言的不同元素之间的平衡，包括句法、语义和语用。这种平衡确保语言不仅在语法上正确，而且在语境上适当且有意义，例如，在学术写作中，平衡复杂的句子结构和清晰准确的术语有助于在保持可读性的同时有效地传达思想（Halliday & Matthiessen，2014）。语言使用必须与认知过程保持一致，以确保沟通既易于理解又引人入胜。这意味着语言选择应该与受众的认知负荷和处理能力相匹配。例如，在教育环境中，以结构良好、考虑到学生认知发展阶段的方式呈现信息可以提高学习成果（Sweller，2011）。交流应适应其所处的社会背景。这涉及把语言使用和社会规范、期望与文化价值观相协调，例如，在跨文化交流中，理解与尊重文化差异有助于实现和谐的互动并避免产生误解（Nisbett，2003）。

在专业交流中，维持平衡与和谐关系到调整语言以适应该领域的专业规范与期望，例如，在法律写作中，平衡技术精确性与非专业读者的可访问性有助于确保法律文件既准确又易于理解（Goodrich，1987）。在教育环境中，实现平衡与和谐意味着设计符合学生认知能力与学习需求的教学材料与策略，例如，平衡理论内容与实际应用可以提升学生的理解与参与度（Halliday & Matthiessen，2014）。

在跨文化交流时，达到平衡与和谐需要处理文化差异并找到共同点。这包括调整沟通方式以适应文化期望，同时使用有利于相互理解与尊重的策略（Nisbett，2003）。

综上，平衡与和谐原则强调了协调沟通的各个组成部分以实现有效和有意义的互动的重要性。通过平衡语言元素、认知过程和社会背景，沟通者可以创造更和谐、更有影响力的沟通体验。

# 第二节　语言契合观的核心观点

语言契合观的核心观点是语言交流过程中参与者之间维持互为转化、全观视角、本质功能、动态平衡和情境感知。语言要素指的是构成事物必不可少的部分或条件。

（一）动态平衡

语言契合观认为语言是一个动力系统，其中各要素会随着时间的推移而相互作用和转换，类似于中国哲学中五行的循环过程，这一过程被称为动态互转过程。这种平衡是为了维持沟通的顺畅，双方根据语境和对交流方的理解适度调整自己的语言。如，案例一，在医生和病人的对话中，医生最初可能会使用医学术语。然而，意识到病人可能不理解这些术语，医生会及时调整他们的语言，用更简单的术语来解释高深的医学概念。这种调整有助于病人理解信息，保持交流的动态平衡。

### 案例一：医生和病人的对话

场景：美国某医院的诊室。

参与人：约翰逊（Johnson，美国医生）。

　　　　王女士（患者），43岁的中国人，最近刚搬到美国，不太懂英文医学术语。

约翰逊医生：（看着患者的病历）"王女士，我发现您出现了一些症状。根据检查结果，您似乎患有高胆固醇血症。这种疾病是指您血液中的低密度脂蛋白胆固醇水平升高，这会导致动脉粥样硬化。"

王女士：（困惑的表情）"高……胆固醇……这是什么意思，医生？"

约翰逊医生：（注意到她的困惑）"啊，让我用简单一点的话来解释一下。您的胆固醇很高，这意味着您的血液中含有太多的脂肪。这会导致您的血管随着时间的推移变窄或堵塞，增加患心脏病的风险。"

王女士：（点头）"哦，我明白了。很严重吗？"

约翰逊医生："如果处理不当，可能会很严重。但我们可以一起努力降低你的胆固醇水平。我们会从改变生活方式开始，比如更健康的饮食和更多的运动。如果需要，我们也可以考虑用药物来帮助降低胆固醇。"

王女士："我应该遵循什么样的饮食？"

约翰逊医生："你应该多吃水果、蔬菜和全谷物。减少饱和脂肪的摄入也很重要，比如油炸食品和红肉中的饱和脂肪。你认为你能做出这些改变吗？"

王女士："我想可以。我会试试的。谢谢你的解释，约翰逊医生。"

约翰逊医生："不用客气，王女士。如果你有任何问题或需要进一步说明，请随时询问。我们会一起努力。"

王女士："我很感激。我会尽力的。"

### 对话分析

医学术语的使用和调整：

术语的初始使用：约翰逊医生最初使用的术语包括"高胆固醇血症"和"动脉粥样硬化"。这些术语是医学交流中的标准术语，但患者可能并不熟悉，尤其是那些英语水平或医学知识有限的患者。

认识和调整：约翰逊医生注意到王女士的困惑，她对"高胆固醇血症"一词感到困惑。意识到这一点后，他将语言调整为更常见的术语，例如"高胆固醇"，并以直截了当的方式解释了这种疾病的含义（血液中脂肪过多，血管狭窄或阻塞）。

动态平衡：

约翰逊医生的调整有助于王女士理解对话，达到动态平衡。通过简化语言，他确保王女士了解她的病情和必要的治疗步骤。这种平衡对于有效的医患交流至关重要，因为它允许双方有意义地参与对话。

相互转变：

约翰逊医生调整自己的交流方式以适应患者的理解水平。这种转变是相互的，因为他鼓励患者参与并提出问题，从而澄清任何疑问。这有助于建立信任和融洽关系，使患者感到更舒适和得到支持。

基本功能：

此对话的基本功能是传达病情信息，约翰逊医生通过将复杂的概念分解为易于理解的部分来有效地传达信息，告知患者王女士的医疗状况并概述管理步骤，确保她了解病情的严重性和改变生活方式的必要性。

情境感知：

约翰逊医生的方法显示他意识到了患者潜在的语言障碍和文化差异，所以他使用了简洁明了的语言，并提供患者能够明白的实用建议。这种情境感知在多元文化医疗环境中至关重要，因为理解和尊重不同的背景会显著影响护理质量。

综上，在案例一中，约翰逊医生通过调整语言以适应王女士的理解水平，实现了有效交流。这种调整促进了动态平衡，使患者能够理解自己的病情和必要的治疗措施。此对话说明了在医疗环境中认识和适应语言差异的重要性，确保患者能获取清晰易懂的健康状况信息。

（二）相互转化

相互转化是交流者之间使用语言时互为影响并调整适应的过程。这一观点强调了对话中个人的适应能力，例如，在跨文化商务谈判中，中国谈判者最初使用间接语言，而美国谈判者更喜欢直接交流。随着讨论的进行，双方都会做出调整。中国谈判者变得更加明确，而美国谈判者则采用更微妙的方式。这种相互转变有助于使谈判过程更加顺利，因为双方都适应了彼此的交流风格。

## 案例二：中国谈判者与美国谈判者之间的对话

场景：国际商务环境中的会议室。

参与者：王先生（中国谈判者），寻求合作的中国公司代表。

约翰逊女士（美国谈判者），考虑合作的美国公司代表。

王先生：（微笑）"我们相信两家公司可以进行非常和谐的合作。我们最近的产品在国际市场上表现出强大的潜力，我们认为这种合作关系可以互惠互利。"

约翰逊女士：（点头）"很高兴听到这个消息。我们有兴趣进一步探讨这一合作关系。但是，我们需要讨论具体条款，例如收益分成和知识产权。我们能否更清楚地了解您对这些领域的期望？"

王先生：（犹豫）"当然，我们愿意讨论所有细节。我们的宣点是创造一个双方都能受益的双赢局面。也许我们可以从了解彼此的优先事项开始？"

约翰逊女士：（略显直接）"当然。对我们来说，就利润分配和专有技术的保护制定明确的条款至关重要。我们需要确保我们的知识产权得到保护。"

王先生：（承认）"是的，保护知识产权很重要。我们向您保证，我们重视并尊重这些问题。我们公司有严格的政策来确保所有协议都得到遵守。"

约翰逊女士：（注意到了这种间接的回答）"这让人放心。具体来说，您建议我们如何处理合作期间开发的任何新技术的共享问题？我们希望就此达成直接的协议。"

王先生：（适应更直接的方式）"当然。我们可以同意共同拥有开发的任何新技术，并制定明确的使用和许可指南。这样，双方就有平等的权利和责任。"

约翰逊女士：（微笑）"这听起来很公平。至于收益分成，我们的目标是四六分成，其中 60% 归我们，因为我们在行业中占有相当大的市场份额。这与您的期望是否一致？"

王先生：（更明确）"这个分成是可行的，前提是我们还同意联合营销和分享市场见解。这种合作应该充分利用我们双方的优势，实现最大利益。"

约翰逊女士：（语气更温和）"同意。我们可以讨论联合营销和市场洞察分享的具体细节。重要的是，我们双方都对这一伙伴关系的成功投入了同等的精力。"

王先生：（微笑）"确实，相互投资和透明度是关键。让我们共同起草一份反映我们共同愿景的详细协议。"

**对话分析**

初始交流风格：

中国谈判者王先生使用了间接语言方式。起初，他以礼貌和一般的语言谈判，强调和谐和互利。这反映了中国商业文化中的一种常见做法，间接语言通常用于建立融洽关系并避免对抗。美国谈判者约翰逊女士则使用了直接交流方式。她直截了当，直奔主题。她迅速提出了关于收入分成和知识产权的具体问题，反映了美国商业文化中典型的直接透明的交流风格。

相互适应：

随着谈判的进展，中方王先生意识到需要清晰和直接，特别是在知识产权和收入分成等关键问题上。他随后的回答更加明确，确保公司立场得到清晰理解。而美方谈判者约翰逊女士注意到最初的间接性，随之调整了自己的语气，使其更加微妙和富有敏感性。她在直率与对共同努力和相互尊重重要性的认识之间取得平衡，从而创造了一种更具协作性的氛围。

促进更顺畅的谈判：

交流风格的相互转变导致清晰度和理解力的增加。王先生转向更明确的语言有助于避免误解，而约翰逊女士细致入微的方法则促进了尊重和开放的对话。通过适应彼此的交流风格，建立信任与合作。双方谈判者都表现出灵活性和合作意愿。这种相互尊重和理解为潜在的合作关系奠定了坚实的基础，因为双方都觉得自己所关注的问题得到了倾听和解决。

中方王先生和美方约翰逊女士之间的对话体现了交流风格的相互转变能够促进更顺利的谈判。通过适应彼此的期望和文化规范，双方谈判者实现了更有效、更和谐的交流。这种适应性不仅有助于达成更明确的协议，而且还能加强关系，使未来的合作更有可能成功。

（三）全球视角

语言契合理论的全球视角指在交流中考虑更广泛的社会、文化和背景因素。它强调理解和整合不同观点以实现有效交流的重要性。例如，在多元文化课堂中，老师使用来自不同文化的例子来解释同一个概念。通过这样做，老师确保所有学生都感到被包容和理解，无论他们的文化背景如何。这种方法有助于创造一个包容性的学习环境，并通过将新信息与熟悉的文化语境相关联，提高学生的理解力。

## 案例三：多元文化环境中的课堂对话

环境：大学课堂，学生来自不同的国家。

参与者：琼斯女士（英国老师），一位重视文化包容性的经验丰富的老师。

一群大学生，包括来自美国、印度、墨西哥和中国的学生。

琼斯女士："大家早上好！今天，我们将学习文学中的象征主义概念。象征主义是指某物代表其他东西，通常会赋予故事更深层的含义。让我们用来自不同文化的例子来探讨这个概念。"

学生 A（美国人）："琼斯女士，您能举个案例吗？"

琼斯女士："当然！我们先从美国文化的例子开始。在美国，白头鹰是自由和力量的象征。它出现在许多国家象征中，比如国玺。有人知道为什么吗？"

学生 B（墨西哥人）："是因为它是一只强大的鸟，代表着国家的理想吗？"

琼斯女士："对的！白头鹰威风凛凛，展翅高飞，象征着国家自由和独立的价值观。现在，我们来看一个印度文化的例子。在印度神话中，莲花是一种常见的象征。有人知道它代表什么吗？"

学生 C（印度人）："莲花代表纯洁和美丽，它经常与女神联系在一起，比如财富女神拉克希米。"

琼斯女士："正确。莲花生长在泥水中，却依然洁净美丽，象征着逆境中的纯洁。它启示我们勇敢地克服挑战。现在，让我们看一个墨西哥的例子。骷髅，或称'卡拉维拉'，经常出现在亡灵节庆祝活动中。它象征着什么？"

学生 D（墨西哥人）："它象征死亡，但并不可怕，它是对生命的庆祝，也是对逝去亲人的一种怀念。"

琼斯女士："是的。'卡拉维拉'代表死亡是生命的自然组成部分，提醒我们要尊敬并怀念祖先。最后，让我们看一下中国文化口的一个象征。龙经常出现在中国节日和神话中。它象征着什么？"

学生 E（中国人）："在中国，龙象征着权力、勇敢、力量与好运。与其他一些文化的龙不同，它是一个积极的象征。"

琼斯女士："非常好！"

### 案例分析

多元文化语境：

　　琼斯女士特意选择来自不同文化语境（美国、印度、墨西哥和中国）的符号来解释文学中的象征意义。这种方法确保来自不同国家文化背景的学生在课堂上看到他们的文化得到体现，培养包容感。

　　通过熟悉的语境增强认知能力：

　　琼斯老师通过使用与学生的经历及其所处的文化语境相关的例子帮助学生将新概念与熟悉的符号与文化实践联系起来。此种方法促进了学生们的理解力，因为学生可以将他们的文化知识与新的学习内容进行比较。使用不同的文化符号鼓励学生积极参与并分享他们的知识和经验，促进互动并创设引人入胜的学习环境。

　　创造包容性的学习环境：

　　代表性和包容性：课程通过承认和重视所有学生的文化背景来展示对文化多元性的尊重。这种包容性有助于营造一种温馨的课堂氛围，让所有学生都感到受到尊重和重视。

　　促进文化意识：通过讨论来自不同文化的符号，琼斯女士培养了学生的文化意识和敏感性。这种意识鼓励学生欣赏和尊重文化差异，这在多元文化社会中至关重要。

　　理解文化差异：关于不同文化中符号的不同含义的讨论鼓励学生批判性地思考文化背景如何影响解释。这种批判性思维技能对于理解复杂的文学概念和更广泛的社会互动很有价值。

　　综上，琼斯女士在关于象征意义的课程中使用了文化多元性的例子，说明了包容性教学实践在多元文化课堂中的重要性。通过将新概念与熟悉的文化背景联系起来，她增强了学生的理解，并创造了一个让所有学生都感到被代表和被包容的学习环境。这种方法不仅促进了学术学习，而且还促进了文化意识和欣赏力，为学生进入一个多元化和相互联系的世界做好准备。

　　（四）情境感知

　　情境感知涉及感知和适当回应特定交流环境的能力。这包括识别影响语言使用的社会角色、关系和规范，例如：在正式商务会议中，新晋员工最初可能会使用正式语言来称呼高级管理人员。但是，如果会议的语气变得更加随意，新晋员工可能会调整他们的语言以适应轻松的氛围。这种情境感知有助于在交流中保持得体和尊重。

## 案例四：正式商务会议中的对话

场景：高级管理人员和新晋员工在公司董事会会议室参加会议。

参与者：汤普森先生（高级管理人员），公司首席执行官。

　　　　刘易斯女士（新晋员工），新聘用的营销助理。

汤普森先生："感谢大家参加今天的会议。我们有几个关键议程要讨论，包括即将推出的产品和我们将采用的营销策略。让我们从新的活动提案开始。刘易斯女士，您能介绍一下你们团队的想法吗？"

刘易斯女士：（紧张地）"当然，汤普森先生。我们的团队已经制定了全面的数字营销策略，重点是提高品牌在多个平台上的知名度。我们建议利用搜索引擎优化、有针对性的社交媒体广告和影响者合作伙伴关系来最大限度地提高影响力和参与度。"

汤普森先生：（微笑）"这听起来很有希望。您能提供一些关于影响者合作伙伴关系的具体信息吗？您建议我们如何选择合适的影响者？"

刘易斯女士：（正式语气）"当然，先生。我们建议优先考虑目标人群中拥有大量追随者的网红。我们已经根据他们的参与率、内容相关性以及受众与我们品牌价值的契合度确定了几位潜在候选人。我们相信这种方法将有效地扩大我们活动的影响力。"

汤普森先生：（轻松语气）"刘易斯女士，真有见地。让我们继续讨论社交媒体策略。请随时叫我汤姆。我们都在这里一起工作。"

刘易斯女士：（微笑，稍微放松）"谢谢你，汤姆。对于社交媒体策略，我们专注于创建能引起观众共鸣的引人入胜的内容。这包括互动帖子、幕后花絮和现场问答环节。我们的目标是围绕我们的品牌建立一个社区，并鼓励现场参与。"

汤普森先生："听起来很棒。有人有什么问题或建议吗？"

安德森女士（高级主管）："我真的很喜欢现场问答环节的想法，这是一种与客户直接联系的好方法。刘易斯女士，您对我们如何衡量这些举措的成功有什么想法吗？"

刘易斯女士：（语气更随意）"当然。我们计划使用分析工具来跟踪关键绩效指标，如参与率、转化率和整体品牌情绪。通过监控这些指标，我们可以实时调整策略，以确保我们实现目标。"

汤普森先生："太棒了。我很欣赏你周到的方法。很明显，你对此考虑了很多。让我们继续这种轻松的形式，它使我们的讨论更加开放和协作。"

刘易斯女士："谢谢你，汤姆。我很高兴听到这个。我们很高兴看到这些策略被付诸行动，并共同努力实现我们的目标。"

**对话分析**

正式语言的初步使用：

尊重和专业精神：刘易斯女士以正式语言开始演讲，称汤普森先生为"汤普森先生"，并使用结构化的正式词汇。这反映了正式商务会议中的典型方法，尤其是当新晋员工向高级管理人员讲话时。它表现出尊重和专业精神，承认企业环境的等级性质。

会议基调的转变：

鼓励轻松的氛围：汤普森先生邀请使用他的名字"汤姆"，这表明会议基调转向更轻松和非正式的。这一举动表明希望进行更具同事关系和开放性的讨论，减少通常与企业等级制度相关的正式性。

语言和语调的适应调整：

情境感知：刘易斯女士根据汤普森先生的提示敏锐地调整了她的语言和语调。她从正式的风格转变为更轻松、更对话的风格，以适应会议不断变化的氛围。这一调整表明她意识到了社会动态，并有能力适应不断变化的环境。

保持尊重和得体：尽管语气轻松，但刘易斯女士仍然保持尊重和专业的沟通。她在随意的语言和清晰、有条理的想法表达之间取得平衡，保持了商业环境中所期望的得体性。

调整的优势：

增强沟通：转变为更轻松的语气有助于开放式对话，并鼓励所有与会者参与。它有助于创造一个更具包容性的环境，让大家可以自由分享和讨论想法，从而更具创新性和协作性地解决问题。

建立融洽关系：通过调整沟通方式，刘易斯女士与高级管理人员建立了融洽关系。这展示了她的适应性和情境意识，这些品质在企业环境中非常有价值。这也有助于她感到更舒适和自信，有助于更有效地进行演讲。

刘易斯女士与高级管理人员之间的对话体现了情境感知在商业沟通中的重要性。新晋员工最初使用正式语言营造了尊重和专业的基调。然而，随着会议气氛变得更加轻松，语言和语气的转变有助于营造更加开放和协作的环境。这种调整保持了得体和尊重，提高了沟通的整体有效性。它强调了适应性和情境意识在应对不同的社交和职业环境方面的重要性。

（五）综合与应用

语言契合理论的核心观点共同强调了适应性、语境意识和语言在交流中的本质功能的重要性。通过认识和调整动态平衡、相互转化、全球视角、本质功能和情境感知，交流者可以实现更大的协调和有效性。

在实际应用中，这些核心观点可以指导教育、商业、咨询和跨文化交流等各个领域。例如，教育工作者可以使用这些原则根据学生的不同背景和学习风格调整教学方法。同样，企业可以通过加深对文化交流规范的理解来加强国际谈判。

综上，语言契合观通过关注交流者之间语言使用和认知过程的协调，为理解和改善交流提供了一个全面的框架。其核心观点为在各种情况下实现有效和谐的交流提供了有价值的见解。

# 第三节　语言契合观的应用

## 一、语言契合观在语言学领域的应用

语言契合观可以为语言学提供一种新的解读和应用，主要体现在以下几个方面：

（一）语音与语义的契合关系

语言契合观主张事物存在于相互关系之中。在语言学中，语音与语义的契合关系如下：

1.语音的物质性与语义的抽象性

语言的物质载体是语音，它通过声波传送信息。而语言的意义层面则是语义，它是对语音符号做出解释。在语言交流中语音与语义互为依存，语音通过其物质形式表达语义，而语义则通过理解给予语音以意义。

2.语音对语义的制约性

不同的语音声调可以表达不同的语义。在语言系统中，最小的语音单位是音位，其组合生成词语，通过词语不同的语音表达形式，可以区分不同的意义。

例（18）英语单词 bet 与 bat

在例（18）中，两个单词在词形上很相似，但在语音上有一个元音不同（/ɛ/ 与 /æ/），因此它们的语义大相径庭。bet 指"赌注"，而 bat 指"球棒"或"蝙蝠",因语音的细微变化而导致了完全不同的语义。

例(19)汉字吗(mā)和马(mǎ)

在例(19)中,两个汉字在语音上有声调的区别,"吗(mā)"是第一声,"马"(mǎ)是第三声,因此它们的语义不同。"吗"是语气词,而"马"则是一种动物。由于声调发生了变化,导致了不同的语义。

3.语义对语音的反作用

语义对语音的选择具有反作用,例如,一些语义领域的词汇在语音上或许具有相似的特征,会有利于增强记忆与理解。此外,某些词汇因为语义的特殊性,会在语音上产生变化,如同音词的分化与音变现象。

例(20)英语单词 dessert 与 desert

在例(20)中,两个英语单词的拼写非常相似,但语义不一样。dessert 是"甜点",而 desert 是"沙漠",这两个词在语音上也有明显的差异。dessert 的重音在第二个音节,而 desert 的重音在第一个音节。

例(21)汉语词语银杏(yínxìng)与银行(yínháng)

在例(21)中,两个汉语词语的语音相似,但语义相异。"银杏"是一种树木,而"银行"是金融机构。因此它们在实际使用中需通过语音的差异来表达不同的语义。

4.语音变异和语义稳定

语言在进化过程中,语音经常发生变异,但语义相对稳定。例如,现代汉语的语音系统和古汉语大不相同,但很多词汇的语义仍然保留。这说明语音的变异并不必然会导致语义的改变。

例(22)语音变异

单词:cot(小房子)

变异:在美式英语中,特别是在某些方言(如北方城市元音转换)中,cot 中的元音发音与 caught 中的元音不同。在其他地区,这两个元音可能发音相同,导致所谓的"cot-caught"合并。

例(23)语义稳定性

术语:自由

稳定性:"自由"的核心含义是自由的状态或能够不受约束地行动或思考,在不同的背景和语言中保持稳定,尽管具体的解释可能有所不同。例如,言论自由、政治自由和个人自由都指同一核心概念的不同方面。

语音变化涉及发音的变化，而语义稳定性涉及含义是否随时间和不同背景而变化。

例（24）汉语词语气候（qìhòu）与气（qì）

在例（24）中，古代汉语中的"气"与现代汉语中的"气"在语音上可能有所不同，"气候"一词源于"气"，其语义是稳定的天气状况。但它的根本语义"空气、气体"，没有改变过。

5.语境对语音和语义的调控

在特定的语言交流中，语境对语音和语义的理解起到了非常重要的调控作用。语音通过重音、语调、节奏等方法产生不同的吾义，而语义则在具体的语境中得到解释。

例（25）英语 We read the article.（现在时）和 We read the article.（过去时）

在例（25）中，两个句子中的 read 在词形上完全相同，但在语音上根本不同。现在时读作 /riːd/，过去时读作 /rɛd/。语境决定了语音的差别，从而表达不同的语义。

例（26）汉字行（háng）与行（xíng）

在例（26）中，两个汉字词形一样，但在不同语境下其发音与意义各不相同。行（háng）是"行业、行列"，但行（xíng）则表示"可以、行走"。因此，语境决定了语音和语义的具体使用。

（二）语音和语义的动态契合关系

语音与语义的动态关系是语言演化中的一个重要方面，强调了语言如何随时间与社会进化而演化发展。

1.新词的出现和语音的契合

科学技术发展产生的新词汇，例如：

例（27）英语单词 Artificial Intelligence（AI），Internet，selfie，email

随着科学技术突飞猛进，新词汇源源不断地被引进到语言系统里。这些新出现的词汇需适应现有的语音规则，同时需被语言使用者接受与传播。譬如，在例（27）中，"Artificial Intelligence（AI）"一词出现后，其发音渐渐被规范化，以及"网络""电子邮件"与"自拍"等在汉语中出现后，采用了与汉语语音体系的发音规则相符合的发音。

2.语音变异与语义延伸的契合

语音保持不变，但语义发生了变化和扩展，例如：

例（28）英语单词cool

在例（28）中，cool 本义是"凉爽的"，在现代口语中，cool 被演化为"很棒的、很酷的"。

3.词汇语义变异与语音变异的契合

例（29）汉字中的"雷"，本义指雷声，在口语或网络用语中转义为"不可思议的"或"令人震惊的"

在例（29）中，因为"雷"产生了语义变异，因此让其在新的语境中增加了使用频率，并赋予新的语气与表达形式。例如，"被雷到"语义变异为"被某件事情震惊到了"，此种新语义的出现也影响到其发音时的语感与语调。

4.外来词汇引进与本土化的契合

外来词汇被引进到另一种语言时，其语音会依据当地语言的语音规则进行适当调整，例如：

例（30）英语中的kungfu来源于中文的"功夫"（gōngfu）

英语发音/ˌkʌŋˈfu/

在例（30）中，中文中的"功夫"被引进入英语后发音变为/ˌkʌŋˈfu/，以适合英语的语音发音体系。反之亦然，外来词汇被引入汉语时也会发生语音变化，如"咖啡"（来源于英语coffee）。

5.语音变异导致的语义分化

在语言演化过程中，语音变异或许会引发原来相似的词汇在发音上渐渐分化，尽管这些词汇在拼写上依然相似，但在语义上已经大相径庭。

例（31）古英语中的night与knight

古英语发音 night /niːxt/，knight /knixt/

现代英语发音 night /naɪt/，knight /naɪt/

night 和knight 在古英语中发音不同，但现代英语中，night的发音/naɪt/与简化后knight相同，而两者的语义不同，knight意为"骑士"，night意为"夜晚"。

6.语法化过程中的语音变异

语法化现象显示了语音的简化与语义的抽象。

例（32）英语中的going to变异为gonna

原来形式 I am going to visit her.

变异形式 I'm gonna visit her.

在例（32）中，这种原本较长的语音形式"going to"逐渐简化为"gonna"，用于口语中表示将来时。这种变化不仅反映了语音的简化趋势，也体现了语义的动态发展。

语音与语义的动态关系表现了语言的灵活性与适应性。语言在社会文化、科技进步与日常交流的影响下不断演化，语音与语义互为作用、互为影响，共同促进了语言的演化。此种关系不但表现了语言的复杂性，也显示了语言作为交流工具的复杂性、多样性和丰富性。

综上，语音与语义之间存在着辩证统一的关系。语音可以被视为语义的物质载体，而语义则赋予语音以意义。它们在语言交流过程中产生互动，形成了完整的语言系统。

（三）词汇和语法的契合关系

辩证思维认为对立的事物是相互依存、统一的。词汇和语法的辩证关系是语言学中的一个重要课题，它们在语言系统中相互依存、相互作用，共同构成语言的整体。

词汇是语言的基本单位，是语言意义的载体。词汇是语法的基础，没有词汇，语法规则就无法应用和实现。词汇为语法提供了材料，语法规则则对这些材料进行组织和排列，从而形成具有特定意义的句子。

语法是语言结构的规则系统，换言之，语法赋予词汇结构，通过语法规则，词汇可以按照一定的方式进行组合，形成句子或更大的语言单位。语法规则包括词形变化、词序、句子结构等，它们决定了词汇在句子中的位置和功能。例如，在英语中，语法规则决定了主语、动词和宾语的顺序。

词汇对语法的影响是不言而喻的，不同的词汇具有不同的语法特性，如词类、词性变化等。这些特性会影响语法规则的应用。例如，动词的时态、语态变化会影响句子的结构；形容词和副词的位置和修饰范围也会对句子的语法产生影响。

同样，语法反作用于词汇，语法规则规范了词汇的使用，确保语言的表达符合逻辑和规则。例如，英语中的不定冠词"a/an"和定冠词"the"的使用都受到语法规则的严格限制。在汉语中，量词的使用也受到特定语法规则的规范（如"一张纸"而不是"一个纸"）。

语法和词汇在语言体系里始终保持动态关系，它们之间的关系不是静止的。语言在使用过程中不断演变，新词汇的出现与旧词汇的消失会对语法规则产生影响。反之，语法规则的变化也会影响词汇的使用和发展。例如，随着科技的发展，许多新词汇进入语言体系，这些新词汇需要在现有的语法框架下找到合适的位置。

此外，词汇可以通过"语法化"过程，逐渐转化为语法成分。语法化是语言演变中的一种现象，即词汇项逐渐失去其原有的独立意义，变成语法功能词或语法成分。例如，英语中的"going to"逐渐演变为表示将来时的助动词"gonna"。

词汇和语法的辩证关系体现了语言系统的复杂性和动态性。词汇为语法提供基本材料，而语法规则需组织和规范词汇的使用，使得语言可以有效地传递信息与表达意义。这种关系是互为依靠、互为作用的，共同构成了完整的语言体系。例如，在英语中，形容词与副词通常是以对应的方式出现，如 fast（快）与 slow（慢），high（高）与 low（低）等。然而，辩证思维能够引导我们看到这些对立词汇之间的统一性，它们相互依存，共同构成了语言的丰富性和动态性。

（四）语法和意义的契合关系

语法和意义并非本质论或对应论的方法，即意义先于编码的形式存在（Lakoff，1988）。认知语言学提出语法是自然的，因为它的发展是为了服务于已经发展的经验模型，一个被解释过的真实世界。但功能语言学并没有认同此种观点，因为这两门学科关于意义概念的解释各有不同。韩礼德和麦蒂森明确表示他们对待语法和意义所采纳的观点是建构主义观点（Halliday & Matthiessen，2008：17），叶尔姆斯列夫①（Louis Hjelmslev）和弗斯等欧洲语言学家的著作中都提及过此种观点。根据这一观点，语法本身可以识解人类经验，为人们构建了事件和对象的世界。正如叶尔姆斯列夫（1943）所说，现实是不可知的；唯一可知的是我们对它的阐释，即意义。事实上，意义在实现它们的词语出现之前并不存在，它们是在我们的意识与其环境之间的影响下形成的。

语法与意义在语言中具有契合关系，它们相互依存、互为影响，例如，语法中的词序规则对于表达意义至关重要，不同的词序可以改变意义。

例（33）The dog chased the cat.（狗追猫。）

例（34）The cat chased the dog.（猫追狗。）

例（33）和例（34）意义不同，这是因为主语和宾语的词序发生了变化。语法规则中的词序制约了词语之间的关系，从而影响了句子的意义。

语法规则把词汇划分为不同的词类，不同的词类在句子中承担不同的语法角色。这种词类与词义的对应关系使得句子能表达明确的意义。例如，英语中的动

①叶尔姆斯列夫（1899—1965），丹麦语言学家。哥本哈根学派的创始人和主要理论家。

词表示动作或状态，名词表示人、物或概念，形容词表明性质或特征。语法中的词类规则与语义的对应关系有助于读者理解词语在句子中的含义。

例（36）He sings every afternoon.（他每天下午唱歌。）

在例（36）中，"sings"是动词，表达一个具体动作——唱歌。此动词在句子中的功能是表达主语所做的动作。动词的词类特征使它在句子中的功能是描述一个动作或状态，而它的词义则具体显示了这个动作是什么。

再如，考虑动词的名词形式。

例（37）His song was impressive.（他的歌令人印象深刻。）

在例（37）中，"song"是名词，表达一个具体的事件或活动——唱歌。虽然词类从动词变成名词，词义仍然和唱歌相关，但因为名词的词类特征，它在句子中不再描述一个动作，而是表达一个事件——在此处是指唱歌。

再如形容词与副词的关系，形容词表示事物的特征或性质，而副词修饰动词、形容词或其他副词，表示时间、地点、方式、程度等。

例（38）The city is very beautiful.（这个城市非常美。）

在例（38）中，"beautiful"（美丽的）是形容词，用来描述名词"city"（城市）的性质或特征。形容词的词类特征使它在句子中的功能是修饰名词，词义具体体现了城市的美丽特征。

例（39）She sings beautifully.（她唱得很优美。）

在例（39）中，"beautifully"是副词，用来修饰动词"sings"（唱），表达动作的方式。副词的词类特征使它在句子中的功能是修饰动词"sings"，具体说明了她唱歌的优美方式。

上述例子表明掌握词类规则与词义的对应关系，可以有助于学习者理解词语在句子中的意义。动词与名词虽然词类不同，但通过其词义的延伸，能够表达相似的概念（如"sing"作为动词，对应的名词是"song"）。形容词和副词虽然修饰的对象不同，但词义的意思仍然相关（如"beautiful"与"beautifully"）。这种辩证关系表现了词类和词义在语言中复杂而有机的内在联系。

句法结构对于说明语义关系至关重要，不同的句法结构可以表达不同的语义关系。例如，在英语中，主谓结构用来说明有关对主语的陈述，而被动结构则关注动作的承受者。句法规则与语义关系相互关联，通过句法结构能够准确地体现语义关系。

例（40a）The tiger（主语）caught（谓语）the sheep（宾语）.

例（40b）The sheep（主语）was caught（被动谓语）by the tiger（动作执行者）.

例（40a）为主动句结构，主语"The tiger"（老虎）作为动作的执行者，是句子的焦点，而（40b）是被动结构，将（40a）中动作的承受者"The sheep"转化成了主语，成为此句的焦点，"The tiger"则成为附加信息。

上述两句表明信息的焦点在语言表达中，尤其在句子结构中是可以改变的，这体现了语言的动态性，语言可以通过不同的结构来体现认知。主动句把焦点放在动作的执行者"老虎"上，而被动句则把焦点放在动作的承受者"羊"上。虽然两句话的意义相同，但由于结构的差异，句子表达的侧重点与读者的感知可能会出现偏差，因此会影响学习者对信息的理解。在实际应用中，被动句常常用于说明事件的结果或影响，而主动句则用于表明谁在执行动作。这种结构上的选择表明了语言可以通过不同的方式来表达和解释认知，进一步证实了学习者可以通过语言过程来理解并解释认知过程。

此外，语法与语义之间的关系还会受到来自语用因素的影响。语用是指语言使用的实际情境与目的。依据不同的语用目的，相同的语法结构与语义可能会产生不同的意义。例如，同一个问句可以依据语境与语用目的来解释，可能是委婉的请求、真实的疑问或反问等。语法与意义的辩证关系涉及语用因素，以便更好地理解语言的意义。

例（41）Can you help me?（你能帮我一下吗?）

语境a：一位同事在办公室里写工作汇报，而另一位同事需要他帮忙拿资料。这或许是一个委婉的请求，期待对方在方便时提供帮助。

语境b：一个学生在做作业时遇到了难题，向同学寻求帮助。这是一个真实的疑问，表达了对能否得到帮助的不确定性。

语境c：一位朋友之前答应借钱，但没有借，现在又被问同样的问题。这或许是一个反问，带有些许责备的语气，隐含对方之前的承诺没有兑现。

例（41）句中，问句的目的与含义会因为语境的不同而发生变化，了解这些变化需要全面考量说话者的语域、语旨和语式，尤其要关注说话者与受众之间的关系。

综上，语法和语义之间的辩证关系说明语言中的语法规则能够提供句子结构的框架，而语义则需要通过选择适当的语法规则来表达。为了准确地表达语义，语言表述者需考虑语境因素，多种元素互动，共同建构复杂且处于不断变化的语言系统。

### 三、案例研究

案例研究（case study）是一种详细分析某一特定事件、现象、个体或群体的方法。它在很多领域中被广泛采用，如教育、社会科学、文学、商业、法学和医学等。为了说明中国哲学中的辩证思维与西方功能语言学理论之间的异同以及它们之间是如何契合的，以下三个案例可以加以说明。

## 案例一：营销和广告

语境：××汽车推销活动，中文广告词："××汽车永不让你失望，超乎你想象的高度，低于你期望的价格"。

重点从认知契合、社会语境契合以及交际契合三个方面进行探讨：

1.认知契合

广告词运用了简短、有力的表达方式，使用积极的词汇与对比来引起消费者的兴趣与注意力。短语"永不让你失望"促进了消费者的情感关联，彰显出品牌对产品质量与性能的高度自信，提升了消费者的信任感与期待。通过"超乎你想象的高度，低于你期望的价格"此种对比方法，广告词不仅强调了产品的高价值（高度），而且凸显价格的亲民（低于期望），构建了强烈的认知碰撞，符合受众对性价比高的产品的认知需求与购买欲望。

2.社会语境契合

从社会语境契合视角看，广告词周全地考虑了目标受众的社会背景和购买习惯。中国市场的汽车消费者通常追求汽车的卓越性能、可靠性与实惠价格，因此，这句广告词牢牢捕捉了消费者对"高性价比"这一大众需求与心理预期，契合受众的文化观念和社会消费趋势。此类语境契合让广告信息更容易赢得消费者的认可，提升了广告的信息传递效果。

3.交际契合

在交际契合方面，这则广告词使用直接的语言表达与消费者构建了瞬时交流。运用言简意赅、朗朗上口的句式让其更易于铭记和传播，提升了广告信息的传播力。此外，广告词使用直接称呼代词"你"，让消费者感到被特别关怀，促进了品牌与消费者的情感联络，进一步增强了广告的交际效果。

从语言契合观的分析可以看出，此句广告词巧妙地发挥了认知契合、社会语境契合与交际契合，有效地传递了品牌信息，刺激了消费者的需求、兴趣与购买欲望，实现了卓越的宣传效果。

## 案例二：教育材料评估

语境：分析中国小学英语教科书，能够详细探究语言在教育背景中的功能。

在中国小学英语教科书的编写和教学方法中，契合理论能够为编者提供一个强效的工具，以评估教科书的编写内容如何高效地融合中外古典童话智慧和现代教育标准，特别是利用经典童话的故事情节，如《皇帝的新装》等，来提升语言学习效果和教学实践。

1.认知契合

认知契合强调语言内容是否适应学生的认知能力与心理需求。中国小学英语教材常常把中外经典童话故事融合进教学内容，以提升学生的文化理解能力与语言表达能力。童话故事以其精练的语言与深刻的寓意，让学生在愉悦轻松的学习氛围中，可以逐步熟悉英语语言结构与词汇。此种方法既满足了学生对有趣内容的认知需求，又通过故事情节的逻辑性与情感共鸣，提升了他们的语言学习兴趣与理解能力。

2.社会语境契合

社会语境契合指的是语言内容是否与学生的社会背景与文化环境相适应。教科书将中外古典童话故事与当代教育准则相结合，旨在弥合中国学生与西方文化之间的差距。例如，《白雪公主》作为西方经典童话，通过其富有趣味的故事情节，帮助学生理解和接受不同文化的价值观。这种融合不仅尊重了学生的文化背景，还鼓励他们在全球化背景下更开放地理解和接纳其他文化，从而提升他们的跨文化交际能力。

3.交际契合

交际契合注重语言内容是否能够有效推进交流和互动。通过引入《皇帝的新装》等经典童话故事，教材在教学过程中不但提供了语言输入，还激励了学生的语言输出与互动。譬如，教师可以使用故事情节展开角色扮演、讨论等活动，使学生在运用语言的过程中，逐步提升语言知识与交际能力。此种教学方法可以促进学生在真实的语境中运用英语，从而提高他们的交际能力与语言实际运用水平。

基于契合理论的分析，中国小学英语教材在把中外经典童话智慧和当代教育准则相契合的过程中，有效地实现了认知契合、社会语境契合与交际契合。此种契合不仅提升了教学内容的趣味性与教育效果，而且也有效地增强了学生的语言能力与跨文化交际能力。后续可以进一步研究如何优化这种契合，以适应不断变化的教育需求与文化交流的挑战。

## 案例三：文学作品分析

瑞士作家黑塞①（Hermann Hesse）十分推崇我国的老子、庄子和孔子，他对中国古代哲学中的辩证思维产生了浓厚的兴趣。他的作品中常常探讨人的内心世界的矛盾、自我认知与精神追求中的矛盾，可以用契合观分析黑塞的作品《玻璃球游戏》。

1. 认知契合：分析《玻璃球游戏》适应读者的认知需求

《玻璃球游戏》是一部涵盖哲学与学术讨论的小说，其主要故事情节以一种高深莫测的象征性游戏展开。此种游戏既要求玩家博学多才，还需要他们能够把这些知识融会成一个有机的统一体。使用契合观分析小说如何通过其设定和叙述策略与读者的认知水平相匹配。小说中展示了很多的哲学、历史和音乐知识，这些内容要求读者拥有必要的知识储备。契合观有助于剖析这些内容如何与读者的知识水平相匹配，并讨论小说如何使用解释性叙述以及细节描写来提升读者的理解力。

小说中的复杂性和深度对不同认知能力的读者带来了不同程度的挑战。契合观可以用来分析黑塞如何循序渐进地引入复杂概念并逐渐展开情节来调控读者的认知负荷，使得内容能够被有效地理解和吸收。

2. 社会语境契合：分析小说反映与适应社会背景

《玻璃球游戏》揭示了黑塞对20世纪初期欧洲社会与文化的深刻洞见。可以用契合观来分析小说如何在其社会语境中实现契合。小说对社会与文化的批判性观点可以看作是黑塞对当时社会语境的回应。契合观可以分析黑塞如何通过对游戏与社会的描写，讨论并批判当时的社会价值观与文化现象，从而与读者的社会语境产生共鸣。小说中的"玻璃球游戏"象征了对知识与文化的高度追求。契合观有助于分析黑塞如何通过这一象征揭示当时社会对教育与文化的态度，并考察小说如何与读者的文化语境相适应。

---

① 赫尔曼·黑塞（1877—1962），德国作家、诗人。出生于德国，1919年迁居瑞士，1923年入瑞士籍。1946年获诺贝尔文学奖。爱好音乐、诗歌与绘画。作品多以小市民生活为题材，表现对过去时代的留恋，也反映了同时期人们的一些绝望心情。

3.交际契合:分析小说促进读者与文本之间的互动

《玻璃球游戏》通过其复杂的叙事结构与深刻的主题挑战读者的思维。契合观可以分析小说如何有效促进读者与文本的互动。该小说运用了多层次的叙事方法,其中有第一人称和第三人称的叙述视角。契合观可以研讨此种叙事风格如何提升读者对小说情节内容的把控与参与,让读者能更有效地与小说的哲学和主题进行互动。小说的结构需要读者进行深度思考与诠释,契合观可以帮助分析黑塞如何借助开放性问题与复杂的情节故事,鼓励读者的思考与参与,从而达到有效的交际契合。

4.情感契合:分析小说与读者的情感产生共鸣

《玻璃球游戏》中蕴含着对个体孤独的浓厚关注以及对理想追求的深刻描写。可以用契合观来分析这些情感描写如何和读者的情感状态相契合。小说中的角色历经了诸多情感上的挑战与探索,如主角约瑟夫·克努特的内心挣扎与对个人理想实现的追求。可以用契合观探讨这些情感描写如何与读者的个人经历产生共鸣,从而提升读者的情感投入和理解。小说中的情感描绘既表达了角色的内心世界,也反映了当时的社会现实与文化背景。契合观可以帮助剖析这种情感映射如何与读者的文化与心理背景相匹配,从而增强情感共鸣。

从文本与读者的契合度研究小说如何在文本结构和内容上与读者的需求相匹配。《玻璃球游戏》的复杂性和深度要求读者具备一定的理解能力和背景知识。契合观可以分析黑塞如何通过文本结构和内容的安排来满足读者的需求:小说的分章和结构安排反映了其复杂的主题和多层次的叙事。契合观可以探讨黑塞如何通过这种结构安排与读者的期望和需求相匹配,以便读者能够更好地理解和消化小说内容。

黑塞的文学作品深入探讨了人性、自我认知、人与自然的关系等主题,并以辩证的思维方式表达了对于生命的深度思考和内在和谐的追求。通过契合观对黑塞文学作品的分析,可以揭示这些作品如何在认知、社会语境、交际、情感等方面有效地与读者产生契合,从而深入理解黑塞作品的文学价值和影响力。这种分析方法不仅有助于揭示黑塞作品的内在逻辑,也能为进一步的文学研究提供理论支持。

综上,语言契合观应用前景广阔,可用于以下几个领域:

1.语言契合观可用于开发注重语言的相互关联与语境感知性的教学方法。例如,语言课程可以综合内容、交流互动以及语言组织,帮助学习者掌握在不同语境中如何有效地使用语言。

2.通过关注文化规范与辩证思维对语言使用的影响，语言契合观能够促进跨文化交流，了解多元文化平衡语言功能与语境的方法能够加强跨文化互动并减少误解。

3.语言契合观能够指导翻译人员保留原来的信息内容、关系动态与连贯性之间的平衡。这种全局方法确保翻译不但在内容上准确，而且在文化与语境上也很契合。

4.语言契合观通过关注语言功能与语境因素的互动，为分析话语提供了一个强大的框架。这种框架能够提供关于语言如何构建意义、处理社会关系与组织信息的更深层次的见解。

语言契合观将相互依存、整体视角和动态互动的辩证原则与功能语言学模型对元功能和情景语境的关注相结合。这个综合框架通过提供一种反映人类交流的复杂性和动态性的全面、语境感知的方法，增强了我们对语言的理解和分析。通过在语言教学、跨文化交流、翻译和话语分析中的应用，语言契合观为解决全球化世界中的语言挑战提供了深刻的见解与实用工具，提供了一种全面的方法来理解和优化语言使用与受众需求之间的一致性。通过辩证思维的视角考虑认知、社会和交际因素，传播者可以提高信息的有效性并更有效地实现交流目标。

# 第十二章　总结与展望

　　本章探讨了中国哲学中的辩证思维对西方功能语言学的影响，特别关注中国哲学概念与功能语言学理论的融合以及辩证思维如何强调对立面的相互联系、矛盾和动态平衡，从而为丰富西方功能语言学提供了独特的视角。

　　本书首先梳理了中国哲学中的辩证思维的起源与发展，然后分析了其与西方辩证思维在结构观、矛盾观、思维观、系统观等方面的差异性，展示了其在诸多领域的应用成果，重点探讨了它对西方功能语言学理论体系的影响。在此基础上提出了语言契合观，强调语言体系内的语音与语义、词汇与语法、文本与系统是互生互立、亦此亦彼、变化发展的。功能语言学借鉴了中国"阴阳互补、万物化生"的观点阐释其语言系统的并协与互补思想，表明语言学并非一门孤立的学科，而是一门与诸多学科，如哲学、计算机、语言学等相互关联的学科。通过将两种思维模式进行有机结合，推动语言学研究的进一步发展和创新，研究结果如下：

　　**一、中国哲学中的辩证思维与西方功能语言学核心概念存在相似之处**

　　通过比较发现，中国哲学中的辩证思维，以阴阳和五行概念为代表，为人们理解自然和人类现象的相互依存和持续演变提供了一个整体而动态的框架。相比之下，以元功能和情景语境等原则为特征的西方功能语言学则提供了一种系统的方法来分析语言在不同语境中的功能。尽管这两种方法起源于不同的理念，但它们在概念化互联性、语言的层次性、多功能性和语境性等方面存在相似之处。

　　阴阳是中国哲学思想中的基本概念，代表着相反但互补的两股力量。它们是动态的并且持续相互作用，但始终保持在同一体系内，维持着动态平衡。这种相互依存的两股力量中的任何一股力量都离不开与之对立的力量，它们的相互作用对于宇宙的和谐与平衡至关重要。五行被用于描述自然、医学与人类事务中的动态关系和过程，每个要素都有其独树一帜的特点，并以生成（例如，木生火）和抑制（例如，水克火）的循环方式与其他要素互动。这些互动重视所有现象的相互联系与周期性，反映在一个完整的体系中，其中每个部分都会影响其他部分且同时受到其他部分的影响。

西方功能语言学，通过韩礼德的研究，确立了语言所服务的三大主要元功能：概念元功能、人际元功能与文本元功能。概念元功能和陈述内容与体验相关，人际元功能与社会互动相关，而文本元功能则侧重于组织话语以确保连贯性和凝聚力。这些元功能阐明了语言如何同时发挥多种功能，就像阴阳与五行如何互动以保持系统的平衡一样。功能语言学还十分关注情景语境，它由话语范围、话语基调和话语模式组成（见第四章）。这一框架强调，语言不能脱离语境而被完全理解，这与中国哲学中的阴阳辩证思维是相一致的。通过对两者的比较分析发现：

1.两者都承认相互依存和多功能性。阴阳的相互依存关系和五行的系统相互作用反映了相互关联部分的整体观点。同样，功能语言学中的元功能显示了语言要素如何同时服务于多种用途，强调了语言分析的整体性。

2.阴阳之间的持续互动和平衡，以及五行之间的循环过程，强调了变化与转变。在功能语言学中，情景语境注重语言使用的动态性，基于不同的社会角色、活动与交流方式而变化。这两个框架都重视其系统自带的动态性与自适应性。

3.中国哲学中的辩证思维的整体方法意识到整个系统及其各部分之间的相互关系，主张平衡与和谐。同样，功能语言学也使用了整体观点分析不同的语言要素与功能如何在特定语境中协同工作以达到有效交流。这种共享的整体视角能够全方位理解复杂系统。

4.五行理论关注的语境观和阴阳互动的情境观强调了意义与功能依附于语境。与之相同，功能语言学认为，如果不考虑语言的使用语境，就无法完全理解语言，因为话语范围、话语基调和话语模式构建了语言的意义与功能。

通过比较中国哲学中的辩证思维和西方功能语言学的核心概念得知，两者都高度重视各自要素的相互关联性、多功能性和语境依赖性。这种比较为解释复杂系统（不管是在哲学还是在语言学中）提供了一个较全面的研究框架，显示了通过梳理与比较不同学科的知识传统的观点可以获得深刻的洞见。

**二、辩证思维原理对西方功能语言学理论的影响**

辩证思维的特点是对立面的相互作用以及对语境、平衡和转变的重视，与功能语言学的核心原则在概念上存在显著的相似性。这两种思想的契合丰富了语言学理论，促进了对语言作为一种动态与语境感知的更细致的理解。

　　辩证思维注重对立面的相互依存，如阴与阳，以及语境在构建意义与功能方面的重要地位。这种观点影响了功能语言学，尤其是通过韩礼德的工作和他发展的系统功能语言学。韩礼德的语言学框架关注了语言功能如何依靠语境，并受到概念、人际与文本元功能相互作用的影响。这些元功能反映了语言使用的整体性，与辩证思维观点相契合，即系统的各个要素不能孤立地被理解，而只能通过它们在整个语境范围内的关系和互动来理解。

　　辩证思维的整体方法启发了功能语言学的社会语境观。在中国哲学中，五行的相互联系与循环互动为理解复杂的语言系统提供了模型。功能语言学通过分析语言要素如何在特定的社会与文化语境下共同构建意义，采用了整体方法。这种方法与乔姆斯基的转换生成语法形成了鲜明的对比，后者孤立语言成分而不考虑它们在交流中的语境作用。

　　辩证思维主张现实的动态性，认为变化与转变源于对立力量的持续互动。这一原则与功能主义的核心观念是一致的，即语言是一个动态系统，持续发展以满足使用者的交流需求。功能语言学研究语言在多种社会语境中如何变化，反映了辩证思维关于语言的理解，即语言不是静态的，而是依据社会、文化与情境的影响而适应变化和转化的。

　　辩证思维的核心是平衡与和谐，平衡是通过对立要素的和谐互动实现的。这一思想反映在功能语言学中，有效交流被视为不同语言功能之间的平衡，例如，实现文本的连贯性涉及平衡概念内容与人际互动和文本组织。这种平衡确保语言有效地服务于其交流目的，类似于辩证哲学中的和谐平衡。

　　辩证思维综合了认知与社会维度，承认个人认知与社会互动是相互交织的。这种综合影响了语言学中的认知功能方法，该方法探索心理过程和社会语境如何影响语言的使用。莱考夫和约翰逊关于概念隐喻的研究表达了这种影响，展示了植根于身体与社会经验的认知图式如何构建我们对语言的理解和使用。这种观点与辩证思维观点殊途同归，即认知与社会现实是互为契合的。

　　辩证思维原理也影响了当代语言学理论，因为当代语言学主张语言的灵活性、适应性与情境性。例如，应用语言学中的动态系统理论借鉴了辩证原理，将语言发展解释为一个受各种相互作用因素影响的复杂的自适应系统。这种方法反映了辩证思维高度重视语境条件对变化、互动以及语言现象的影响。

　　此外，东西方学者之间的互动与跨文化交际促进了辩证思维原则融入西方语言学思想。各类会议、合作以及文本的翻译促进了思想的交流，丰富了两个领域的研究内容，激发了更多学者对跨学科研究的兴趣。

辩证思维原则通过融入互为依存、语境、互动、平衡以及认知和社会方面的内容，极大地影响并推动了西方功能语言学理论的发展。这些影响促进了更全面、更注重在动态语境中理解语言的方法，丰富了语言学理论，并有助于更深入地理解人类交流的动态性、复杂性和适应性。随着跨文化交流的不断深入，将辩证原理融入语言学研究有望进一步加强我们对语言作为一个动态和相互关联的系统的理解。

### 三、辩证思维与西方功能语言学模型的契合

本研究综合了中国哲学中的辩证思维与西方功能语言学模型，为理解和分析语言提供了一个强劲且全面的语言契合框架。该框架分别利用了两门学科的优势，提供了一种更为细致入微的视角，强调了语言的关联性、动态性以及与语境的依赖性。

辩证思维提倡从整体上看待现象，重视理解统一系统内各要素之间的关系。这种观点与功能语言学的原理十分契合，功能语言学关注了语言功能在不同语境里的差异性。通过综合这些方法，研究者可以更好地理解语言系统内各要素如何相互作用以构成连贯而有意义的交流行为。

辩证思维植根于对立力量之间动态互动的理念，从而达到平衡和转化。这一概念反映在功能语言学中，功能语言学将语言视为一个可以适应交际需求的动态系统。

辩证思维和功能语言学都重视系统内各要素的相互依存和平衡的必要性。在辩证思维中，阴阳或五行等各要素必须相互保持平衡才能最终达到和谐状态。同样，功能语言学认为，语言的不同功能（概念、人际、文本）必须维持并协与互补，才能实现有效交流。

辩证思维综合了认知和社会维度，认识到个人认知与社会语境是相互交织在一起的。这种综合是对功能语言学的补充，因为功能语言学探讨的是社会角色与语境如何影响语言的使用。辩证思维与功能语言学的契合还通过强调不同文化语境如何影响语言的使用和意义来提升跨文化理解能力。

辩证思维与功能语言学模型的契合通过提供一个全体的、动态的和特定语境的框架——契合观来提高受众对语言的理解和分析能力。这种综合方法关注语言各要素之间互为依赖和保持平衡的关系，重视语言使用的认知与社会维度，并提升跨文化理解水平。通过利用两个领域的优势，研究者可以更深入、更细致地理

解语言表达的丰富性和灵活性。

语言契合观提供了一个对语言的全面理解的方法论。语言契合观认为，语言的使用和发展需通过对立力量的动态相互作用以及语言在不同语境中发挥的功能作用来理解。通过结合这些方法，语言契合观为理解语言现象提供了一个全局视角，其中包含情境敏感性或情境感知视角。

**四、展望**

本书为未来的研究开辟了几个有希望的研究方向：

中国哲学与语言学理论的进一步融合，除了辩证思维之外，中国哲学的其他方面如何为西方语言理论提供信息，还有待更深入的探索，例如，道家对和谐与平衡的重视可以为话语层面的分析提供新的见解。

跨文化语言学框架的发展，未来的研究可以致力于开发一个更全面的框架，将东西方语言传统融为一体。这可能涉及创建新的理论模型，以弥合辩证思维与现有功能语言学范式之间的差距。

语言的辩证方法可以应用于多语言和多文化环境，在这些环境中，语言和文化的动态相互作用需要灵活而全面的分析框架。这可能在代码转换、语言接触和跨文化交流的研究中特别重要。

语言使用中辩证思维的实证研究，需要更多的实证研究来调查辩证思维如何影响现实世界中的语言使用。这可能涉及基于语料库的研究、实验研究和跨文化比较，以研究来自不同语言和文化背景的说话者如何以不同的方式概念化和使用语言。

在教学意义方面，将辩证思维与功能语言学相结合所获得的见解可以转化为语言教学和学习策略，以促进对语言的更动态和更相关的理解。这可能包括开发强调语言选择和文化背景相互联系的教材。

总体而言，本书强调了跨学科及跨文化视角在语言学研究中的重要性，并为东西方语言学的进一步对话奠定了基础。将辩证思维融入功能语言学不仅拓宽了该领域的理论视野，还为将语言分析为动态和语境系统提供了实用工具。今后，我们将针对辩证思维在语言学领域研究中存在的问题，如研究方法缺乏系统性、研究内容缺乏关联性等做进一步研究，以期解开语言演化的真谛。在未来的研究中，可以进一步探讨如何将辩证思维的理念和方法应用于功能语言学的实证研究中，以及如何通过功能语言学的理论框架更好地理解和解释语言在文化、社会和认知层面的复杂运作。这将有助于丰富我们对语言现象的理论认识，推动语言学研究在跨学科和跨文化交流中的应用和发展。

# 参考文献

［1］Ames R T. Confucian role ethics: A vocabulary［M］. Hong Kong: The Chinese University of Hong Kong Press, 2011.

［2］BARTLETTE T. The Influence of Ancient Chinese Yin and Yang Dialectical Thinking on the Generation of Meaning in Systemic Functional Linguistics［J］. Journal of Language and Linguistics, 2015, 14(3): 256−278.

［3］BACHMAN L F, PALMER A S . Language Testing in Practice: Designing and Developing Useful Language Tests (Vol. 1) [M]. Oxford: Oxford University Press, 1996.

［4］BECKER M. The Syntax of the English Verb［M］. Cambridge: Cambridge University Press, 1975.

［5］BLOOMFIELD L. Language［M］. London: George Allen & Unwin LTD, 1973.

［6］BUTT D. The Robustness of Realizational Systems.［M］. Cambridge: Cambridge University Press, 1983.

［7］BUTT D. The Structure of Argument［M］. London: Routledge, 1987.

［8］CAI Y. Yin - Yang in Modern Art: A Global Perspective［J］. Art Journal, 2022, 81(1): 34−48.

［9］CAMERON L, MASLEN R. Metaphor Analysis: Research Practice in Applied Linguistics, Social Sciences and the Humanities［M］. London: Equinox, 2010.

［10］CHOMSKY N. On Nature and Language［M］. Beijing: Peking University Press, 2004.

［11］DARWIN C. The Origin of Species［M］. Oxford: Oxford University Press, 1859/ 2009.

［12］EDELMAN, GERALD M. The Remembered Present: A Biological Theory of Consciousness［M］. New York: Basic Books, 1989.

［13］ERIKSON E H. Identity: Youth and Crisis [M]. New York: W. W. Norton &

Company, 1968(7) .

[14] FAIRCLOUGH N.Critical Discourse Analysis: The Critical Study of Language [M].London: Longman, 1995.

[15] FAIRCLOUGH N.Discourse and Social Change[M].Cambridge: Polity Press, 1992.

[16] FANG T.Yin Yang: A New Perspective on Culture[J].Management and Organization Review, 2012, 8(1): 25−50.

[17] FIRTH J R.Papers in Linguistics 1934−1951[M].London: Oxford University Press, 1957.

[18] GIBBS R W.Embodied Metaphor in Discourse [M].Cambridge: Cambridge University Press, 2006.

[19] GILJE N, SKIRBEKK G. A history of Western thought: from Ancient Greece to the twentieth century[M]. London:Routledge, 2017 .

[20] Graham AC. Disputers of the Tao: Philosophical argument in ancient China. [M]. La Salle, IL:Open Court, 2015.

[21]HALLIDAY M A K, HASAN R.Language, Context, and Text: Aspects of Language in a Social Semiotic Perspective[M].Geelong, Victoria: Deakin University Press, 1989.

[22] HALLIDAY M A K, MARTIN J R. Readings in Systemic Linguistics[M].London: Batsford, 1981.

[23] HALLIDAY M A K, MATTHIESSEN C M I M.An Introduction to Functional Grammar[M].London: Hodder Arnold, 2004.

[24] HALLIDAY M A K, MCINTOSH A, STREVENS P.The Linguistic Sciences and Language Teaching[M].London: Longman, 1964.

[25] HALLIDAY M A K.An Introduction to Functional Grammar[M].London: Edward Arnold, 1985/1994.

[26] HALLIDAY M A K.Categories of the Theory of Grammar[J].Word, 17(3), 1961: 241−292.

[27] HALLIDAY M A K.Complementarities in Language[M].Beijing: The Commercial Press, 2008a.

[28] HALLIDAY M A K.Computational and Quantitative Studies [M].London:

Continuum, 2005.

[29] HALLIDAY M A K.Contexts of English[M].Beijing: Peking University Press, 1994b/2007.

[30] HALLIDAY M A K.Explorations in the Functions of Language[M].London: Edward Arnold, 1973.

[31] HALLIDAY M A K.Language and Knowledge: The Unpacking of Text[J]. Text in education and society, 1998:157-178.

[32] HALLIDAY M A K.Language and the Order of Nature[M].Manchester: Manchester University Press, 1987.

[33] HALLIDAY M A K.Language as Code and Language as Behaviour: A Systemic - Functional Interpretation of the Nature and Ontogenesis of Dialogue[J].The semiotics of culture and language,1984 (1) : 3-35.

[34] HALLIDAY M A K.Language as Social Semiotic: The Social Interpretation of Language and Meaning[M].London: Edward Arnold, 1978.

[35] HALLIDAY M A K.Learning How to Mean: Explorations in the Development of Language[J].Foundations of language development. Academic Press, 1975:239-265.

[36] HALLIDAY M A K.Linguistics as Metaphor[J].Amsterdam Studies in the Theory and History of Linguistic Science Series, 1997 (4): 3-28.

[37] HALLIDAY M A K.On Grammar and Grammatics[J].Amsterdam Studies in the Theory and History of Linguistic Science Series, 1996(3):1-38.

[38] HALLIDAY M A K.On Language and Linguistics[J].Of thoughts and words: The relation between language and mind,1995: 45-84.

[39] HALLIDAY M A K.On Language in Relation to the Evolution of Human Consciousness[M].London: Imperial College Press, 1995.

[40] HALLIDAY M A K.On the Grammar of Pain[J].Functions of Language, 1998,5(1):1-32.

[41] HALLIDAY M A K.On the Ineffability of Grammatical Categories[J].Linguistics in a systemic perspective. John Benjamins, 1988:27.

[42] HALLIDAY M A K.On the Language of Physical Science[J].Writing science. Routledge, 2003:59-75.

[43] HALLIDAY M A K.On Language and Linguistics [M].Beijing: Peking Uni-

versity Press,2007.

　　[44] HALLIDAY M A K.Systemic Theory[M].Oxford:Pergamon Press,1994a.

　　[45] HALLIDAY M A K.The Act of Meaning[J].Language,communication and social meaning,1993:7-21.

　　[46] HALLIDAY M A K.The Essential Halliday[M].London and New York:Continuum,2009.

　　[47] HALLIDAY M A K.The Language of Science[M].London and New York:Continuum,2004.

　　[48] HALLIDAY M A K. Language and Education[M].Beijing:Peking University Press,2007.

　　[49] HALLIDAY M A K.Working with Meaning:Towards an Applicable Linguistics[J].Meaning in context: Implementing intelligent applications of language studies ,2008b: 7-23..

　　[50] HALLIDAY M A K.Writing Science:Literacy and Discursive Power[M].London:Falmer Press,1993b.

　　[51] HALLIDAY M A K,MATTHIESSEN C M I M.Construing experience through meaning: A language-based approach to cognition[M]. Beijing:World Publishing Corporation,2008.

　　[52]HARRIS R.Cultural Schemas and Cognitive Linguistics:Theoretical Perspectives and Practical Applications[M].Berlin:Mouton de Gruyter,2009.

　　[53] HENDERSON J B. The Development and Decline of Chinese Cosmology[M]. New York:Columbia University Press,1984.

　　[54] HEGEL G W F. The Science of Logic [M]. London: Routledge,2014.

　　[55]HJELMSLEV L,ULDALL H J.An Outline of Glossematics[M].Aarhus:Aarhus University Press,Levin & Munksgaard,Copenhagen,1936.

　　[56]HJELMSLEV L. Prolegomena to a Theory of Language [M]. Translated by FRANCIS J WHITFIELD.Madison:The University of Wisconsin Press,1969.

　　[57]HOCKETT C F.A Manual of Phonology[M].Bloomington:Indiana University Publications,1954.

　　[58]HODGE R,KRESS G.Social Semiotics[M].Ithaca:Cornell University Press,1988.

［59］HOFSTEDE G.Culture's Consequences：Comparing Values，Behaviors，Institutions，and Organizations Across Nations［M］.Thousand Oaks，CA：Sage Publications，2001.

［60］HOVY E.Automatic Text Processing［M］.Boston：Kluwer Academic Publishers，1988.

［61］HYMES D.Foundations in Sociolinguistics：An Ethnographic Approach［M］.Philadelphia：University of Pennsylvania Press，1972.

［62］INOUE KAZUMI.Dialectical Contradictions and Classical Formal Logic［J］.International Studies in the Philosophy of Science，2014，28(2)：113-132.

［63］JIANG F，WANG D，WEI Z.How Yin-Yang Cognition Affects Organizational Ambidexterity：The Mediating Role of Strategic Flexibility［J］.Asia Pacific Journal of Management，2021：128.

［64］KANT I.Critique of Pure Reason［M］.Cambridge：Cambridge University Press，1999.

［65］KEIGHTLEY D N.The Ancestral Landscape：Time，Space，and Community in Late Shang China［M］.Berkeley：Institute of East Asian Studies，University of California，2000.

［66］KIRK G S，RAVEN J E，SCHOFIELD M. The Presocratic Philosophers：A Critical History with a Selection of Texts [M]. Cambridge：Cambridge University Press，1983.

［67］KNOBLOCK J，RIEGEL J.The Annals of Lü Buwei：A Complete Translation and Study［M］.Stanford：Stanford University Press，2000.

［68］KÖVECSES Z. Metaphor: A Practical Introduction [M]. Oxford: Oxford University Press，2010.

［69］LAKOFF G，JOHNSON M.Metaphors We Live By［M］.Chicago：University of Chicago Press，1980.

［70］LAKOFF G.Women，Fire，and Dangerous Things：What Categories Reveal about the Mind［M］.Chicago：University of Chicago Press，1987.

［71］LAMB S M.Neuro-cognitive Structure in the Interplay of Language and Thought［J］.Amsterdam Studies in the Theory and History of Linguistic Science Series，2000(4)：173-196.

［72］Lee K. Bohr, quantum physics and the Laozi. Australasian philosophical review［J］. 2017,1(3):298-304.

［73］LEMKE J L.Semiotics and Education.Monograph in Toronto Semiotic Circle Monographs Series［M］.Toronto:Victoria University,1984.

［74］LI B.Dialectical Thinking and Systemic Functional Linguistics［J］.Journal of Pragmatics,2004,36(3):439-460.

［75］LI X.Can Yin-Yang Guide Chinese Indigenous Management Research?［J］. Management and Organization Review,2014,10(1):727.

［76］MALINOWSKI B.Coral Gardens and their Magic［M］.Beijing:Foreign Languages Press,1977.

［77］MARGARET B.Language as Experience:A Linguistic Philosophy of Language［M］.Cambridge:Cambridge University Press,2012.

［78］MARTIN J R,ROSE D.Working with Discourse:Meaning Beyond the Clause［M］.London:Continuum,2007.

［79］MARTIN J R.English Text:System and Structure［M］.Philadelphia and Amsterdam:Benjamins,1992.

［80］MARX K,ENGELS F.The Communist Manifesto［M］.New York:Penguin Classics,1969.

［81］MARX K.Capital:Critique of Political Economy［M］.New York:Penguin Classics,1976.

［82］MATTHIESSEN C M I M.The Evolution of Language:A Systemic Functional Exploration of Phylogenetic Phases［M］.London and New York:Continuum,2004.

［83］MATTHIESSEN C M I M,KAZUHIRO L,MARVIN.Key Terms in Systemic Functional Linguistics［M］.London and New York:Continuum International Publishing Group,2010.

［84］Mitchell M. Complexity: A guided tour. Oxford:Oxford University Press, 2009.

［85］MING L.Yin Yang Philosophy and Chinese Mental Health［J］.Psychoanalysis in China,2018:62-72.

［86］MORTEN C,KIRBY S.Language Evolution［M］.Oxford:Oxford University Press,2003.

［87］NISBETT R E.The Geography of Thought：How Asians and Westerners Think Differently...and Why［M］.New York：Free Press，2003.

［88］PENG K，NISBETT R E.Culture，Dialectics，and Reasoning about Contradiction［J］.American Psychologist，1999，54（9）：741.

［89］PFAJFAR G，MAŁECKA A.Evaluating the Role of Confucian Virtues in Chinese Negotiation Strategies Using a Yin Yang Cultural Perspective［J］.European Journal of International Management，2022，17（2-3）：290-323.

［90］PIAGET J.To Understand is to Invent：The Future of Education［M］.New York：Grossman Publishers，1973.

［91］PLATO.The Collected Dialogues of Plato：Including the Letters［M］.Princeton：Princeton University Press，1961.

［92］PLATO.The Republic［M］.Cambridge：Cambridge University Press，2003.

［93］QUINE W V O.On What There Is［J］.The Journal of Philosophy，1948，45（23）：709-716.

［94］RICHARDS. The Meaning of Meaning［M］.London：Routledge，1923.

［95］RITTSEMA M，SABADINI P. The Original I Ching Oracle：The Pure and Complete Texts with Concordance ［M］. New York: Sterling Publishing Company.2007.

［96］ROOS BRIGITTE. Niels Bohr's Times：In Physics，Philosophy，and Polity［M］.Oxford:Oxford University Press，2004.

［97］ROSKER J S.Transforming Knowledge to Wisdom：Feng Qi and the New Neo-Marxist Humanism［J］.Asian Philosophy，2023，33（1）：29-49.

［98］RUSSELL B.The Principles of Mathematics［M］.Cambridge：Cambridge University Press，1903.

［99］SARAFINAS D.Methods of Philosophic Critique Native to the Laozi［J］.Religions，2023，14（7）：840.

［100］SAUSSURE D E F.Course in General Linguistics［M］.Beijing：Foreign Language Teaching and Research Press，2001.

［101］SAUSSURE D E F.Course in General Linguistics［M］.New York：McGraw-Hill，1959.

［102］SINCLAIR J. Collins Cobuild English Language Dictionary ［M］. London：Harper Collins，1992.

[103] STRICKLAND L, LEWIS H R.Leibniz on binary: the invention of computer arithmetic[M].Cambridge: MIT Press, 2022.

[104] SWELLER J.Cognitive Load Theory[M].Cambridge: Cambridge University Press, 2011.

[105] THOMPSON G.Introducing Functional Grammar[M].London: Routledge, 2014.

[106] VAN DIJK T.A Principles of Critical Discourse Analysis[J].Discourse & Society, 1993, 4(2): 249–283.

[107] VICO G. The First New Science [M]. Cambridge: Cambridge University Press, 1725/2002.

[108] VYGOTSKY L S.Thought and Language[M].Cambridge: MIT Press, 1997.

[109] WANG R.The Yin-Yang Theory and Niels Bohr's Complementarity Principle[J].Asian Philosophy, 2010, 20(1): 65–75.

[110] WATZLAWICK P.The Invented Reality[M].Cambridge, MA: Harvard University Press, 1984.

[111] WHORF B L.A Linguistic Consideration of Thinking in Primitive Communities[M].Cambridge: MIT Press, 1956.

[112] WHORF B L.Grammatical Categories[M].Cambridge: MIT Press, 1956.

[113] WILDMAN T, BURTON J. Integrating Learning Theory with Instructional Design[J].Journal of Instructional Development, 1981, 4(3):5–14.

[114] WITTGENSTEIN L. Philosophical Investigations [M]. Oxford: Blackwell, 1953.

[115] WITTGENSTEIN L.Tractatus Philosophicus[M].London and Henley: Routledge & Kegan Paul, 1974(1921).

[116] ZHANG Z. Niels Bohr and Chinese Philosophy: A Comparative Study [J]. Journal of Chinese Philosophy, 2000, 27(2): 149–165.

[117] ZHAO X, ZHENG Y, ZHAO X.Global bibliometric analysis of conceptual metaphor research over the recent two decades[J].Frontiers in Psychology, 2023(4): 104–121.

[118] ZHAO X, HAN Y, ZHAO X.A Corpus-based Study of Metaphor in Pavilion of Women[J].Chinese Semiotic Studies, 2019(1): 95–117.

[119] ZHAO X,SHEN R,ZHAO X.A Cognitive-Semiotic Construal of Metaphor in Discourse:A Corpus-based Approach[J].Chinese Semiotic Studies,2020(1):119–143.

[120] ZHAO X.The Language and Learning Theories of Halliday and Vygotsky and Their Contributions to Educational Practice:Challenges to Systemic Functional Linguistics Theory and Practice[C].Proceedings of the Conference ISFC36,Beijing,July 2009.Beijing:Tsinghua Printing House,2010.

[121] ZHAO X,ZHOU W.A Corpus-Based Explanation of Metaphors in A House Divided[J].Language and Semiotic Studies,2019(4):108–127.

[122] ZIPORYN B. The Penumbra Unbound: The Neo-Taoist Philosophy of Guo Xiang [M]. Albany: SUNY Press,2003.

[123] 陈嘉映.语言哲学[M].北京:北京大学出版社,2003.

[124] 程民治,朱爱国.玻尔的互补原理和他的科学文化观[J].物理通报,2009(3):51–54.

[125] 邓丹.汉语语音研究与对外汉语语音教学[J].国际汉语教育(中英文),2020,5(2):51–59.

[126] 董京泉.老子道德经新编[M].北京:中国社会科学出版社,2008.

[127] 冯友兰.中国哲学史[M].北京:北京大学出版社,1985.

[128] 鬼谷子.鬼谷子[M].许富宏,译.北京:中华书局,2005.

[129] 海德格尔.海德格尔诗学文集[M].武汉:华中师范大学出版社,1992.

[130] 韩非.韩非子全书[M].北京:中华书局,2010.

[131] 韩礼德.韩礼德语言学文集[M].长沙:湖南教育出版社,2006.

[132] 黑格尔.小逻辑[M].北京:商务印书馆,1980.

[133] 洪宗国.波粒二象性的哲学思考[J].中南民族学院学报(自然科学版),2000(S1):100–105.

[134] 胡壮麟.韩礼德学术思想的中国渊源和回归[J].外语研究,2016,33(5):9–13.

[135] 黄国文.从生态批评话语分析到和谐话语分析[J].中国外语,2018(4):39–46.

[136] 黄寿祺,张善文.周易译注[M].上海:上海古籍出版社,1989.

[137] 具隆会.周易与黄帝内经思维认识初探[J].周易文化研究,2015(1):

199−245.

[138]康德.纯粹理性批评[M].蓝公武,译.北京:商务印书馆,1960.

[139]孔子.论语全集[M].毛佩奇,主编,王丹,释注.北京:中国纺织出版社,2012.

[140]黎靖德.朱子语类[M].北京:中华书局出版社,1986.

[141]李耳.道德经[M].北京:中华书局,2014.

[142]李力.语言阐释上何以殊途同归——《语言系统的并协与互补》介绍[J].外语教学与研究,2010,42(3):232−235.

[143]梁漱溟.东西方文化及其哲学[M].上海:上海人民出版社,1921/2018.

[144]刘玉建.易传的宇宙本体论哲学——宋明理学本体论的滥觞[J].周易研究,2010(3):18−28.

[145]陆俭明.近百年现代汉语语法研究评说[J].东北师大学报(哲学社会科学版),2019(6):114.

[146]马克思,恩格斯.马克思恩格斯选集:第1卷[M].北京:人民出版社,1972.

[147]马克思,恩格斯.马克思恩格斯选集:第3卷[M].北京:人民出版社,1995.

[148]毛泽东.矛盾论[M].北京:人民出版社,1975.

[149]墨子.墨子[M].方勇,译.北京:中华书局,2011.

[150]潘文国.中国语言学史[M].北京:商务印书馆,2002.

[151]庞朴.儒家辩证思维研究[M].北京:中华书局,2009.

[152]培根.新工具[M].北京:商务印书馆,1984.

[153]彭宣维.系统语言学范畴体系和语言观中的量子力学思想[J].当代外语研究,2021,21(2):19.

[154]沈家煊.谈谈功能语言学各流派的融合[J].外语教学与研究,2019,51(4):483−495.

[155]田代华.黄帝内经素问[M].北京:人民卫生出版社,2007.

[156]汪徽,辛斌.功能语言学语境理论质疑与反思[J].外语研究,2017(1):27−31.

[157]王安石.临川先生文集[M].北京:中华书局,1959.

[158]王夫之.船山遗书[M].北京:中国书店出版社,2016.

[159] 王力.汉语语法[M].北京:商务印书馆,1935.

[160] 肖汇洋.解读周易风水理论与实践[M].北京:中国商业出版社,2011.

[161] 荀子.荀子译注[M].北京:学苑音像出版社,2005.

[162] 严世清.论语篇功能思想的元理论意义[J].外国语(上海外国语大学学报),2005(5):47-53.

[163] 严世清.意义进化论理论溯源[J].外语教学与研究,2012,44(1):45-53.

[164] 严世清.语法隐喻理论的发展及其理论意义[J].外国语(上海外国语大学学报),2003(3):51-57.

[165] 杨成,张征.中国传统语言学基于词义虚实关系创立了实词虚化的语法研究方法[J].语言学研究,2013,21(2):45-60.

[166] 杨天才,张善文,译.周易[M].北京:中华书局,2011.

[167] 余敦康.汉宋易学解读[M].北京:华夏出版社,2006.

[168] 张德禄.系统功能语言学60年发展趋势探索[J].外语教学与研究,2018,50(1):37-48.

[169] 张其成.易学象数思维与中华文化走向——对"易道"内核的探讨之一[J].哲学研究,1996(3):65-73.

[170] 赵霞.Whorf意义观对Halliday意义理论的启示[J].外国语(上海外国语大学学报),2010,33(6):14-20.

[171] 赵霞.Wittgenstein语言哲学思想对Halliday意义理论的启示[J].中国外语,2014:33-37.

[172] 赵霞.韩礼德的"并协与互补原理"与中国古代辩证法[J].江西社会科学,2014,34(10):14-17.

[173] 赵霞.基于意义进化理论的语言构建性研究[M].苏州:苏州大学出版社,2015.

[174] 赵霞.论隐喻识解中认知语境的制约性[J].外语与外语教学,2008(9):22-24.

[175] 赵霞.名物化隐喻与经验的重构[J].江苏科技大学学报(社会科学版),2011,11(2):22-26.

[176] 赵霞.作格结构及其概念框架分析[J].外语与外语教学,2006(6):10-13.

[177] 赵永刚.论韩礼德的音系观[J].外国语文,2015,31(3):76-83.

[178] 钟守满.中国语言学史[M].北京:北京大学出版社,1999.

［179］朱熹.四书章句集注［M］.北京:中华书局,2011.

［180］朱永生,严世清.功能语言学再思考［M］.上海:复旦大学出版社,2011.

［181］庄周.庄子全书［M］.思履,主编.北京:中国华侨出版社,2013.

# 后　记

　　本书的构思始于2015年。当时，我完成了教育人文社科规划项目，并由苏州大学出版社出版了同名专著《基于意义进化理论的语言构建性研究》。在那之后，我便开始构思撰写一本关于中国哲学中辩证思维对西方功能语言学影响的著作。然而，由于身体状况不佳，写作过程断断续续，最终历时九年才得以完成。

　　在这段时间里，我还完成了另一个教育部人文社科项目"中国阴阳辩证法理论对西方功能语言学的影响研究"。此外，2015年至2019年间，我先后获得国家留学基金委员会资助、江苏省政府公派以及江苏科技大学学术带头人资助，三次赴英国卡迪夫大学（Cardiff University）英语哲学传播学院的语言与交流中心进行访学。这一系列学术交流，使我得以查阅大量关于中国哲学辩证思维的资料，也让我更加深刻地感受到中国传统文化的博大精深。

　　在阅读外文文献时，我注意到许多外国学者提到阴阳理论，却很少明确指出其源自中国，通常只是泛指为"东方的阴阳理论"。事实上，亚洲诸多国家，如韩国、日本、印度和泰国等，都有学者研究阴阳理论。这使我深感不平，内心的写作热情再度燃起。我希望通过自己的努力，能够撰写一本书，系统阐述中国哲学中的辩证思维，并推广中国的优秀文化。

　　在英国访学期间，我多次参观了大英博物馆，并参加了英国多所高校的学术交流会议。每次站在大英博物馆和剑桥大学前的孔子雕像前，我都深感敬意，久久伫立，心中涌起无尽的感慨。这些经历使我更加坚定了弘扬中国文化的信念。

　　写完这本书，我感到既欣慰又感慨。这是一段充满挑战、发现和思考的旅程，也是我追寻自己声音的一次尝试。在这本书中，我尝试探索语言和思维之间的关系，特别是辩证思维。撰写这本书的过程中，我不断面对挑战和困惑。我思考如何将复杂的概念和理论以简洁明了的方式呈现给读者，如何用通俗易懂的语言讲述抽象的思维过程。我努力平衡理论性和实用性，使读者能够从中获得启发和应用。同时，这本书也是我对辩证思维的个人探索和思考。通过深入研究和写作，我对辩证思维的价值和意义有了更深刻的理解。我认识到辩证思维不仅仅是一种思维方式，更是一种生活态度，它能够帮助我们看到问题的多个方面，超越二元对立的观念，以更全面、更综合的方式理解世界。

在写作的过程中，我深知自己仍处于自我提升的道路上，如孔子所言"学而时习之，不亦说乎"，这不仅是对知识的执着追求，也是对辩证思维的不断探寻。我希望这本书能够成为我思考的一个重要驿站，"路漫漫其修远兮，吾将上下而求索"，屈原的这句话将激励我不断前行。通过这本书，我期望能更加明晰自我，不断反思并深化对语言与思维的理解，进而把中国哲学中的辩证思维的智慧应用到更广阔的领域中，探索其中的奥秘。

最后，我要衷心感谢我的家人，他们的理解与支持，使我在困顿时能够坚持下去，他们的鼓励让我始终牢记初心，勇敢追寻梦想。还要感谢我的读者，你们的关注与反馈，不仅是我前行的动力，更是我不断进步的源泉。

作者赵霞

2024 年 11 月 26 日